चन्द्रमुखी का देवदास

चन्द्रमुखी का देवदास

शरद पगारे

वाणी प्रकाशन

वाणी प्रकाशन
4695, 21-ए, दरियागंज, नयी दिल्ली 110 002
फ़ोन : +91 11 23273167 फ़ैक्स : +91 11 23275710

शाखाएँ
अशोक राजपथ, पटना 800 004, बिहार
कॉफ़ी हाउस कैम्पस, महात्मा गांधी मार्ग, इलाहाबाद 211 001, उत्तर प्रदेश
महात्मा गांधी अन्तरराष्ट्रीय हिन्दी विश्वविद्यालय, वर्धा 442 001, महाराष्ट्र

www.vaniprakashan.in
marketing@vaniprakashan.in
sales@vaniprakashan.in

CHANDRAMUKHI KA DEVDAS
by Sharad Pagare

ISBN : 978-93-88434-43-0
Collection of Stories

प्रथम संस्करण 2019

मूल्य : ₹ 295

सिटी प्रेस, दिल्ली-110 095 में मुद्रित

वाणी प्रकाशन का लोगो मक़बूल फ़िदा हुसेन की कूची से

संघर्ष के दिनों में
माँ बन
तन-मन-धन से सहयोग-समर्थन देने वाली
छोटी बहन स्व. श्रीमती पुष्पादेवी खण्डेराव डोंगरे
की पावन स्मृति को सादर

अनुक्रम

चन्द्रमुखी का देवदास	9
अमन पसन्द डॉन शेरू	22
मुस्लिम अब्बा की हिन्दू बिटिया	29
अपने अजनबी शहर में	42
रत्नावली	49
नागदेवता, अंग्रेज़ी मेम और पायली भट्ट	55
आइसक्रीम-चाट हेतु बेची फ़ाइलें	65
धरम पिता	73
मुहर्रम का शेर	80
जूठन	86
मैं भी एक माँ हूँ	94
झूठ की बैसाखियाँ	103
मैं भी एक औरत हूँ	113
धोखेबाज़	123
ठहरी हुई ज़िन्दगी	129
दूसरा देवदास	138
ननिहाल में गर्मी की छुट्टियाँ	148
दर्द का साया	153

चन्द्रमुखी का देवदास

अस्सी साल पहले की दुनिया राजा-नवाबों, जमींदार-जागीरदारों, सामन्तों-अमीरों और तवायफ़ों की थी। सिनेमा था नहीं। मनोरंजन हेतु कभी-कभी पारसी थिएटर कम्पनियाँ शहरों में आती थीं। प्रसिद्ध निर्माता-निर्देशक अभिनेता तथा मिनर्वा मूवी टोन के मालिक सोहराब मोदी भी अपनी नाटक कम्पनी के साथ देश भर का दौरा करते थे। कालान्तर में सिनेमा से जुड़े। हर शहर में मनोरंजन हेतु तवायफ़ों का मुहल्ला होता था। दशहरा, दीपावली, होली तथा ईद जैसे उत्सवों/पर्वों पर ही नहीं परिवार में बेटे के जन्म, जनेऊ, सगाई तथा शादी के अवसरों पर तवायफ़ों के मुजरे कराये जाते थे। मुजरे हैसियत, शान-ओ-शौक़त, रईसी और दबदबे के प्रतीक थे। मुजरा रईसी शान और दब-दबे में इजाफ़ा करता था। महलनुमा हवेलियों में मुजरों के लिए अलग से बड़ा-सा हॉल होता था। जबलपुर के प्रसिद्ध कांग्रेसी नेता साहित्यकार सेठ गोविन्ददास के पिता सर सेठ राजा गोकुलदास की महलनुमा हवेली में मैंने इस प्रकार की व्यवस्था देखी है। उस बड़े से हॉल के ऊपर चारों ओर बारजे बने थे। इन बालकनियों पर झीने पारदर्शी पर्दे टँगे रहते थे। जिनके पीछे से परिवार, परिजनों और मित्रों के परिवारों की महिलाएँ मुजरे का आनन्द उठाती थीं। अतः तवायफ़ समाज-व्यवस्था का अनिवार्य अंग थी। ईसा पूर्व की छठी शताब्दी में तवायफ़ माने गणिका/राजनर्तकी राज्य/गणराज्य का गौरव मानी जाती थी। प्रत्येक राज्य में राजनर्तकी का सरकारी पद होता था। अतः तवायफ़ पुराण-पुरातन व्यवस्था का अंग थी।

निमाड़ ज़िले के खण्डवा और बुरहानपुर में भी तवायफ़ों के मुहल्ले थे। बुरहानपुर की बोखाड़ी और खण्डवा की मालीवाड़ी की तवायफ़ों की ख़ूबसूरती, गायकी और नाच ने ज़िले भर में बड़ा नाम कमाया था। इन शहरों मे तवायफ़ों को आबाद करने का श्रेय मुग़ल बादशाह अकबर को था। सन् 1600 ईसवी में वह खण्डवा, असीरगढ़ तथा बुरहानपुर खानदेश की विजय हेतु इधर आया था। शाही फ़ौज के साथ शाही हरम भी था। महारानी जोधाबाई, सलीमा सुलतान

बेग़म (महाकवि अब्दुर्रहीम खान-खाना की माँ) के अलावा दिल्ली की मशहूर-ओ मारूफ़ तवायफ़ सकीना बानू और आगरा की अन्य हसीन तवायफ़ें दिल बहलाने के लिए साथ लाया था। खानदेश विजय के बाद अक़बर तो आगरा लौट गया। लेकिन दिल्ली-आगरा के किराना घराने की कुछ तवायफ़ें खण्डवा-बुरहानपुर में बस गयीं। बुरहानपुर की तवायफ़ों का मुहल्ला बोखाड़ी और खण्डवा का मालीवाड़ी नाम से विख्यात हुआ।

मालीकुएँ के आगे मालीवाड़ी में तवायफ़ों के कोठे थे। मालीकुएँ और मालीवाड़ी के बीच हिंगलाज माता का मन्दिर और मैदान था। कोठों और मन्दिर के बीच नाला बहता था। कोठों के आख़री सिरे में कुछ किन्नर भी बस गये थे। सिनेमा था नहीं। शहर के शौक़ीनों के मनोरंजन का एकमात्र साधन मालीवाड़ी थी। वहाँ की फ़िजां में रूमानियत घुली रहती। ढलती साँझ के साथ रात की जवानी परवान चढ़ने लगती। भीगती रात को तबलों की थापें, हारमोनियम, सारंगी, ढोलक, बाँसुरी के साथ घुंघरूओं की रुनझुन की जुगलबन्दी और मधु-मिश्रित कंठों के सुरो-स्वरों से निसृत कजरी, दादरा, ठुमरी के बोलों की स्वर लहरी माहौल को रुमानी और रंगीन बनाने को काफ़ी रहते। बेमिसाल ख़ूबसूरती की मल्लिका थी तवायफ़ शान्ता। उसकी एक झलक पाने को राह चलते ठिठककर खड़े हो जाते। मधु मिश्रित गाने के सुरीले बोलों को सुनने के लिए कोठे के सामने जाम लग जाता। "भीड़ काहे लगा रखी है? पुलिस बुलवाऊँ?" भुट्टन की गरजदार मर्दाना ललकार सुनते ही भीड़ भाग खड़ी होती। भुट्टन शान्ता की संरक्षक थी। कोठे के बाहर के आँगन में गाव तकिए के सहारे तख़्त पर बैठी पान के बीड़े बनाकर चबायाकरती। बीड़े, छालिया, अम्बरी तम्बाकू, लौंग, इलायची आदि मुजरे के शौकिनों को अन्दर भिजवाती। शान्ता से उसका क्या सम्बन्ध था? शायद माँ या सरपरस्त मालूम नहीं? मगर थी माँ से भी बढ़कर हितैषी। मोटी-ताजी होने से भुट्टन ठिगनी लगती। बड़ी-बड़ी मोटी बादामी चालाक सतर्क आँखें, गेहुँआ, गंदुमी रंग, डाई किये घुँघराले बाल और मोटी गर्दन। पान-तम्बाकू के कारण फूले मोटे-मोटे गाल। छोटा-सा गोल चिबुक, पान से रंगे मोटे होंठ। गहन-गम्भीर मर्दाना आवाज़। पूरी मर्दाना औरत। हल्के पतले ही नहीं कद्दावर भी उससे पनाह माँगते। शान्ता की ढाल थी भुट्टन। मुहल्ले के किन्नर-कज्जन, अशर्फी, अख्तरी, ख़ुर्शीद ज़रूरत पड़ने पर मदद को दौड़ पड़ते। ज़ोर-ज़ोर से तालियाँ बजा-बजा गन्दी गालियाँ वक़्त ज़रूरत पड़ने पर साड़ियों को ऊँचा करने का अभिनय करते ही सामने वाला घबरा कर भाग खड़ा होता।

कोठे की मल्लिका शान्ता, संगमरमर की तराशी मूर्ति थी। दूध में घुले

सिन्दूर-सी गोरी गुलाबी रंगत, रेशम सी सुचिक्कण देह, छू दो तो मैली होने का डर। कमर से नीचे तक गहरी काली चमकदार केश-राशि। चमकीली पेशानी पर कमान-सी भौंहों से घिरी, हिरणी से चंचल 'अमिय हलाहल मद भरे श्वेत श्याम रतनार-नयन, एक बार भी देखने पर 'जियत मरत झुकि-झुकि परत जेहि चतवत इकबार' को साकार करते थे। सुन्दर-सी सुतवाँ नाक। बिना रंगे पतले लाल होंठों पर सदैव खेलती रहने वाली मीठी, मोहक, दिलक़श मुस्कान। चोली के बंधन को मानने से इन्कार करते तीखे उरोज़। मृणाल सी भुजाएँ। नृत्य के दैनिक रियाज से कनक छरी सी छीन कटि वाली कामिनी थी। नाच की अदाओं के कारण भौंहों, चितवन, नयनों पर गज़ब का नियन्त्रण था। इच्छा और अवसर के अनुरूप उनका उपयोग करने में माहिर थी। गायन के रियाज़ ने स्वर में सुरों की मिठास घोल दी थी। बोलती, बतियाती, हँसती, खिलखिलाती तो सितार की मीठी टुन-टुन दिलों में रस घोलती। उसकी दिलक़श शख्सियत में रूप-लावण्य, नृत्य और गायन का अनोखा संगम था। उसके व्यवहार की शाइस्तगी ने सभी को कायल कर रखा था।

नहाने से पहले भुट्टन उसके कमनीय शरीर की इत्र से मालिश कर इत्र मिले सुवासित गुनगुने पानी से नहलाती। सुन्दर लम्बे बालों को शिकाकाई, नीबू, संतरे के छिलकों व दही से धोती और चंदन की लकड़ी के धुएँ से सुखाती। आधुनिक स्नो-पाउडर के स्थान पर पुराने ज़माने के अंगराग, मलाई, बेसन, हल्दी से उसके ख़ूबसूरत चेहरे को साफ करती। उसकी देह और चेहरे पर लाजवाब आभा पैदा हो जाती। देह से सदैव मीठी-मीठी भीनी सुरभि निसृत होती। हर रात नयी दुल्हन बन मुजरे हेतु महफ़िल में पेश होती तो माहौल महक उठता। शौक़ीन अश अश करने लगते।

निमाड़ ज़िले ही नहीं खानदेश, महाराष्ट्र में भी उसके चाहने वाले रईसों, शौक़ीनों की बड़ी संख्या थी। कुछ अंग्रेज़ भी उनमें थे। चर्चा तो यहाँ तक थी कि होल्कर रियासत के महाराज तुकोजीराव, भोपाल और जावरा के नवाबों के दशहरा, दीवाली, होली और ईद के दरबारों में मुजरा पेश कर उसने भारी ईनाम और प्रशंसा पायी थी। कला पारखी, सौन्दर्य रसिक तुकोजीराव ने इंदौर में बसने की उसे पेशक़श की थी। बड़ी नम्रता से उसने इन्कार कर दिया। खण्डवा से उसे बेहद लगाव था। हर रात की उसकी महफ़िले भरी रहतीं। तवायफ़ें और भी थीं। लेकिन शान्ता की बात ही और थी। शान्ता, शान्ता थी।

अनेकों की रोजी-रोटी चलती थी शान्ता के कोठे से। साजिन्दों के अलावा पान वाले लच्छू, गजरे, माला, गुलदस्ते वाला नत्थू माली, कल्लू धोबी, गोदू हलवाई,

सीताराम सुनार भी अच्छी कमाई करते थे। कुछ दूरी के मयख़ाने पर पियक्कड़ों की भीड़ लगी रहती। मेरे दोस्त बहादुर को भी काफ़ी कुछ मिलता था यहाँ से। काले-साँवले किशोरवय के बहादुर की मिचमिचाती छोटी सतर्क, तेज-तर्रार चालाक आँखें। दुबली-पतली मगर फुर्तीली काया। बिना तेल के सूखे बाल। मिडिल स्कूल में मेरा सहपाठी। पढ़ाई में उसका मन नहीं लगता था। चाहे जब-स्कूल से ग़ायब हो जाता। शैतानी में पहला नम्बर। किसी से डरता नहीं था। रेलवे लाइन के उस पार की सिविल लाइन्स के रेलवे और कलेक्टोरेट के अंग्रेज़ अफ़सरों के बंगलों के बगीचों से विलायती इमली, शहतूत, अमरूद, पपीते, नींबू, जामुन आदि सफाई से चुरा लाना उसके बाएँ हाथ का खेल था। उन दिनों खाना चूल्हों, सिगड़ियों में पकाया जाता था। जलावन के लिए लकड़ी, कंडों और कोयले का उपयोग होता था। आस-पास के गाँवों के किसान इतवार को जंगल से लकड़ी काट खण्डवा बेचने आते थे। होली के दिनों में बहादुर अपनी टोली के साथ, जिनमें कभी-कभार मैं भी रहता। गाड़ियों से लकड़ियाँ चुराते होली जलाने हेतु। मुहल्ले के गौलियों के यहाँ से कण्डे भी चुरा लाता। चन्दा देने में जो कंजूसी करता उसकी अर्थी निकालता। जमींदार राजाभाऊ होली का चंदा देने से सदा आना-कानी करते। होली की रात बहादुर उनकी अर्थी बना उनके घर के आँगन में रख रोता, "ओ मेरे राजाभाऊ दादा। तू इतनी जल्दी क्यों चला गया रे। तेरी अर्थी को जूते पड़ेंगे रे।" और सच में उसे जूते मारता। उसके रोने से गुस्साए राजाभाऊ गालयाँ बकते, लट्ठ ले मारने दौड़ते। अर्थी में आग लगा बहादुर भाग खड़ा होता। पिता उसके थे नहीं। माँ सुखिया मुहल्ले के घरों में बर्तन माँजने का काम करती थी। हमारे यहाँ झाड़ू-पोंछे के साथ कपड़े भी धोती थी। माँ तनखा के अलावा खाना, अपनी पुरानी ब्लाउज़-साड़ियाँ और बहादुर के लिए मेरे हाफ पैण्ट, शर्ट, पायजामे, चप्पल तथा पुरानी किताबें भी दे देती। कॉपियाँ भी ख़रीद देतीं। होली, दीवाली, दशहरे के त्योहारों पर ही नहीं आये दिन भी खाना खिला देतीं। सुखिया मेरी माँ को बहुत मानती थी। उनकी अन्तरंग सहेली बन गयी थी। मुहल्ले के हर घर का कच्चा चिट्ठा उसके पास था। जल्दी से काम निपटाने के बाद अड़ोस-पड़ोस की कहानी सुनाने दोपहर बाद आ जाती। तवायफ़ मुहल्ले के किस्से भी उसके पास थे। खास कर शान्ता के कोठे के।

कारण! जलावन के लिए बहादुर उनके यहाँ पत्थर का कोयला पहुँचाता था। उन दिनों पत्थर के कोयले और पानी की भाप से रेलें चलती थीं। खण्डवा रेलवे स्टेशन पर पत्थर के कोयले का पर्याप्त भंडार रहता था। कोयले की स्पेशल मालगाड़ियाँ भी आती थीं। होटलों, हलवाइयों की भट्टियों और सिगड़ियों में इन्हीं

का उपयोग होता था। स्टेशन से कोयला चोरी आम बात थी। मौक़ा मिलते ही बहादुर भी कोयला चुरा हलवाइयों, होटलों में बेच आता। पकड़े जाने पर बच्चा समझ रेलवे पुलिस वाले दो चार धौल जमा कोयला छीन भगा देते। शान्ता भी उसकी ग्राहक थी। कोयला चोरी से अच्छा कमा लेता। कुछ माँ को देता घर ख़र्च के लिए बाकी पॉकेट मनी। उसके जरिए सुखिया को शान्ता और अन्य तवायफ़ों के किस्से सुनने को मिलते। जिन्हें वह माँ को परोस देती। शान्ता की ख़ूबसूरती, गायकी और नाच की तारीफ करते नहीं थकता था, बहादुर। बच्चा मान वह भी उसे स्नेह करती। कोयले की कीमत से कुछ अधिक ही दे देती। मैं मन्त्र-मुग्ध हो शान्ता की सुन्दरता के बारे में सुनता। शान्ता को देखने-मिलने की तीव्र इच्छा दिल में उठती। तवायफ़ माने एक बुरी औरत को लेकर मन में डर, वितृष्णा, कुंठा थी। तीखे आकर्षण, विकर्षण-प्रेम-घृणा के द्वन्द्व में मन उलझा रहता। एकाध बार कोठे के सामने के नीम के पेड़ की आड़ में खड़ा हो गाने के बोल सुनने की असफल क़ोशिश भी की। किसी को आते-जाते देख भाग लिया। बहादुर से जलन होती। बेधड़क उनके यहाँ उसका आना-जाना जो था। इसके बाद भी शान्ता को देखने को मन लालायित था। बहादुर ने ही मेरी इच्छा पूरी कर झिझक तोड़ी।

रविवार, छुट्टी का दिन। हिंगलाज माता के मन्दिर के बग़ल के मैदान में बहादुर और मैं गिल्ली डंडा खेल रहे थे। मैं दाम दे रहा था। बहादुर की गिल्ली झेलने दोनों हाथ मिलाकर उस पर ध्यान केन्द्रित कर रखा था। गिल्ली उछली। पकड़ने लपका।

"बहा...दुर...ओ...बहा...दुर..." गिल्ली से ध्यान हटा पुकारने वाले को देखने लगा। सिर पर से गिल्ली दूर जा गिरी। मन्दिर के ओटले के पास खड़ी सुखिया बेटे को बुला रही थी। डंडा लिए माँ के पास पहुँच पूछा "क्या माँ? क्या बात है? क्या चाहिए?"

"बाईजी के यहाँ से पैसे माँग ला। आटा खत्म हो गया है। मैं वक़ील साहब के वहाँ काम निपटाने जा रही हूँ।" सुखिया चल दी।

"ठीक है! अभी लाया।" गिल्ली-डंडा मन्दिर के पेड़ के कोटर में रख दिया। मेरा हाथ पकड़ा, "चल! बाईजी के यहाँ से पैसे माँग लाते हैं।"

खिंचा-सा मैं साथ चलने लगा। कोठे के आँगन में पहुँचते ही ठिठका। पाँव ज़मीन से चिपक गये।

"अब क्या हो गया?" बहादुर ने जानना चाहा।

"ये तो शान्ता तवायफ़ का...?"

"तो क्या हुआ? इस समय कोई गाना मुजरा थोड़े हो रहा है? शायद पूजा-पाठ कर रही होगी?"

"पूजा...पाठ? वो पूजा भी करती है?"

"हाँ! वो भी पूजा करती है। उसे पूजा नहीं करनी चाहिए क्या? चल यार। पैसे लेकर अभी आते हैं।" मेरा हाथ खींच बढ़ लिया। आकर्षण, विकर्षण जुगुप्सा के साथ अन्दर तक खिंचा चला गया।

कमरे की सजावट सुरुचिपूर्ण थी। मोटी खादी की सफेद झक्क चादर पर गलीचे और गाव-तकिये सजे थे। छत पर झाड- फानूस टगा था। तबला, सारंगी, सितार, तम्बूरा, हारमोनियम करीने से रखे थे। तिपाही पर चाँदी की नक्क़ाशीदार तश्तरी में चाँदी का वर्क लगे पान के बीड़े, छालिया, लौंग, इलायची, सुगन्धित तम्बाकू, चाँदी की रकाबियों में थे। राजा रवि वर्मा के चित्र भी थे। आश्चर्य चकित मेरी नज़रें हर चीज़ का जायज़ा ले रही थीं।

"श्री...राम...चन्द्र...कृपालु...भजमन...हरण...भव...भय...दारूणम्...भक्ति रस से परिपूर्ण भजन की पवित्र मीठी-मोहक स्वर-लहरी वातावरण को पवित्रता से नहलाने लगी। मुजरे वाला कमरा भी पवित्र हो गया। दोनों मूर्तिवत् खड़े रहे। मधु-मिश्रित स्वर में गाये जा रहे भक्तिपद से मन-प्राण आप्लावित होने लगे। उस पद के समाप्त होते ही "जय...जगदीश...हरे...स्वामी...जय...जगदीश...हरे...भक्त ...जनों...के...संकट...आर्त...जनो...के...संकट...क्षण...में...दूर...करे..." प्रारम्भ हो गया। पूरी शास्त्रोक्त विधि से तन्मयता से गा रही थी। भजन के बोल आत्मा की गहराईयों से निसृत हो रहे थे। ये बोल तो मुजरे के नहीं हैं। न ही किसी तवायफ़ के। भजन खत्म हुआ। भक्ति-रस से ओत-प्रोत स्वर के सम्मोहन से बँधे भीतर जाने वाले दरवाले की चौखट पर चुपचाप जा खड़े हुए। लाल-गोरे कर-कमलों की प्रणाम मुद्रा, मुंदी कमल पुष्प की पंखुड़ियों-सी सुदीर्घ पलकें, सिर को पल्ले से ढँके श्वेतवसना, प्रार्थना से विह्वल दमकता मुख। तवायफ़ नहीं कोई तपस्विनी पूर्णरूपेण समर्पण भाव से पूजा में लीन थी। बड़े से आले में सुगन्धित फूलों में ढके रजत सिंहासन में विराजित देवी देवता। दीवार पर टंगे, मोटी मालाओं से सजे ध्यान मग्न भगवान शंकर, भगवान राम, सीता माँ, लक्ष्मण और चरणों में हनुमानजी के बड़े चित्र। शुद्ध घी का जलता दीपक और सुवासित अगरबत्ती का धूम्र। "त्वमेव...माता...च...पिता...त्वमेव..." के साथ पूजन समाप्त हुआ। भक्तिभाव से शीश झुका प्रणाम किया।

पलटीं। हमें देख उन बड़े-बड़े नयनों से भक्ति के साथ वात्सल्य, ममता, स्नेह की धारा बहने लगी।

"कैसे आए बहादुर?" पास आ रेशमी हथेली से उसका सिर सहलाया।

"बाई सा...व...वो...वो...बात...ये है...वो कोयले के...।" वाक्य पूरा नहीं कर पाया।

"भुट्टन अम्मी ने नहीं दिये?"

"ना!"

"कितने हुए?"

"जी एक रुपया।'"

"ये लो।" अलमारी से एक-एक रुपये के दो सिक्के निकाल कर दे दिये।

"ये...ये...तो...दो रुपये हैं।"

"कोई बात नहीं। रख लो। तुम्हारे काम आयेंगे। कॉपियाँ ख़रीद लेना।" मेरी ओर मुख़ातिब हो मीठी-मोहक मुस्कान के साथ अमर-प्रेम की पुष्पा ने जानना चाहा, "ये बाबू कौन हैं?"

"ये मेरे साथ मिडिल की सातवी में पढ़ता है। मेरी माँ इनके यहाँ काम करती है। घर का नाम मुन्ना है। इनके पिताजी देवधर वक़ील साहब के मुंशी है।" बड़े उत्साह से बहादुर ने मेरा परिचय दिया।

गूँगा बना मैं चुपचाप टुकुर-टुकुर निहारता रहा। उनकी कमनीय देह से झर रही मीठी भीनी-भीनी ख़ुशबू मनभावन थी। बोल रही थी तो लगता था फूल झर रहे हैं।

"तो ये शहर के नामचीन मुंशीजी के साहबज़ादे हैं। सारा शहर उन्हें जानता है। हमारे मुहल्ले में ही तो रहते हैं।" प्यार से मेरी पीठ थपथपायी। बतियाते हुए अगले कमरे में ले आयी। मुजरे वाले कमरे में आते ही मन का मौसम बदल गया। तपस्विनी तवायफ़ में रूपान्तरित हो गयी। बैठते हुए स्नेह से मनुहार की, "तशरीफ रखिये। बोलिये क्या लेंगे? चाय, कॉफी, शरबत?"

"जी कुछ नहीं।" दिल में सुप्त वेश्या विरोधी वितृष्णा उभर आयी।

"ये चाय नहीं पीता।" बहादुर ने बताया।

"अरे वाह! आप चाय नहीं पीते? ये तो बड़ी अच्छी बात है। पान नोश़ फरमाइये?" एक पल रुकी, "शायद पान भी नहीं खाते होंगे? जब चाय नहीं पीते तो पान का तो सवाल ही नहीं उठता। अच्छा ठहरिए।" हौले से उठी, नर्तकी के लास्य से पग रखती अन्दर गयी। अलमारी से कुछ निकाल, बाहर आ, मुझे और बहादुर को दो-दो टॉफियाँ दीं, "लीजिए। ये तो चलेंगी ना?" मीठी-मोहक मुस्कान अधरों, नयनों से झर रही थी।

"जी। शुक्रिया।"

समाज ने तवायफ़ की जो छवि चित्रित कर रखी थी। वैसी वे न लगीं। लेकिन थीं तवायफ़। उनका उठना, बैठना, चलना, फिरना, देखना, बातचीत का लहजा, शराफ़त और तहज़ीब, पहनना-ओढ़ना, श्रृंगार, आम औरत से उन्हें अलग करता था। एक सामान्य औरत, माँ, बहन-बेटी, प्रेमिका शायद पत्नी बनने का जज़्बा उनके पास भी था। लेकिन बाज़ार में बैठी औरत को समाज ने ये रिश्ते निभाने का अधिकार नहीं दे रखा था। उसकी इज़्ज़त दो कौड़ी की भी नहीं थी। जब तक वहाँ रहा मेरी बोलती गुम रही।

"तो चलें बाई जी?" बहादुर ने इजाजत माँगी।

"हाँ! कोयले का ध्यान रखना। ख़त्म होने के पहले दे जाना। हाँ बाबू। आप भी आते रहना।"

आकाश कुसुम के दर्शन के बाद बाहर आये। बहादुर अपने को अधिक रोक न सका। टॉफी खाने लगा। हाथ में रखी टॉफी को मैंने कुछ पल निहारा। वेश्या का स्पर्श उसमें चिपका था। नाली में फेंक दी।

"य...ये...क्या कर रहा है, बेवक़ूफ़! नाली में क्यूँ फेंक दी?" बहादुर ने डाँटा।

"तवायफ़ की दी टॉफी कैसे खा सकता हूँ। जात न चली जायेगी?"

"तू रहा बुद्धू का बुद्धू। टॉफी कोई उसने थोड़ी बनायी है। ये तो इंग्लैण्ड से आती हैं उन्हें टॉफियाँ बहुत पसन्द हैं। उनका एक ग्राहक जब भी आता है दे जाता है। इनमें छूत थोड़े ही रहते है। नहीं खाना था तो मुझे दे देता। नाली में फेंकने की क्या ज़रूरत थी?"

***

सागर के समान इंसान के जीवन और क्रियाकलापों में भी ज्वार-भाटे आते रहते हैं। तवायफ़ अपवाद नहीं होती। सेठ धनराज के शान्ता की ज़िन्दगी में आने पर नयी कहानी प्यार के रेशमी धागों से बुनी गयी। उसने दोनों के जीवन की दशा-दिशा बदल दी। बांग्ला के महान कथा-शिल्पी शरत बाबू का देवदास यथार्थवादी कल्पना की उड़ान मात्र है जबकि धन्नू-शान्ता का प्रेम व्यापार ज़िन्दगी की चौकाने वाली सच्चाई पेश करता हैं धनराज अपनों के बीच धन्नू सेठ के नाम से जाना जाता था।

धनराज सेठ की कानपुर में स्पिनिंग फैक्ट्री थी। उसके लिए कपास ख़रीदने खण्डवा आता रहता था। निमाड़ ज़िले की कपास क्वालिटी में सर्वोत्तम थी। धन्नू सेठ ही नहीं इंग्लैण्ड की वालकर्ट और रायली बदर्स की कम्पनियों के खण्डवा ऐजेन्ट भी सेठ विट्ठलदास नारायणदास बाहेती की जीनिंग-प्रेसिंग फैक्ट्रियों से मेनचेस्टर, बर्मिंघम, लन्दन की कपड़ा मिलों के लिए कपास ख़रीदने भिजवाते थे।

धन्नू सेठ के सूती धागे की बनारस और यू.पी. के बुनकरों में बड़ी माँग थी। धन्नू उनसे अच्छा मुनाफा कमाता था। सीजन के समय आठ-पन्द्रह दिन खण्डवा में अपने दलाल बाबूलाल के यहाँ ठहरता था। पैसे-टके के मामले में साफ-सुथरा था। यद्यपि बाबू दलाल ने उससे ठहरने-खाने की कोई रक़म नहीं माँगी। फिर भी धन्नू ख़ुद जाते वक़्त बच्चों को अच्छी रक़म दे जाता। कानपुर से आते वक़्त बाबू भाई के लिए मिठाई नमकीन ज़रूर लाता। रिजर्व स्वभाव का था। काम पूर्ति/सटीक बात करता। अपने काम से काम रखता था। शास्त्रीय, सुगम-संगीत और गज़लों का शौक़ीन था। उसके पास चूड़ी का बाजेवाला ग्रामोफोन था। बेग़म अख्तर की गज़लो, ठुमरी, कजरी के रिकॉर्ड बड़े गुलाम अली, पण्डित ओंकारनाथ, बाल गन्धर्व, अमीरबाई कर्नाटकी, गंगूबाई हंगल के रिकॉर्ड्स का अच्छा कलेक्शन उसके पास था। मगर किसी तवायफ़ के कोठे पर जाकर गाना सुनना सख़्त नापसन्द था। गायकी को गान्धर्व एवं पवित्र विधा कला मानता था।

बाबू भाई नाच-गाने के शौक़ीन थे। इच्छा होने पर शान्ता के यहाँ पहुँच मुजरे का आनन्द छठे-छमाही उठा लेते। दशहरा, दीवाली, होली पर बिना नागा जाते थे। चतुर हिसाब-किताबी बाबू भाई अपनी सीमा में मौज शौक़ करते थे। उन्हें मालूम था कि धन्नू सेठ गाने के शौक़ीन हैं। कई बार शान्ता का गाना सुनने का दबाव डाला। लेकिन असफल रहे। उस दिन पीछे पड़ गये, "धन्नू सेठ। एक बार शान्ता बाई का गाना सुनोगे तो बेग़म अख्तर को भूल जाओगे? क्या गला पाया है? एकदम महीन, मख़मली, मुलायम सी आवाज़। स्वर-सुर और शास्त्रीयता के मेल से उनके बोलों की अदायगी गले नहीं दिल से निकल सुनने वाले के दिलों में उतर जाती है। यदि पसंद न आये तो इशारा कर देना। उठ आयेंगे।" बाबू की तारीफ ने धन्नू सेठ को राजी कर लिया।

"अब तुम इतना ज़ोर दे रहे हो तो चलते हैं। पसन्द न आने पर...।" भाग्य के देवता ने साजिश के पासे चल दिये।

"हाँ...हाँ...कोई जबरदस्ती थोड़ी है। उठ आयेंगे।"

"आइये! बाबू भाई आइये!! तशरीफ रखिये। बहुत दिनों बाद बाँदी को याद किया?" शान्ता ने बड़ी नज़ाकत-नफ़ासत से आदाब करते हुए मीठी शिक़ायत की।

"शान्ताबाई! आपकी शिक़ायत वाजिब है। काम/धन्धे से फुरसत नहीं मिली। आज ऐसे मेहमान को लाये हैं जो मौसिकी के शैदाई और जानकार है। बेग़म अख़्तर के तो मुरीद है। हमने इनसे कहा शान्ताबाई खण्डवेवाली भी उन्नीस नहीं है। उम्मीद है हमारी बात को सौ फीसदी आप सही साबित करेगी?" बैठते हुए बाबू ने कहा।

“तौ...बा...तौबा...।” कानो को हाथ लगाते बोली, “हुज़ूर! ये क्या फरमा रहे हैं? गुस्ताख़ी माफ़। कहाँ बेग़म साहिबा? आफताब-ए-मौसिकी। गज़ल की मल्लिका!! कहाँ ये नाचीज़ जो उनके पैरों की धूल बराबर भी नहीं है? मुझे तो माफ़ करिए। कुछ गा-बजा लेती हूँ ख़ुदा की मेहर से।”

शान्ता के चेहरे पर बेग़म अख्तर के प्रति उभरी आस्था, पूजाभाव, विनम्रता और खजुराहो की तराशी मूर्ति-सी ख़ूबसूरत देह धन्नू सेठ के दिल में गहरे तक उतर गयी।

शान्ता ने कई गज़लें सुनाई। गाने के साथ ही हथेलियों, आँखों, भौंहों और पग-संचालन के जरिये ठुमरी-कजरी के बोलो को साकार किया। धन्नू सेठ समझ गये शान्ता ऊँचे दर्ज़े की अदाकारा और गायिका है। गाने की महफ़िल की समाप्ति के बाद बाबू भाई तो लौट गये लेकिन धन्नू सेठ वहीं रह गये।

शान्ता के मुजरों और गायकी की महफ़िल की सारी रातें उन्होंने ख़रीद ली। अकेले कभी मुजरा तो कभी शास्त्रीय संगीत, गज़ल, ठुमरी, दादरा, कजरी के नरम, मुलायम, मखमली स्वरो-सूरों का आनन्द उठाते। उसे पूरे साज-सिंगार के साथ महफ़िल में उतरना पड़ता। चौबीस घंटे साथ रहने के कारण शान्ता लजीज़ खाने बना कर खिलाती। उसकी बेमिसाल ख़ूबसूरती, नाच-गाने में महारत, पाक कला की कुशलता, सुबह पूरी तन्मयता, श्रृद्धा-भक्ति के साथ प्रभु की उपासना-प्रार्थना, सर्वोपरि उसके व्यवहार की शाइस्तगी से धन्नू उसकी मुहब्बत में ऐसे डूबे कि दीन-दुनिया भूल गये। सदियों, पिछले कई जन्म-जन्मान्तरों से जिस सम्पूर्ण नारी की तलाश थी शान्ता में पूरी हो गयी।

चार-आठ दिन बाबू ने ध्यान नहीं दिया। अधिक समय बीतने पर माथा ठनका। उन्हें लेने आया। मगर साथ चलने से उन्होंने इन्कार कर दिया। हैरान परेशान हो गया बाबू। परिवार, धन्धे, इज्ज़त, ऊँच-नीच का वास्ता भी बेअसर रहा। तब शान्ता को फटकारा “बाईजी! ये क्या चक्कर चलाया है? क्यों इस भोले-भाले इंसान को जाल में फँसा रखा है? बोलो। छोड़ने के कितने रुपये लोगी?”

अपमान के ज़हर से शान्ता मुरझा गयी। जवाब देती, उसके पहले धन्नू ने कहा, “बाबू भाई। उन्हें कुछ भी कहने की ज़रूरत नहीं? मैं अपनी मर्ज़ी से रह रहा हूँ। मैं कहीं नही जाऊँगा। तुम दफ़ा हो जाओ।”

जिसने कभी तू-तड़ाक से बात नहीं की? सदा शराफ़त से पेश आया। मृदुभाषी धनराज ने दफ़ा होने की धमकी दे जतला दिया शान्ता निर्दोष है। चुपचाप चल दिया। धनराज के परिवार को सूचित कर दिया। धन्नू-शान्ता की मुहब्बत के चर्चे से शहर गूँजने लगा।

****

''ओ...जी...जी....बाई...ओ...जीजी...।'' हाँफती सुखिया सीधे रसोई में आ बैठी।

''क्या हुआ?''

''क्या नहीं हुआ जीजी? भाग्य का लिखा कभी टल नहीं सकता? तकदीर इंसान के साथ कब, कहाँ, क्या कर बैठे कोई नहीं जानता? वो मुआ बाबू! धन्नू सेठ को मुजरा दिखाने क्या ले गया? उस जादूगरनी...?''

नाश्ता छोड़ ध्यान से सुनने लगा।

''ठहर जरा!'' माँ का ध्यान मेरी ओर गया, ''जा बाहर जा! नाश्ता फिर कर लेना।'' मुझे भगा दिया। दिल वहीं छोड़ बगल के कमरे के दरवाज़े के पीछे जा छिपा।

''अब बोल।''

''उस जादूगरनी ने ऐसा जादू चलाया कि सब के लाख समझाने पर भी धन्नू सेठ उसे छोड़ने को तैयार नहीं। उसे नहलाता है। बाल धो तेल लगा चोटी गूँथता या जूड़े को गजरे से सज़ा सिंगार-पिटार करता है। सजने-सँवरने में मदद करता है।''

तो ये बात है। शान्ता की तक़दीर हर औरत के लिए ईर्ष्या करने लायक है। माँ ने गहरी साँस ली। प्रेमिका और पत्नी का अन्तर समझ में आ गया।

बाबू भाई का पत्र मिलते ही बेटा बलराज, पत्नी उमा, परिवार एवं शुभ चिन्तकों के साथ रोते-कलपते दौड़े-दौड़े खण्डवा आये। बाबू ने उन्हें पार्वतीबाई की धर्मशाला में ठहरा दिया। उनके आने की सूचना धन्नू को दी, ''चल कर उनसे मिल लो।''

''मुझे किसी से नहीं मिलना?'' धन्नू का जवाब रूखा-कड़क था।

बाबू हैरान रह गया। मृदुभाषी धन्नू से इस प्रकार के व्यवहार की उम्मीद नहीं थी। समझ नहीं आया क्या कहें, क्या करे? एक वेश्या की ख़ातिर उसके सामने अपमानित किया गया। तिममिला उठा।

''मिलने में क्या दिक्कत है? मिल लीजिए? हमारी ख़ातिर।'' शान्ता ने हालात सँभालने की क़ोशिश की।

''ना! मैं नहीं मिलूँगा। और तुम बीच में न पड़ो तो ठीक रहेगा। बाबू भाई। आप जा सकते हैं। किसी के यहाँ आने की ज़रूरत नहीं। आप भी आइंदा तकलीफ़ मत करना?''

अपमान से बाबू का चेहरा काला पड़ गया। चुपचाप धर्मशाला जा स्थिति स्पष्ट कर दी।

"मैं जाकर मिलूँ? पुलिस की मदद लें?" चिन्तित बलराज ने राय दी।

"ना! तुझे तो मैं उस चुड़ैल के यहाँ हरगिज जाने नहीं दूँगी? एक बार और क़ोशिश कर देखें बाबू भाई। उन्हें कहें उसे कानपुर ले चलें। अलग मकान दिला देंगे। सब ख़र्चे हम उठायेंगे। कम-से-कम वे सामने तो रहेंगे।" बात खत्म करते-करते रोने लगी उमा।

बाबू ने प्रस्ताव शान्ता-धन्नू के सामने रखा।

उत्तर दिया भुट्टन ने, "हमारी बच्ची खण्डवा छोड़ कहीं नहीं जायेगी? जाना होता तो होल्कर महाराज का प्रस्ताव क्यूँ ठुकराते?" उसने सारे दरवाज़े बन्द कर दिये।

आख़री दाँव के रूप में थानेदार चैनसिंह को भेजा। भुट्टन डर गयी। वो धमकाता-चमकाता पुलिसिया हथकंडे अपनाता उसके पहले धन्नू ने साफ-साफ कहा, "थानेदार साहब। अपनी मर्ज़ी से वहाँ रह रहा हूँ। किसी ने जबरन रोक नहीं रखा है। मैं यही रहूँगा। कही नहीं जाऊँगा। मेहरबानी कर तशरीफ ले जाइये।"

चैनसिंह चुपचाप और बाबू लुटे-पिटे हारे खिलाड़ी सा चल दिया। उमा ख़ुद जाना चाहती थी। सबने रोक दिया। कुछ दिन के इंतज़ार के बाद रोते-कलपते कानपुर लौट गये। खण्डवा कई दिनों तक शान्ता-धन्नू की प्रेम कहानी के चर्चे रस ले-लेकरता रहा। धीरे-धीरे बात आयीं-गयीं -हो गयी। कुछ महीने बलराज ने ख़र्चे हेतु मनी-आर्डर भेजा। बाद में शुभचिन्तकों के कहने पर रुपये भेजना बन्द कर दिया। इस उम्मीद से कि पैसों के अभाव में शान्ता धन्नू को कोठे के बाहर फिंकवा देगी।

ऐसा मौक़ा जल्दी आ गया। धन्धे के मामले में भुट्टन बेमुरव्वत थी। ग्राहक से दिल लगाना धन्धे से बेईमानी करना है। शान्ता को समझाया, "बिट्टो! धन्नू फुगलैट हो गया है। निकाल बाहर कर। धन्धा ख़राब हो रहा है। तेरी जवानी जब तक सलामत है चाहने वाले हज़ार मिलेंगे। उसे निकाल दे। उसके कारण गिराकों का आना कम हो गया है। तू न बोल सकती हो तो मुझ पर छोड़ दे। बोटी चूसने के लिए होती गले की फाँस बनाने के लिए नहीं? घोड़ी घास से यारी करेगी तो खायेगी क्या?" शान्ता का दिल समझने को तैयार नहीं था। दबी ज़ुबान विरोध जताया," अम्मी। ज़िन्दगी में पहली बार तहेदिल से मुहब्बत करने वाला मिला हैं हमारी ख़ातिर घर-परिवार, धन्धा-पानी यहाँ तक की इज़्ज़त भी दाँव पर लगा दी। उसे निचुड़े छिलके-सा फेंक दूँ? ना अम्मी ना! ये हम से न होगा? ख़ुदा ने एक दिल हमें भी दिया है। हमें भी ख़ुदा को जवाब देना पड़ेगा।

शान्ता की ज़िद के आगे भुट्टन इस शर्त पर झुकी कि धन्नू मुजरे के आड़े

नहीं आयेगा। शान्ता को नहला मुजरे के लिए सँजाने-सँवारने का काम बदस्तूर करने लगा। दिल-ही-दिल कुढ़ता, रोता था। उसकी इज़्ज़त कौड़ी भर नहीं रह गयी थी। तनावग्रस्त रहने लगा। हँसना, बोलना, मजाक करना बन्द हो गया। गूँगे-सा चुपचाप ताका करता। पलक-पाँवड़े बिछाने वाली भुट्टन की नज़रों की नफरत बर्दाश्त के बाहर होने लगी। शान्ता के प्यार के बल पर सह रहा था। वो भी कब तक? एक रात चिर निंद्रा में चला गया। इस बार देवदास ने चन्दमुखी की गोद में प्राण त्यागे। शान्ता को गहरा सदमा पहुँचा। सूचना देने पर भी न बाबू भाई न कानपुर से कोई आया। तब शास्त्रोक्त रीति से धन्नू का अन्तिम क्रिया-कर्म करने के बाद सब कुछ बेच कर शान्ता जबलपुर चल गयी।

अमन पसन्द डॉन शेरू

शेरूदादा खण्डवा के नामी दादा थे। गुण्डा और अमन? असम्भव और विरोधाभासी भी। पुलिस रिकॉर्ड के अनुसार, वे शहर के अमन-चैन के लिए ख़तरा थे। लेकिन मौक़ा पड़ने पर अपनी जान ख़तरे में डाल शहर के अमन चैन की रक्षा की। आज की पीढ़ी ने उनका नाम भी नहीं सुना है। शहर उनसे धौंस खाता था। शहर था ही कितना बड़ा? भूतपूर्व मुख्यमन्त्री काका साहेब भगवन्त रावजी मंडलोई के अनुज रामचन्द्रराव दरबार शाम चार बजे के बाद अपने दो-चार मित्रों के साथ शहर के चारों कोनों पर बने मन्दिरों के एक दो घंटे में दर्शन-परिक्रमा कर लौट आते थे। उसके बाद भाँग और बादशाह हलवाई की रबड़ी छानते। शेरू काका साहेब और दरबार की बड़ी इज़्ज़त करता था। काका साहेब स्वतन्त्रता संग्राम के सेनानी निमाड़ ज़िला कांग्रेस के अध्यक्ष थे। कई बार जेल गये थे। शेरू को गुण्डा कहने का साहस किसी में नहीं था। सभी अदब से शेरूदादा या शेरू पेलवान कहते थे। कद पूरा छः फुटा, कसरती बदन। सुरमें में रची-बसी, नशे से मदमाती बड़ी-बड़ी कंजी आँखें, चौड़ी चकली छाती, चीते-सी कमर और शेर-सी मस्तानी फुर्तीली चाल। गोरी-गुलाबी रंगत। कुर्ता-लुंगी-फेटे से सजी देह। साथ में तेल पिलाया लठ्ठ जिसके सिरे पर दो इंच चौड़ी लोहे की पट्टी, घुमा कर किसी को एक जमा दे तो भेजा खुल ही नहीं जाये, खून का तिलक भी लग जाये। वक़्त ज़रूरत के लिए जेब में खटकेदार रामपुरी चाकू। पाँचों वक़्त नमाज़ के पाबन्द शेरू ख़ुदा से, शहर की सलामती की दुआ इसलिए माँगता था ताकि धन्धा अच्छा चलता रहे। दो-चार शागिर्दों से घिरे जिस मुहल्ले बाज़ार से झूमते-झामते निकलते, लोग अदब से खड़े हो नमस्कार, आदाब, वालेकुम सलाम कर अपने को धन्य मानते। जिस दुक़ान-होटल के सामने खड़े हो जाते मालिक दौड़ कर मिठाई, नमकीन, दूध, फल, सब्ज़ी, जो उनकी फ़र्माइश होती, अदब से पेश करते। मेरी होटल के आलू बड़े, बादशाह की जलेबी और गोदू हलवाई के दूध के शौक़ीन दादा उन्हें रोज उपकृत करते।

शेरू धौंस ज़माने वाला नाम था। पूरा नाम शेर अली या शेर खान था। यदि साहित्यकार, कलाकार, गायक, संगीतकार, पहलवान और राजनेता शहर की शान माने जाते हैं तो मुम्बई की शान डॉन दाऊद इब्राहीम के समान शेरू भी खण्डवा की शान थे। दाऊद जब पैदा भी नहीं हुआ था उसके सत्तर साल पहले शेरू के नाम का डंका सारे निमाड़ ज़िले में बजता था। चोरी, डक़ैती, लूट, लठ्ठबाजी, पहलवानी में उनका और उनके शागिर्दों का कोई जवाब नहीं था। खण्डवा ही नहीं ज़िले के कई गाँव-क़स्बों-शहरों के थानों में चार-छः एफ.आई.आर. उनके नाम दर्ज रहतीं। मौक़ा लगने पर भुसावल-जलगाँव, हरदा, होशंगाबाद तक हाथ मार आते। आये दिन कचहरी-अदालतों में हाज़िरी लगाते। पुलिस-थानों से न तो डरते, न ही उनकी परवाह करते। हाँ! डरते और इज़्ज़त करते तो सिर्फ़ देवधर वक़ील और उनके मुंशीजी माने मेरे पिताजी की। ये ही उन्हें और उनके शागिर्दों को कानूनी दाँव-पेंच के जरिये जमानत दिलाने और जेल जाने से बचाने का माद्दा रखते थे। देवधर साहब से सीधे बात करने का साहस उनमें नहीं था। लाठी किसी चेले को सौंप सिर झुका शेरू हमारे घर के दरवाज़े की चौखट पर बड़े अदब से खड़ा हो, हुज़ूर से अपनी बात शुरू करता था। डरा-सहमा मैं चकित नज़रों से उसे निहारा करता। पिताजी के जरिये देवधर वक़ील साहब तक अपनी अर्ज़ी पहुँचाता।

श्री माधव विष्णु देवधर, निमाड़ ज़िले के फ़ौजदारी मामलों के नामंकित विशेषज्ञ वक़ील थे। खण्डवा ही नहीं, बुरहानपुर से होशंगाबाद और होल्कर रियासत के खरगोन-इंदौर तक की अदालतों में पैरवी कर मुकदमे जीते थे। जबलपुर, खासकर नागपुर की हाईकोर्ट में भी पण्डित रविशंकर शुक्ल और पण्डित द्वारिकाप्रसाद मिश्र के खिलाफ भी मुकदमे जीतने का श्रेय उन्हें मिला था। उनके साथी खान बहादुर हिफाजत अलीखान भी नामी वक़ील थे। खण्डवा के मुस्लिम समुदाय का दिल जीतने के लिए अंग्रेज़ सरकार ने उन्हें ख़ान बहादुर के ख़िताब से नवाजा था। मगर शेरू और उसके शाग़िर्द तो देवधर साहब के मुरीद थे। उसने अपना और चेलों का वक़ालतनामा स्थायी रूप से देवधर साहब को दे रखा था। देवधर साहब के अपनी फोर्ड कार में मुंशी जी के साथ पैरवी हेतु अदालत पहुँचने पर कचहरी में हाज़िर शेरू, उनके मुवक्किल ही नहीं, पुलिस वाले, अन्य मुवक्किल और वक़ील आदर-श्रद्धा से उन्हें नमस्कार करते। उनका बड़ा रोब-दाब था।

शेरू और उसके शाग़िर्द ही नहीं अन्य चोर-उच्चको, बदमाशों और जरायम पेशे से जुड़े लोगों का हमारे घर आना-जाना लगा रहता। इनके पीछे पुलिस वाले भी आते-जाते रहते। शेरू कभी-कभी शेरू, वक़ील-मुंशी की फीस, जमानत और

अदालती ख़र्च की रक़म नगद चुकाने की हालत में नहीं रहता। ऐसे समय वह चोरी के तत्काल बाद सीधे हमारे घर रात में ही आ खुली खिड़की से एकाध वजनी जेवर कमरे में फेंक फुसफुसाता, "मुंशीजी! पकड़ा जाऊँ तो अदालत में हाज़िर करा जमानत करा देना।" फिर महीना-पन्द्रह दिन के लिए खण्डवा से ग़ायब हो जाता। ऐसे हालात का सामना करने के लिए पिताजी ने पहले से ही इंतजाम कर लिया था। नारायण सोनी को किराएदार बना रखा था। रात में ही उसे जगा आदेश देते "नारायण। इसे अभी के अभी गला कर बाई साहब के लिए नेकलेस-चूड़ियाँ बना देना।"

"हौ बाबूजी!" नारायण तुरन्त काम पर लग जाता। सुबह के पहले चोरी के जेवर को न केवल हार-चूड़ियों में बदल देता, मसाला लगा पुरानी भी बना देता। पकड़े जाने पर सुबह थाने से पुलिसवाला घर आ कहता, "मुंशीजी! आपका मुवक्किल शेरू पकड़ा गया है। जमानत का इंतजाम कर लो।" पिताजी व्यवस्था में लग जाते।

धर्मनिष्ठ, पूजा-पाठी, कर्मकांडी शुक्ल ब्राह्मण की बेटी मेरी माँ धर्मभीरू थी। प्रतिदिन पूजा और गीता पाठ करती। मुझे भी स्नान-पूजा और गीता का एक अध्याय पढ़ने के बाद ही नाश्ता मिलता। पिताजी के पास न तो समय था, न पूजा-पाठ में विश्वास। पिताजी के मुवक्किलों द्वारा दी गयी फीस को माँ अधर्म की कमाई मान सख़्त नापसन्द करती। विरोध करने पर पिताजी ने डांटा, "ये तो हमारा धन्धा है। मैं मना करूँगा तो शेरू और मुवक्किल दूसरे वकील-मुंशी के पास जायेंगे। देवधर साहब को पता चलने पर मुझे निकाल बाहर कर दूसरा मुंशी रख लेंगे। हमारे यहाँ जो शान-शौक़त, नौकर-चाकर है इन्हीं की बदौलत से।" पिताजी सही थे। घर में तीन नौकर थे। एक खाना बनाने वाली, घर का काम करने और मुझे सँभालने के लिए वलीदाजी नमक नौकर और पिताजी के असिस्टेंट, मुंशी पढरी काका। पिताजी को कचहरी के काम में मदद करने के अलावा, वे बाज़ार का काम भी करते थे। पिताजी के जवाब ने माँ को निरूत्तर कर दिया। लेकिन उन्होंने ईमानदारी की ज़िन्दगी जीने की शिक्षा दे मेरे बाल मन पर वक़ील के बजाय शिक्षक बनने का शिलालेख सदा सर्वदा के लिए अंकित कर दिया। पिताजी के लाख समझाने के बाद भी एम.ए., पी.एच.डी. कर मैं प्रोफेसर और लेखक बना।

शेरू के शागिर्द लालू ने नक़बज़ती और सेंध लगाने को कला में बदल लिया था। सेठ दौलतराम के यहाँ उसने नक़बज़ती के जरिये तीस हज़ार रुपये और कुछ जेवर मार दिये। माल की अफ़रा-तफरी कर ली। मगर पुलिस ने पकड़ पाँच हज़ार

ज़ब्त किये। उसे अदालत में पेश किया गया। लालू की जमानत के लिए शेरू, देवधर साहब और मुंशीजी के साथ अदालत में हाज़िर हुआ। सरकारी वक़ील के अनुसार लालू ने दौलतराम सेठ की दुक़ान की दीवार से तीन ईंटें निकाल, छेद में से दुक़ान में घुस तीस हज़ार और जेव़र चुराये। आगे की पूछताछ और माल बदामदगी के लिए आठ दिन का रिमांड माँगा। देवधर साहब के आपत्ति लेने पर जज ने तीन दिन का रिमांड मंजूर किया। चौथे दिन देवधर साहब ने लालू की जमानत करा दी। तीन ईंटों के छेद में से बच्चा भी घुस नहीं सकता फिर साढ़े पाँच फिट दरम्यानी बदन का लालू कैसे दुक़ान में घुस चोरी कर लाया? देवधर साहब और मुंशीजी को इस पर विश्वास नहीं हो रहा था। देवधर ने लालू से जानना चाहा, ''लालू! सच-सच बताना। दीवार से सिर्फ़ तीन ईंटें निकाल घर में कैसे घुस जाते हो? कर के दिखाना पड़ेगा?''

''हुज़ूर वक़ील साब! लालू के लिए ये बाएँ हाथ का खेल है। अभी दिखा सकता है।'' शेरू ने ताईद की, ''मगर हुज़ूर मामले को अपने तक ही रखियेगा। पुलिस को मत बताइयेगा।''

''बेफ़िक्र रहो। किसी को कुछ पता नहीं चलेगा।'' मुंशीजी ने आश्वासन दिया।

''नक़बज़ती कहाँ करनी है?'' लालू ने डरते-डरते पूछा।

''हमारे घर पर ही करके बताओ!'' देवधर साहब ने कहा।

''हुज़ूर आप के यहाँ? ये मैं नहीं कर सकता?''

''लालू! तुम्हें सिर्फ़ दिखाना है चोरी थोड़ी करनी है।'' शेरू के समझाने पर लालू मान गया। सभी देवधर साहब के मकान पर पहुँचे।

सेंध लगाने के पहले लालू ने एक बार और डरते-डरते पूछा, ''इजाज़त है ना हुज़ूर? पुलिस में तो नहीं देंगे?''

''ना! तुम बेफ़िक्र अपना कमाल दिखाओ।'' वक़ील साहब ने आश्वस्त किया।

लालू ने बैठकर दीवार को टटोला। झोले से औज़ार निकाल एक जगह ठोक चार-छः निशान लगा अंदाज़न तीन ईंटों की जगह छेद किये फिर लोहे की टेढ़ी सलाख़ों से तीन ईंटें बिना शोर-शराबे के निकाल ली। दीवार में छेद हो गया। हाथ अन्दर डाल जाँच-परख की। झोले से तेल की शीशी निकाल छेद में चारों ओर तेल लगाया। खड़े हो बुदबुदाते हुए शरीर पर तेल मला। छेद के सामने उकड़ू बैठ साँस छोड़ने लगा। साथ ही तीनों ईंटों की आड़ कर ली। बदन सिकुड़ने लगा। पलक झपकते छेद में से कमरे में दाखिल हो गया। वक़ील साहब और मुंशीजी की आँखें फटी-की-फटी रह गयी। साँस लेना भूल गये। दिल की तेज धड़कनों के साथ दौड़ कर कमरे में पहुँचे। सिर नीचा किये लालू

चेहरे पर गुनाह का अहसास लिए खड़ा था। उनके पहुँचते ही झुककर दोनों के चरण छू कर प्रणाम किया।

"वाह वाह! तुमको मान गये लालू। तुम्हारा शागि़र्द तो ऊँचे दर्जे का कलाकार है शेरू।" लालू की पीठ देवधर साहब ने थपथपाई। जेब से सौ का नोट निकाल ईनाम में दिया। हिचकिचाते लालू ने स्वीकार कर पुनः सलाम किया।

"ज़र्रानवाज़ी के लिए गुलाम शुक्रगुज़ार है हुज़ूर।" शेरू ने भी सलाम किया।

अन्दर से व्हिस्की की बोतल ला शेरू को इनाम में दी। उसने तीन बार झुक कर सलाम किया।

जिस सेंध से लालू ने दौलत सेठ के यहाँ नक़बज़ती की थी देवधर साहब ने जज साहब से उसका मौक़ा-मुआइना कराया। पैरवी में उन्होंने सिद्ध कर दिया कि जिस छेद से चार साल का बच्चा दुक़ान में नहीं घुस सकता उसमें से भला सामान्य डील-डौल का लालू कैसे घुस सकता है? पुलिस ने जानबूझकर लालू को झूठे मुकदमे फँसाया है। दलील जज साहब को जच गयी। लालू को बाइज़्ज़त रिहा कर दिया। जबकि सच्चाई वक़ील-मुंशी दोनों जानते थे।

****

जर्मन फ़ौजों के पोलैण्ड पर हमला करते ही द्वितीय विश्व युद्ध आरम्भ हो गया। जापान ने जर्मनी का साथ दिया। चीन, कोरिया, थाइलैण्ड, सिंगापुर, बर्मा होते जापानी सेनायें और नेताजी की आज़ाद हिन्द फ़ौज हिन्दुस्तान की ओर बढ़ने लगी। जब भी अंग्रेज़ी फ़ौजें विभिन्न मोर्चों पर हारती, खण्डवा में ख़ुशी की लहर दौड़ जाती। दुश्मन का दुश्मन, हमारा दोस्त के सिद्धान्त के अनुसार हम अंग्रेज़ों के दुश्मन जापान-जर्मनी को अपना मित्र मानने लगे। नेताजी और आज़ाद हिन्द फ़ौज पर गर्व होने लगा। खण्डवा में पदस्थ अंग्रेज़ों का डर मन से निकल गया। इसी समय खण्डवा नगर तथा ज़िला कांग्रेस ने अंग्रेज़ी सरकार के ख़िलाफ जुलूस, जन सभाओं, हड़ताल और सत्याग्रह आन्दोलन आरम्भ कर दिया। लोग निडर हो सड़क पर आ गये। शराब दुक़ानों पर पिकटिंग होने लगी। काका साहेब भगवन्तराव जी मंडलोई, भाई रायचन्द जी नागड़ा, रमेशभाई पाराशर, बाबूलालजी तिवारी ने जुलूसों व सत्याग्रह का नेतृत्व किया।

जापानी और आज़ाद हिन्द फ़ौज के सैनिक बर्मा तक आ पहुँचे। जापानी एअर फोर्स ने कलकत्ता पर बमबारी कर दी। जनरल लॉर्ड माउण्टबेटन को पूर्वी युद्ध क्षेत्र की कमान सौंपी गयी। श्रीलंका में अपना हेडक्वार्टर उन्होंने कायम किया। कलकत्ता की रक्षा के लिए मित्र देशों के अंग्रेज़, फ्रेंच, अमेरिकन गोरे सैनिकों-अधिकारियों की कम्पनियाँ कलकत्ता जाने हेतु प्रथम श्रेणी के डिब्बों वाली

विशेष रेलों में खण्डवा आने लगीं। खण्डवा की गर्मी गोरों को बर्दाशत नहीं हो रही थी। प्लेटफॉर्म पर गाड़ी के रुकते ही गोरे सैनिक उतर पड़ते। सारे कपड़े उतार इंजन में पानी भरने वाले बम्बेनुमा नल के नीचे नंगे खड़े हो नहाने लगते। चीख चिल्ला कर गाते-नहाते। कुछ सैनिक प्लेटफॉर्म पर बेगपाइपर, क्लेरेनेट, वायलिन, माऊथ ऑर्गन, ट्रम्पेट बजाते। गोरों के नंगे नहाने का समाचार आग की तरह शहर में फैल गया। बच्चे-बड़े सभी नंगों के स्नान का मज़ा लेने स्टेशन दौड़े आये। गोरे प्रथम श्रेणी के डिब्बों में यात्रा करते थे। उस समय भारतीय सिपाहियों को तीसरे दर्ज़े में यात्रा करनी पड़ती थी। खण्डवावासी इसका अनुभव कर रहे थे। जबलपुर होते हुए कलकत्ता के लिए सैनिकों को भेजने के बाद बचे गोरे सैनिकों-अफ़सरों को बैरक्स जो सिहाड़ रोड की ओर थे, वहाँ ठहरा देते। खण्डवा वाले इन्हें गोरा बैरक्स कहते थे। सन् 1857 की क्रान्ति के बाद ब्रिटिश सरकार ने सम्भवतः उन्नीसवीं सदी के अन्तिम उत्तरार्ध में इनका निर्माण किया था। बदले माहौल, अंग्रेज़ों की बढ़ती संख्या और कांग्रेसी आन्दोलन के कारण शहर में आये लोक-जागरण ने शेरू और उसके गुर्गों को डरा दिया। गोरों और शेरू को देख दुबक जाने वाले लोग निडर होकर सड़क पर उतर आये। शेरू ने अपना धन्धा मंदा कर लिया।

सन् 1946 के आते-आते मुहम्मद अली जिन्ना और मुस्लिम लीग की पाकिस्तान की माँग ज़ोर पकड़ने लगी। लीग को अंग्रेज़ों की शह थी। खण्डवा साम्प्रदायिक सद्भाव, हिन्दू-मुस्लिम भाईचारे तथा शान्ति का द्वीप था। खण्डवा में लीग का विशेष प्रभाव नहीं था। अंग्रेज़ सरकार खासकर कांग्रेस पर दबाव डालने के लिए जिन्ना और लीग ने डायरेक्ट एक्शन (सीधी कार्यवाही) का ऐलान कर दिया। देश भर में दंगे भड़क उठे, खण्डवा दंगों की आग से बचा हुआ था। अचानक, एक दिन रहमान नामक युवक खण्डवा आया। बुधवारा बाज़ार खण्डवा का मुख्य बाज़ार है फल, सब्ज़ी मण्डी, हलवाईयों, किराने, कपड़ों की दुक़ानें, होटल आदि बड़ी संख्या में हैं। हिन्दू-मुस्लिम दोनों की दुक़ानें हैं। फलों का धन्धा ज़्यादातर मुस्लिम भाईयों के पास हैं बुधवारा चौक के दाहिनी ओर बादशाह हलवाई की दुक़ान थी। उसके पीछे फलों के गोदामों के सामने के आँगन में टेबल-कुर्सी, हरा झंडा तथा माइक लगा रहमान साम्प्रदायिक ज़हर उगलने लगा। नारा-ए-तदबीर, अल्ला-हो-अकबर, हंस के लिया है पाकिस्तान, लौंडे-लड़के लेंगे हिन्दुस्तान। बहके कुछ लपाड़े उसे घेरे रहते। बुधवारा के दुक़ानदारों ने उसे समझाने की असफल क़ोशिश की। वह मानने को तैयार नहीं था। खण्डवा का था भी नहीं। बाहर से किसी ने भिजवाया था। पाकिस्तान के पक्ष में माहौल बनाने के लिए।

शेरू को जब पिताजी ने बताया तो भड़क गया। रहमान को खण्डवा से भगाने का वायदा किया, "आप बेफ़िक रहिये मुंशीजी। उस हरामी को दो-चार दिन में चलता करता हूँ। समझाने पर नहीं माना तो सिर खोल दूँगा। बाकी आप संभालना।"

"हमारी ओर से बेफ़िक्र रहो। उसे शहर की शान्ति भंग मत करने देना।"

शेरू को पता चला कि रहमान अलीगढ़ या जावरा से आया है, धमकी भरा संदेश भिजवाया, "रहमान मियाँ। जितनी जल्दी हो सके खण्डवा से दफ़ा हो जाओ। वरना अंजाम बुरा होगा।"

रहमान को शेरू की ताक़त का अन्दाज़ा नहीं था। फिर मदद का भी भरोसा था। ज़हर उगलना जारी रखा। शागिर्दों के साथ सबक सिखाने शेरू जा धमके। मैं बुधवारा बाज़ार की सब्ज़ी मण्डी से सब्ज़ी ले बाहर निकला तो शेरू की दहाड़ सुनायी दी, "क्यों बे रहमान? हमारे हुक़्म की उदूली की हिम्मत क्यों कर हुई तेरी? तुझे पाकिस्तान जाना है तो दफ़ा हो। खण्डवा में दंगा-फसाद कराने पर क्यों तुला है? सदियों से हमारे पुरखे यहाँ अमन-चैन से रह रहे हैं। उनकी कब्रें यहाँ हैं। उन्हें छोड़ अनजाने पाकिस्तान क्यों जाएँ? तू और तेरे साथ जो जाना चाहे ले जा? उतर साले? जल्दी भाग।"

भीड़ इकट्ठी हो गयी। साँस रोक देखने-सुनने लगे।

"शेरू दादा! मुसलमान हो...?" रहमान बात पूरी करता उसके पहले शेरू दहाड़ा, "तेरी तो ऐसी...तैसी? ये ऐसे नहीं मानेगा। करीम, लालू तोड़ डालो ये भोंगे बोंगे।"

दौड़ कर लालू-करीम ने माइक के तार, बैटरी, भोंगे माइक तोड़ डाला। रहमान के साथी भाग खड़े हुए। उसने आगे बढ़ रोकना चाहा। दादा ने घुमाकर सिर पर जो लठ्ठ मारा रहमान ज़ोर से चिल्लाया, "मार डाला रे। मार डाला।" और चबूतरे से कूद कर भागा। शेरू भी चबूतरे से कूद लठ्ठ घुमाते उसके पीछे दौड़े। भीड़ भागी। पीछे से पुनः दो तीन लठ्ठ जमाये। बुधवारा चौक से सत्यनारायण मन्दिर होते हुए रहमान सीधे स्टेशन पहुँचा। सामने जो गाड़ी मिली उसमें बैठ भाग गया। कभी न लौटने के लिए। शायद सीधे पाकिस्तान चला गया। शेरू ने शहर के अमन के रास्ते के काँटे को निकाल फेंका।

मुस्लिम अब्बा की हिन्दू बिटिया

पाँचों वक़्त नमाज़ अदा करने वाले शेरू दादा अपने धन्धे-चोरी, लूट, धमकाने, मकान-दुकान खाली कराने तथा हफ़्ता वसूली को धर्म से अलग मानता था। धन्धा रोजी-रोटी थी और नमाज़ गुनाहों को माफ़ कर रूह को सुकून दे ख़ुदा से जोड़ती थी। यही तालीम अपने शार्गिदों-लालू-करीम को भी दी। धन्धे को धर्म से मत जोड़ो। दोनों काम ईमानदारी से करो। यह पहली शर्त है। नमाज़ ही नहीं रोज़े के भी पाबन्द था। रोज़े के दिनों मे़ं जकार, दान-धर्म भी करते थे। खण्डवा में अपने रोब-दाब से ख़ुश था। ख़ुशफ़हमी थी कि शहर में छोटे-बड़े सभी इज़्ज़त करते हैं। जिधर से निकल जाते हैं लोग खड़े हो दुआ-सलाम, नमस्कार करते हैं। शहर में कोई भी वारदात होने पर थानेदार उन्हें बुला कुर्सी पेश कर उसके बारे में दरयाफ़्त करते। उसकी राय को अहमियत देते। मगर वक़्त-मौक़ा देख हाथ साफ ज़रूर कर लेते। पुलिस-अदालत की ज़्यादा चिन्ता नहीं पालते। खण्डवा में पैदा हुआ था। सो पैसे वालों की फेहरिस्त उसके पास थी। कौन-कौन दो नम्बर के धन्धे और काला बाज़ारी से माल बना रहा है। गिरवी-गाँठें, बढ़ी ब्याज दर पर उधार रक़म देने वाले सूदखोरों की सूची भी रखाता था। ऊपरी आमदनी वाले बाबू-अफ़सरों की जानकारी भी उसे थी। सर्राफे पर तो खास नज़र थी। शेरू जानता था इनके यहाँ हाथ मारने पर या तो थाने में कोई रिपोर्ट नहीं करेंगे या की भी तो कम रक़म बतायेंगे। उसने फ़ौजदारी में माहिर वक़ील देवधर साहब को स्थायी वक़ालतनामा दे रखा था। अनेक बार उन्होंने जेल जाने से बचाया था। अतः उनके भरोसे अपना धन्धा आराम से जारी रखे था। जानता था हर बार बच नहीं सकता। जेल जाकर सज़ा भुगतने को सदा तैयार रहता। काम-धन्धे पर निकलने का वक़्त तय कर रखा था। रात में दो-तीन बजे बाद ही निकलता। साथ में लालू-करीम रहते। लालू श्रेष्ठ सेंधमार-नक़बज़न था और करीम उस्ताद को बचाने के लिए जान लड़ा देने को तैयार।

स्टेशन रोड पर आज से सत्तर साल पहले दो सिनेमाघर थे—आनन्द और

प्रकाश टॉकीज। प्रकाश को घटिया और मूँगफली टॉकिज कहते थे। उन दिनों मूँगफली पचास पैसे किलो थी। दर्शक सारे समय मूँगफली खा टॉकिज की फ़र्श को गन्दा कर जाते थे। दूसरे दिन सुबह टॉकीज को साफ कराना पड़ता था। हर दिन का किस्सा था। पार्वतीबाई धर्मशाला के पास था आनन्द टॉकीज और तीन पुलिया की ओर प्रकाश सिनेमा। दोनों के बीच बड़ा-सा खुला मैदान था। जहाँ रात एक बजे तक चाट-पकौड़ी, सींकिया कवाब, तेल मालिशियों का जमावड़ा रहता था। देर रात तक मैदान गुलज़ार रहता। उन दिनों सिर्फ़ दो शो होते थे। छः से नौ और नौ से बारह। प्रकाश टॉकिज के बायीं ओर होटलों की चाल थी। वहाँ रात एक-डेढ़ बजे तक चाय-चूड़े-सेव, भजिये के शौक़ीनों की भीड़ लगी रहती। दो बजे बाद ही शहर सो पाता था। इसलिए रात तीन बजे शिकार पर निकलता। तीन बजे तक लोग मीठी नींद में गाफ़िल हो जाते थे। एक सावधानी शेरू और बरतता। दिन में ही खुद या लालू-करीम से शिकार वाले मुहल्ले के मकान, दुक़ान की पूरी जानकारी हासिल करता। वे कितनी मंज़िला है? घर के लोगों की संख्या व हथियार की जानकारी भी लेता। मौक़ा-मुआइना के बाद शेरू शिकार की योजना बनाता। वही तय करता कि सेंध लगा नक़बज़नी लालू करेगा या करीम? या खुद इसे अंजाम देगा। सेंधमारी में माहिर लालू ही अक्सर यह काम करता था।

उस रात सेठ लादूराम सीताराम की मालीकुएँ के सामने की किराने की दुक़ान निशाने पर थी। किराने के अलावा लादूराम सेठ ऊँची ब्याज दर पर गरजू गरीबों और मध्यम वर्ग के लोगों को उधार रक़म देता था। दी जाने वाली रक़म में से छः महीने का ब्याज पहले काट लेता। शेरू के हिसाब से लादूराम के पास दो नम्बर का अच्छा माल था। इमलीपुरा के अपने घर से रात अढ़ाई बजे बाद अपने लठ्ठ और जेब में रामपूरी चाकू के साथ शिकार पर निकला। अन्तर देर दोनों गुर्ग़े आगे-पीछे चलने लगे। बड़ाबम, कर्मवीर प्रेस तथा मोती पहलवान की गलियों से निकल मालीकुएँ की ओर गली के मुहाने पर पहुँचे ही थे कि एक औरत को दोनों बाहों में कुछ थामे कुएँ के पास पहुँचते देखा। शायद कुएँ में कुछ फेंकने आयी है? ठिठके। शागिर्द भी रुक गये। हाथ की चीज़ कुएँ में डालने ही वाली थी कि दहाड़े, "कौन है? कुएँ में क्या फेंक रहे हो?"

दहाड़ सुनते ही घबराकर औरत हाथ की वस्तु कुएँ में डालने की बजाय तेज़ी से नीचे रख भाग खड़ी हुई।

"करीम। देख तो क्या रख गयी?"

"हो उस्ताद।" आगे चल रहे करीम ने दौड़कर कुएँ की फ़र्श पर पड़ी, कपड़े में लिपटी चीज़ उठा ली। कपड़ा थोड़ा-सा हटाकर देखा तो चकरा गया?

"अबे बता ना क्या है?" कुएँ की ओर बढ़ते शेरू ने जानना चाहा।

"उस्ता...द..., उस्ता...द...व...वो...बच्चा...?"

"बच्चा? बच्चा पटक गयी?" लालू भी चौंका।

"बच्चा क्यों पटक गयी बेग़ैरत औरत?" करीम के पास पहुँचे। हैरान-परेशान करीम टकटकी लगा मज़े में सोये बच्चे को ताक रहा था।

शेरू ने कपड़ा थोड़ा और हटाया। बच्चा लड़की थी। शेरू-लालू भी चौंके। औरत जिस ओर भागी थी उधर निहारा। शायद दिख जाये। कुम्हारबैड़ा की ओर भागी औरत बगल की गली में ग़ायब हो गयी थी। उधर देखते हुए शेरू कुछ देर खामोश खड़ा रहा। समझ गया बच्ची नाजायज़ हैं किसी कुँवारी या विधवा की सन्तान है? बेइज़्ज़ती से बचने के लिए मालीकुवे में दफनाने आयी थी। बच्ची के डूबकर मर जाने पर उसकी इज्ज़त बेदाग बच जायेगी। बेग़ैरत औरत के ख़िलाफ गुस्से से भर उठा। बच्ची की मौत के डर से देह सिहर उठी। शिकार भूल गया।

"बच्ची का क्या करें उस्ताद?" करीम ने पूछा।

"करें क्या? यहीं पटक कर धन्धे पर चलें।" लालू ने राय दी।

"बेवक़ूफ़। क्या बोल रहा है? कुछ होश में भी है? ऐसे कैसे लावारिस छोड़ जाएँ? इंसान की औलाद हैं जानवर की नहीं? छोड़ जाने पर कुत्ते-सुअर खा जायेंगे। उस बदतमीज, बेग़ैरत औरत और हम में क्या फ़र्क रह जायेगा?" शेरू की ममता-इंसानियत जाग उठी थी।

"इस बच्ची का क्या करोगे उस्ताद?" लालू ने पूछा।

"तेरे घर ले जा। पाल लेना?"

"ना दादा। मैं नहीं ले जा सकता? वैसे ही इस मँहगाई के ज़माने में बेटे-बेटी का पालना मुश्किल हो रहा हैं तीसरे का बोझ नहीं उठा सकता? बच्ची को लेकर जाऊँगा जो घरवाली घर में घुसने नहीं देगी। मुझे तो आप माफ़ ही करे उस्ताद।" लालू ने पल्ला झाड़ा।

"करीम? तू क्या कहता है।"

"ना उस्ताद। मुझे भी माफ़ करो। न जाने किसकी नाजायज़...?"

"चो...प...? क्या बोल रहा है साले हरामी? कोई भी बच्चा नाजायज़ नहीं होता। बच्चा तो इंसान को ख़ुदा की नेमत है। मर्द और औरत ही नाजायज़ काम कर बैठते हैं। उनके पाप की सज़ा बच्चों को नाजायज़ सन्तान के रूप में भोगनी पड़ती है यदि तुम दोनों नहीं पालना चाहते तो मैं पालूँगा। बच्ची किसी

हिन्दू की है। औरत साड़ी में थी।" करीम से गोद में ले बच्ची को बड़े प्यार से थपथपाया। चलने के लिए घर की ओर मुख़ातिब हुए।

"उस्ताद! शिकार का क्या? करना है या नहीं?"

"शिकार में जो मिलता उससे भी ज़्यादा बेशक़ीमती बच्ची ख़ुदा ने दे दी है। आज की कीमती कमाई है ये बच्ची। इसके सामने शिकार की क्या अहमियत?" शेरू घर चल दिया। लालू-करीम मन-ही-मन कुड़कुड़ाते घिसटते पीछे चले।

"हिन्दू की इस बच्ची को कैसे पालोगे उस्ताद?" करीम ने सवाल किया।

"तिलक नगर में बाल हिन्दू अनाथालय में दे आयेंगे।" लालू ने राय दी।

"चुप कर बेवक़ूफ़। ख़ुदा ने उसे हमें दिया है। यतीमखाने में क्यूँ दूँ? मैं ही हिन्दू तरीके से पालूँगा।"

"आपने निक़ाह किया नहीं। घर में कोई औरत है नहीं? आपका एक पाँव जेल में रहता है। आप तो सज़ा जेल में काट लेते हैं। शादी इसीलिए नहीं की कि बेग़म साहिबा को बिना जुर्म़ अकेलेपन और लोगों के सामने रूस्वा होने की सज़ा न काटनी पड़े। ऐसे में बच्ची को कैसे पालेंगे?"

शेरू ठिठककर खड़ा हो गया? बात सच थी। चिन्ता की बदली गोरे-गुलाबी चेहरे पर उभरी, "तू ठीक कहता है करीम। लेकिन...।" बच्ची की देह की गन्ध से ममता का ज्वार उमड़ा, "लेकिन इस बच्ची की ख़ातिर सब छोड़ दूँगा। अरे हाँ! पड़ोसी सुशीला और रामलाल की मदद ले लूँगा।"

"जैसी आपकी मर्ज़ी। हमारी तो इल्तजा है इस चक्कर में मत पड़िए?" करीम को डर सता रहा था कि बच्ची के चक्कर में शेरू उस्ताद धन्धा-पानी बन्द न कर दे। रोजी-रोटी, पुलिस-अदालत में उनकी सरपरस्ती का बड़ा सहारा था।

"अपनी राय अपने पास रख बेवक़ूफ़। मुझे क्या करना चाहिए और क्या नहीं मैं अच्छी तरह से जानता हूँ।" बतियाते-बतियाते शेरू इमलीपुरे के अपने घर पहुँच गया। ताला खोल कमरे में जाने लगा।

"अच्छा उस्ताद इजाज़त दीजिए। ख़ुदा हाफिज।" करीम अपने घर की ओर और लालू परदेसीपुरे अपने घर के लिए चल दिया।

खाट पर बच्ची को बड़े प्यार से सुला रज़ाई उढ़ा दी। मच्छरदानी भी लगा दी। ख़ुद पास की कुर्सी पर सो गया।

निःसन्तान सुशीला-रामलाल ने पहले तो ख़ुशी-ख़ुशी बच्ची की देखभाल का ज़िम्मा संभाल लिया। ममता-वात्सल्य के पहले ज्वार में उन्होंने जानना नहीं चाहा कि शेरू बच्ची को कहाँ से लाया है? उनकी अमावस्यायी ज़िन्दगी में उसने प्यार की चाँदनी छिटका दी। बच्ची के दूध, कपड़ों के ख़र्चे के लिए अच्छी रक़म उन्हें

देने लगा। रामलाल ने मना किया, "पेलवान। इसकी क्या ज़रूरत है? आपकी बिटिया ने हमारी ज़िन्दगी में खुशियाँ भर दी है।"

"रामू भाई। ये आपकी दयानतदारी है। जो मेरी बिटिया की देखभाल कर रहे हैं। सुशीला बहन तो उसे माँ-सा प्यार दे रही हैं लेकिन खान-पान की जवाबदारी आखिर मेरी ही है। इन्कार मत करिए?"

"जैसी आपकी मर्ज़ी।" दबी ज़ुबान से सुशीला ने मंजूर किया। शेरू का दबदबा सारे शहर में था। लेकिन पड़ोसियों और मुहल्ले वालों के साथ भाईचारा निभाता था। उसके कारण किसी बाहरी बदमाश की हिम्मत उनके मुहल्ले में गड़बड़ करने की नहीं थी। सबका पूरा ख़्याल रखता। सुशीला-रामू ने इसी का ख्याल रख बच्ची की हामी भरी थी। ममता का ज्वार भाटे में बदलते जब सच्चाई के पत्थर पर जब पाँव टिके तो डर गये। लगता है इस बार शेरू ने अस्पताल में हाथ मारा है? बेचने के लिए चुरा लाया। पूछने की हिम्मत नहीं हुई। यदि चुरायी है तो पुलिस ज़रूर आयेगी। पुलिस में रिपोर्ट करने की इच्छा भी हुई लेकिन साहस नहीं हुआ। जेल से छूटने पर जीना मुहाल कर देगा। महीनों बीत जाने के बाद कहीं कोई हलचल नहीं हुई तो समझ गये बच्ची लावारिस है। शेरू की इज्ज़त उनकी निग़ाहों में कई गुना बढ़ गयी।

बालिका ने शेरू की ज़िन्दगी की दिशा ही बदल दी। बालिका सुशीला के पास थी। लेकिन रोज चाहे जब उनके यहाँ पहुँच जाता। प्यार करने गोद में उठाने की क़ोशिश करता। उसकी नरम, नाजुक, गोरी-गुलाबी देह इतनी गुलगुली कि गोद में लेने में डर लगता। कहीं उसके खुरदुरे, कड़क हाथों से बदन न छिल जाये। घबराकर वापस सुशीला को सौंप देता।

"इतनी भी क्या जल्दी है? थोड़ी देर और खिलाइये।" सुशीला उत्साहित करती।

"ना बाबा ना। अपने बस में नहीं।" मगर बालिका की प्यारी-प्यारी देह-गन्ध, देह सुरभि, दिन-रात मगन रखती। समय के साथ बड़ी होती बच्ची घुटने चलने लगी। लड़खड़ा कर खड़े होने की क़ोशिश। लम्बे हाथ कर दा...दा...मा...मा... बुलाना। बाल-लीलाओं ने शेरू के पत्थर दिल में प्यार-ममता-वात्सल्य का झरना खोल दिया। धन्धे पर जाना तकरीबन बन्द कर दिया। लालू-करीम इस उम्मीद में आते कि उस्ताद साथ चलेंगे। शेरू टालता, "लालू। करीम! तुम लोग ही जाओ। मुझे तो माफ़ करो। बिटिया को अकेली नहीं छोड़ सकता?"

"रामू-सुशीला है तो?" करीम ने कहने की हिम्मत की।

"हाँ, हैं तो। लेकिन मेरा दिल उसी में अटका रहेगा। तुम लोग ही चले जाओ। जरा संभल के काम करना। बीबी-बच्चे वाले हो।"

हैरान नज़रों से देखते रहे। पहले तो कभी उस्ताद ने बीबी-बच्चों की चिन्ता नहीं की। ये उस बच्ची का कमाल है। निराश वापस लौट जाते। पास की जमा-पूँजी खत्म होने पर उस्ताद को झक मार कर काम धन्धे पर निकलना पड़ेगा।

न जाने किस जात धरम की है? शेरू ने कुछ नहीं बताया था। बस बच्ची थमा दी। बच्ची का नाम रखना था। अभी तक बेबी बुलाते रहे। एक दिन हिम्मत जुटा सुशीला ने कहा, "शेरू भाई। बेबी का क्या नाम रखा जाये?" यदि मुसलमान होगी तो नर्गिस-सलमा नाम सुझायेगा। हिन्दू हुई तो? शेरू सोच में पड़ गया। कुछ देर बाद बोला, "तुम ही बताओ क्या नाम रखा जाये?"

"बेबी हमारी ज़िन्दगी में रोशनी बन आयी है। उम्मीद की नयी किरण। रोशनी या किरण कौन-सा नाम ठीक रहेगा?"

"वल्लाह! क्या बात है? रोशनी ठीक रहेगा। शुक्रिया। बहुत-बहुत शुक्रिया सुशाला बहन।"

बढ़ती उम्र के साथ रोशनी का चेहरा-मोहरा, रंग साफ होने लगे। गोरी-गुलाबी रंगत। चौड़ी चमकदार पेशानी। बड़ी-बड़ी हिरणी-सी चंचल आँखें। कमान-सी भौंहें। सुतवां नाम और लाल पतले होंठ। मुस्कराएँ-हँसे तो कपोलो में आकर्षक गड्डे पड़ें। चाँद-सा गोल मुखड़ा। दिल को सकून देने वाली मरमरी चाँदनी, रोशनी बन उसकी ज़िन्दगी-घर को रोशन करने आयी थी। बेकलेजे लठ्ठ-चाकू चलाने वाला, बेलाग, फक्कड़ शेय उस नन्हीं-सी परी की ममता-मोह में ऐसा डूबा कि धन्धा कम कर दिया। पास की जमा-पूँजी कम होते ही ख़र्च की चिन्ता सताने लगी। लाचार आधे दिल से धन्धे पर निकला। सेठ लादूराम के छूटे काम को पूरा किया। तपशीश में पुलिस को विश्वास हो गया कि वारदात में शेरू और उसके आदमियों का हाथ हैं छापे में थोड़ा माल करीम के यहाँ बदामद हुआ। तीनों को पकड़ अदालत में पेश किया। देवधर वक़ील ने बचा लिया।

मुहल्ले के बच्चों को सुन्दर स्कूल ड्रेस-ब्लाउज, स्कर्ट, शर्ट-पैण्ट, टाई, जूते-मोजों में सज-धज कर स्कूल जाते देख रोशनी मचल गयी।

"दा...दू...ओ...दा...दू...।"

"क्या चाहिए बिटिया?"

"हमें भी स्कूल जाना है।"

"स्कूल?"

"हाँ! वो देखिए? मुहल्ले के बच्चे स्कूल जा रहे हैं? हम भी जायेंगे।"

"उस्ताद!" लालू अन्दर आया।

"अरे लाल्या...आ...आ। टेम पर आया। देख...देख...ये हमारी लाडो क्या कह रही है?"

"क्या कह रही है?"

"स्कूल जाना चाहती है।"

"भेज दीजिए! क्या परेशानी है? मेरे बच्चे भी तो जाते हैं?"

"अरे यार। मैं तो क्या मेरे बाप-दादों ने भी कभी मदरसे की घंटी नहीं सुनी। सब ने अँगूठा लगाया और...य...ये...रोशनी?"

"टेंशन नयी लेने का उस्ताद? ज़माना बदल गया है। अपन स्कूल नहीं गये तो क्या? इसे स्कूल भेजने में क्या हरक़त? आजकल लड़के पढ़ी-लिखी, नौकरी-पेशा लड़की पसन्द करते हैं। बुधवारा के सत्यनारायण मन्दिर के पास परोपकारिणी कन्या पाठशाला में भर्ती करा देते हैं।"

"अब तो अंकल ने भी कह दिया दादू। स्कूल में भर्ती करा दो?" बड़े प्यार से शेरू के गले में दोनों बाँहें डाल पीठ पर झूल गयी रोशनी। ममता भरे स्पर्श ने पिघला दिया।

"अच्छा चल तैयार हो जा। चल लालू, तू भी चल।" रोशनी को ले परोपकारिणी स्कूल जा पहुँचे। कहीं भी बेधड़क घुस जाने वाले शेरू-लालू गेट पर ही ठिठक गये। एकदम अन्दर जाने की हिम्मत नहीं हुई। किसी काम से बाहर आयी टीचर रोशनी को देख समझ गयी, "बेबी को भर्ती कराने आये हैं?

"जी।"

"सामने के कमरे में बड़े बाबू हैं। उनसे फॉर्म ले कर भर दें। फीस भी जमा करा दें।" कह कर पढ़ाने चली गयी।

बड़े बाबू के कमरे में पहुँचे।

"शेरू पेलवान। बच्ची को भर्ती कराने आये हैं? लो। फॉर्म भरकर फीस जमा कर दो।" फॉर्म ले खड़े रहे। कभी फॉर्म देखते कभी लालू को और बड़े बाबू को।

"अब क्या बात है?"

"बड़े बाबू। लिखना-पढ़ना आता तो चोरी-चकारी क्यों करते? आपकी कुर्सी पर होते ना?"

बड़े बाबू मुस्कुराये, "ये तो मैं भूल ही गया। लाओ। मैं भर देता हूँ।" फॉर्म ले भरने लगा।

"बेबी का नाम?"

"रोशनी।"

"पिता का नाम?"

"शेर अली।"

"जाति?"

"बम्मन।"

बड़ा बाबू चकराया, "आप तो मुसल...मान...और...ये...ये...ब्राह्मण?"

शेरू जानता था हिन्दुओं में बम्मन सबसे ऊँची जाति मानी जाती है। वही लिखवा दी है, "बड़े बाबू हम जो बोलते वही लिख दो। हमारी बिटिया हिन्दू बम्मन है। मुहल्ला इमलीपुरा, साकिन खण्डवा, ज़िला निमाड़, उम्र मालूम नहीं। बिटिया को देख अन्दाज़ से लिख लो।" जैसे अदालत में बयान दे रहा हो। पास का डंडा टेबल से टिका दिया।

अधिक कुछ पूछने की हिम्मत नहीं हुई बड़े बाबू की। शेरू ने जो कहा लिख दिया। फीस लालू भर आया। रोशनी को क्लास में भेज दिया। ख़ुशी-ख़ुशी चली गयी। स्कूल से बाहर आ सामने के होटल की बेंच पर स्कूल की छुट्टी की घंटी बजने तक बैठे रहे। घंटी बजते ही दौड़ कर गेट के पास आये। हँसती-खिलखिलाती, बतियाती, अपनी-अपनी सहेलियों के गले-कमर में हाथ-डाल, दौड़ती-भागती, खरामा खरामा गेट की ओर लड़कियाँ आने लगीं। भीड़ में उनकी आँखें रोशनी को तलाश रही थीं। थोड़े ही समय में उसने अपने व्यवहार, बातचीत और ख़ूबसूरती की मदद से सहेलियाँ बना ली थीं। उनसे घिरी गेट पर पहुँची। शेरू ने तत्काल गोद में उठा कन्धे पर बिठा, घर की ओर चल दिया।

शेरू ख़ुदापरस्त था। धर्मान्ध नहीं। करीम की अपेक्षा लालू, सुशीला, रामलाल, देवधर साहब, उनके मुंशीजी के अधिक क़रीब था। हर मुसीबत में उन्होंने उसका साथ दिया था। रोशनी को लेकर दिन-ब-दिन अधिक संवेदनशील होता जा रहा था। मानता था कि बच्चों खासकर लड़कियों की परवरिश औरतें अच्छी तरह से करती हैं। बच्ची को सुशीला को सौंप निश्चिन्त हो गया था। उसके काम में कभी दख़ल नहीं दिया। रोशनी के लिए शेरू दादू, रामलाल बापू और सुशीला माँ थी। उसी का अनुकरण करते हुए श्रावण सोमवार, कृष्ण-जन्माष्टमी, राम नवमी और शिवरात्रि आदि के उपवास करने लगी। गणेशोत्सव, दशहरा, दीवाली तथा होली धूमधाम से मनाती। शेरू भी ख़ुशी-ख़ुशी त्योहार/पर्वो पर नये कपड़े ला देता। दीवाली पर ढेर सारी मिठाई फटाखे आते। मिठाई खाते, फटाखे फोड़ते वक़्त रोशनी के प्यार का भरपूर आनन्द उठाता। होली पर मुहल्ले भर के बच्चों के साथ रंग-गुलाल में सराबोर रोशनी अपने प्यारे दादू, बापू, माँ को भी रंग देती।

करीम को यह नाग़वार लग रहा था। डरते-झिझकते कहा, "उस्ताद।

तन-मन-धन से आप रोशनी बिटिया की परवरिश कर रहे हैं। क्यों नहीं कलमा पढ़वा देते?"

"चो...प...साले...? क्या बोल रहा है? होश में तो है? एक नासमझ, नाबलिग बच्ची जो दीन-धरम का मतलब ही नहीं समझती है कलमा पढ़वा दूँ? ऐसा मैं हरग़िज नहीं कर सकता? मुसलमान बनाने के लिए थोड़े ही पाल रहा हूँ? जब लाया था तब भी दिमाग़ में ऐसा कुछ नहीं था। इंसानियत के नाते अपना धरम निभा रहा हूँ। इंसानियत से बड़ा कोई धरम नहीं। आइन्दा उस बच्ची को लेकर इस तरह की फालतू बातें मुझसे मत करना? व़रना अंजाम अच्छा नहीं होगा?"

करीम चुप कर गया। कहना तो चाहता था, "उस्ताद! एक मुसलमान उस पर भी शहर के नामी गुंडे की हिन्दू बेटी को ब्याहने का कलेजा किसी हिन्दू के पास नहीं है? हमारे लोग ही उसका आसरा बनेंगे।" लेकिन बोलने की हिम्मत नहीं हुई।

रोशनी बेहद ख़ूबसूरत तो थी ही खेल-कूद, पढ़ाई-लिखाई, स्कूल की सभी गतिविधियों में अव्वल नम्बर आती। जल्द ही स्कूल के शिक्षकों और लड़के-लड़कियों में लोकप्रिय हो गयी। सभी उससे दोस्ती करने को लालायित रहते। उसकी हर सफलता पर शेरू का सीना गर्व से फूल उठता।

साथ पढ़ने वालों को जब पता चला कि शेरू पहलवान रोशनी के दादू हैं तो डर के मारे खिंचे-खिंचे रहने लगे। पहले कुछ दिन तो रोशनी ने ध्यान नहीं दिया। शीघ्र ही अनुभव हो गया कि वे जान-बूझ कर उससे बचने की क़ोशिश कर रहे हैं। ख़ुद को अपमानित अनुभव किया। उस दिन सरला का हाथ पकड़ पूछा," क्या बात है सरला? मुझसे बचने की क़ोशिश क्यों करती हो? क्या नाराजगी है?"

"कुछ नहीं। ऐसी तो कोई बात नहीं है?" टालने की क़ोशिश की सरला ने।

"ना! कुछ न कुछ बात तो है जो तू बताने में हिचक रही है?"

"बुरा न मानो। गलत न समझो। तो मैं बताऊँ?" सुधीर ने हस्तक्षेप किया। सरला का यह किशोर भाई रोशनी की ख़ूबसूरती पर मोहित था। वही नहीं स्कूल के अधिकांश लड़के भौंरो से उसके आगे-पीछे डोलते रहते थे। इससे रोशनी भी अवगत थी। सरला के कारण सुधीर को रोशनी से मित्रता और बतियाने का अवसर मिलता रहता था।

"ठीक है। तुम बताओ।"

"तुम्हारे शेरू दादू शहर के नामी दादा हैं। पूरा शहर उनसे खौफ खाता है। इसीलिए...।" बात पूरी करने का साहस नहीं हुआ।

रोशनी का गोरा-गुलाबी चेहरा मुरझा गया। कई पल चुपचाप दोनों को

निहारती रही। फिर बोली "बस! इतनी-सी बात? अरे भाई! मेरे बापू तो रामलालजी हैं और सुशीला जी माँ। पड़ोसी होने के कारण उन्हें दादू कहती हूँ। उनका कोई बच्चा नहीं है ना। सो मुझे बेहद प्यार-लाड़ करते हैं। वे कोई गुंडे-बदमाश थोड़े हैं। हाँ! पहलवान ज़रूर हैं। उनसे क्या डरना? तुम लोगों को भी अपना बच्चा समझ प्यार करते हैं। उनको लेकर फालतू बातें नहीं सोचते?"

उनको ही नहीं खुद को भी समझाने की क़ोशिश की थी। दिल में दादू के शहर के नामी दादा होने की बात गहरे तक बैठ गयी। घर पहुँचते ही शेरू को पकड़ा।

"आ बिटिया, आ। तेरा ही इंतजार कर रहा था। आज क्या पढ़ाया?" शेरू का चेहरा खिल उठा।

"वो सब बाद में। पहले ये बताओ दादू! क्या आप शहर के सबसे नामी दादा हैं? लोग आप से ख़ौफ खाते हैं?"

चुभती नज़रों से किये गये सवाल से शेरू घबराया ही नहीं डर भी गया। निग़ाह मिलाने की हिम्मत नहीं हुई। सवाल ने जवाब छीन लिया। गूँगा हो गया। पहली बार गलत कामों से जुड़ने के अहसास से दिल को भयंकर तकलीफ और शर्मिन्दग़ी महसूस हुई। सिर नीचा किये बैठा रहा।

मामला सँभालने वाला जवाब दिया लालू ने, "अरे बिटिया! किसने तुझे कहा कि उस्ताद दादागिरी करते हैं? तूने कभी उन्हें धौंस-दपट, दंगा-फसाद, मार-पिटाई करते देखा क्या? उस्ताद तो नामी पेलवान हैं और पेलवान को सभी दादा बोलते। उनसे डरते। स्कूल के बच्चों ने ही तेरा भेजा फेरा होयंगा? मैं सही बोलता ना?" लालू ने शेरू को धरम संकट से उबारा।

"हाँ, लालू अंकल। आप सही बोले? वो सरला और उसका भाई है ना? उन्हीं ने कहा। दादू से वे डरते हैं।"

"बस! इत्ती-सी बात। उनको समझाते! दादू दूसरे दादा-नाना की तरे प्यारे इंसान हैं। आपकू ही नहीं स्कूल के सारे बच्चों को प्यार करते।"

शेरू की जान में जान आयी। चेहरे का डर ग़ायब हो गया। उत्साह से बोला, "यही सच है रोशनी बिटिया। हम से किसी को डरने की ज़रूरत नहीं। हाँ! बदमाशों को ज़रूर डाँटते-डपटते हैं। आपके स्कूल के सारे बच्चे हमारे लिए आपकी माफिक हैं।" शेरू ने आश्वस्त किया।

लालू द्वारा सन्देह दूर करते ही रोशनी का चेहरा कमल-सा खिल उठा। अंकल द्वारा दी सफाई को किशोरी रोशनी ने तहेदिल से मंजूर कर लिया। स्कूल के सभी मित्रों को भी समझा दिया।

दिल के टुकड़े को उसके कारण शर्मिन्दग़ी उठाना पड़े? उसे गवारा

नहीं था? जुम्मे की नमाज़ के बाद ज़यराम पेशा छोड़ने का वादा ख़ुदा और अपने आप से किया। दूसरे दिन एक ठेला ख़रीद लाया। मुहल्ले-मुहल्ले मौसमी फल-सब्ज़ी बेचने लगा। लालू-करीम हैरान-परेशान हो उठे। उस्ताद ये क्या करने लगे? मगर कुछ कहने की हिम्मत नहीं हुई। शायद अपना रास्ता अलग करना पड़ेगा।

सब्ज़ी ले देवधर साहब के दरवाज़े पहुँचा शेरू। मुंशीजी भी वहीं थे।

"हुज़ूर! कौन-सी सब्ज़ी दूँ?"

"शेरू! फल-सब्ज़ी क्यों बेचने लगे?"

"हुज़ूर मुंशीजी! बिटिया को मेरे धन्धे के कारण स्कूल के बच्चों के सामने रुसवा होना पड़ता हैं उसकी नज़रों में गिरना नहीं चाहता? जुम्मे की नमाज़ के दिन ख़ुदा को हाज़िर-नाज़िर मान धन्धे से तौबा कर ली। सब्ज़ी-फल का ठेला भला और मैं। बोलिये क्या दूँ?"

मुंशी ने अपने और वक़ील साहब के लिए पाँच एक रुपये की सब्ज़ी ख़रीदते हुए कहा, "शेरू मियाँ? दो चार-रोज में फल-सब्ज़ी दे जाना।"

"हो हुज़ूर।"

समय बीतते देर नहीं लगती। कल तक जो बच्ची गले में बंहियाँ डाल पीठ पर झूल जाती थी। ज़िद पूरी करने के लिए लड़ती-झगड़ती, रूठती-मचलती, ने हाई स्कूल पहली श्रेणी में सारे प्रदेश में पहले नम्बर पर पास कर ली। यौवन की दहलीज़ पार कर निखरते रूप-लावण्य के साथ उसके अंगों के उभार तीखे, मनोहरी तथा आकर्षक हो गये। नारी सुलभ सर्तकता और सावधानी भी बढ़ गयी। गम्भीरतापूर्वक पुरुषों से दूरी बनाने लगी। रोशनी की सफलता से प्रेरित शेरू ने उसे नागपुर के मेडीकल कॉलेज में भर्ती करा दिया। जहाँ ख़ूबसूरती ही नहीं पढ़ाई में भी सर्वोत्तम होने से छात्र-छात्राओं और शिक्षकों में भी चर्चित हो गयी। लड़के ही नहीं लड़कियाँ भी उसकी दीवानी थी। मैत्री करने को लालायित। लेकिन उसने किसी लड़के को लिफ्ट नहीं दी। अपना पूरा ध्यान पढ़ाई पर ही लगाया। जानती थी कि बापू-माँ नहीं, दादू ही पढ़ाई का पूरा ख़र्च उठा रहे हैं और सब्ज़ी-फल बेचने वाले की आर्थिक हैसियत ही कितनी? उसकी ख़ातिर उन्होंने कितना बड़ा त्याग किया है। पिछली ज़िन्दगी की कहानी उससे छिपी न रह सकी। मगर चुपचाप स्वीकार लिया।

रोशनी की पढ़ाई को ले शेरू गर्वित था। वहीं बढ़ती उम्र ने उसे शादी के लिए चिन्तित कर दिया। इस सिलसिले में बात करने अपने शुभचिन्तक मुंशीजी से मिला।

"आओ शेरू। कैसे आये? सब्ज़ी-फल का धन्धा तो ठीक से चल रहा है ना?"

"हाँ मुंशी जी हुज़ूर। खुदा के फज़ल से दाल-रोटी अच्छी मिल रही है। सब्ज़ी मण्डी में थोक का काम करने लगा हूँ।"

"बढ़िया। अच्छी तरक्की कर ली। बोलो कैसे आना हुआ?"

"हुज़ूर। रोशनी बिटिया के लिए आया हूँ।"

"वो तो नागपुर मेडीकल कॉलेज में डाक्टरी पढ़ रही है ना?"

"हाँ हुज़ूर! एकाध साल में डाक्टर बन जायेगी। उसकी शादी की चिन्ता है।"

"बिटिया इतनी पढ़-लिख रही है कि कोई भी पसन्द कर लेगा। कहो तो खान बहादुर साहब से बात करूँ? उनके रिश्ते में कोई-न-कोई लड़का होगा?"

"ना हुज़ूर! अपनी जात में शादी नहीं करूँगा?"

"क्यों?" मुंशीजी चौके।

"हुज़ूर! बिटिया हिन्दू माँ की सन्तान है।" उसने पूरी कहानी सुना दी।

"हुज़ूर! रामलाल-सुशीला के जरिये उसकी परवरिश हिन्दू तरीके से की है। उसकी शादी भी किसी अच्छे हिन्दू खानदान में करूँगा।"

मुंशीजी स्तब्ध रह गये। कई पल खामोश एकटक शेरू को देखते रहे। फिर दोनों हाथ जोड़ प्रणाम किया, "मेरा सलाम क़बूल करो शेरू मियाँ। तुम ने जो इंसानियत-दयानतदारी की मिसाल पेशा की है वह प्रणाम करने लायक है।" हाथ जोड़े-जोड़े मुंशी जी ने सिर झुकाया।

"अरे...रे...रे...हुज़ूर मुंशीजी ये क्या कर रहे हैं? गुलाम तो आपकी जूतियों के पास बैठने की भी हैसियत नहीं रखता। कई बार जेल जाने से हुज़ूर ने इस गुलाम को बचाया है। मुझे तो माफ़ करिए।" शेरू ने मुंशीजी के जुड़े हाथ थाम सिर झुकाया।

"ना शेरू! ना! आज मुझे मत रोको। रोशनी की ख़ातिर तुमने जो किया है कोई फ़रिश्ता भी उसकी बराबरी नहीं कर सकता। हाँ। एक लड़का है मेरी निग़ाह में।"

"कौन हुज़ूर?"

"तुम्हारे शाग़िर्द लालू का बेटा गिरीश। वक़ालत की पढ़ाई कर रहा है। लालू तुम्हारा हुक़्म नहीं टालेगा।"

"उस चोट्टे के बेटे को मैं अपनी फूल से भी ज़्यादा नाजुक बेटी कैसे दे सकता हूँ? ना हुज़ूर! आप तो कोई अच्छा खानदानी लड़का बताइये।"

हैरान मुंशीजी उसे देखते रहे। एक शातिर चोर दूसरे से रिश्ता जोड़ने को तैयार नहीं था।

“ठीक है! ज़रूर तुम्हारे लिए कुछ-न-कुछ करूँगा।”

“शुक्रिया हुज़ूर! शुक्रिया।” सलाम कर शेरू ख़ुशी-ख़ुशी चल दिया।

रोशनी के लिए योग्य लड़का ढूँढ़ने का वायदा तो मुंशीजी ने कर दिया। लेकिन जानते थे यह टेढ़ी ख़ीर है। एक तो शेरू नगर का प्रसिद्ध दादा ऊपर से मुसलमान। करेला और नीम चढ़ा। कुछ बातें रोशनी के पक्ष में थी। शेरू ने पुराना धन्धा छोड़ दिया था और कुछ सालों से सब्ज़ी का आड़तिया और थोक बेचवाल बन गया था। लड़की का पालन-पोषण हिन्दू रीति-रिवाज से कराया था। उसे डॉक्टरी तक पढ़ा रहा था। शायद कोई प्रगतिशील सुधारक परिवार उसे स्वीकार कर ले। आर्य समाज-हिन्दू महासभा के कर्ता-धर्ता शिवराम से इस काम में मदद मिल सकती है। इसकी ज़रूरत नहीं पड़ी। रोशनी ने ख़ुद मामला सुलझा लिया। सहपाठी डॉ. मिलिन्द को दादू-बापू-माँ से मिलवाने ले आयी। सुदर्शन व्यक्तित्व के खानदानी डॉ. मिलिन्द ने शेरू को घबरा दिया। अपने शुभ चिन्तक मुंशीजी के पास ले गया। उन्होंने डॉ. मिलिन्द को सब कुछ साफ-साफ बता दिया, “बाद में आपको कोई शिक़ायत न हो। इसीलिए सब स्पष्ट कर दिया है। अब निर्णय आप को लेना है।

मिलिन्द के चेहरे पर उभरे असमंजस को रोशनी ने भांप लिया। फौरन कहा, “दादू दुनिया के लिए गुनहगार हैं। लेकिन मेरे तो देवता। उन्हें, बापू-माँ को नहीं छोड़ सकती। आपको इनके साथ रहना मंजूर हो तो ही आप से शादी करूँगी? व़रना...?” कुछ पल रुके। उत्सुक चिन्तित निग़ाहें निहारने लगीं।

“व़रना मैं दादू द्वारा पसन्द किये गये लड़के से शादी कर लूँगी। लालू अंकल के बेटे गिरीश से भी।”

ख़ामोशी पसर गयी। मिलिन्द ने ही उसे तोड़ा, “मुझे मंजूर है।” कोने में बैठा शेरू सिसकने लगा।

अपने अजनबी शहर में

भावुक को अनेक समस्याओं से जूझना पड़ता हैं क्योंकि वह अपने बजाय दूसरों का अधिक ध्यान रखता है और परेशानियाँ तभी पैदा होती हैं। व्यवहार-कुशल मज़े में रहते हैं। मना करने से उन्हें कोई हिचक नहीं होती। पिताजी ने भी कई बार समझाया, "बेटा! एक ना (नहीं) हज़ार दुःख करती है।" उसने क़ोशिश भी की बेलाग, बेलौस बात करने की, गलत बात को मना करने की। मगर सधता नहीं। आदत स्वभाव बन जाती है। इसीलिए कुछ निर्णय नहीं कर पाता। नाम को लेकर भी परेशानी उठानी पड़ी। एक बार जान पर बन आयी।

सरकारी काम निबटाकर घर लौटने के लिए ट्रेन पकड़ी। सामने की बर्थ पर बैठे सज्जन अख़बार पढ़ रहे थे। कुली ने सामान रख दिया। था ही कितना, एक अदद सूटकेस, फाइलों वाला ब्रीफ़केस, वाटर बॉटल और यात्रा काटने के लिए झोले में कुछ पत्र-पत्रिकाएँ।

कुली को जब पाँच का नोट दिया तो वो भुनभुनाया, "ये क्या साब? सिर्फ़ पाँच? भौत कम हैं? पाँच का और दो?"

"पाँच और? किस बात के? टैक्सी से प्लेटफॉर्म नम्बर एक पर ही तो ये सूटकेस, ब्रीफ़केस लाये हो? ज़्यादा समान होता तो दस भी देते?" उसने विरोध जताया।

सहयात्री आँखें चढ़ा, चश्मे की फ्रेम के ऊपर से घूरने लगा। क्या सोच रहे होंगे? एक शर्म-संकोच का अनुभव हुआ। पर्स पर हाथ गया।

"नयी साब! पाँच और देना पड़ेगा।" हृटा-कट्टा कुली वसूली पर अड़ गया।

"ठीक तो है। साहब ने एक सूटकेस के पाँच रुपये कम थोड़े ही दिये हैं।" सहयात्री के उसका पक्ष लेते ही छुटकारे की साँस ली। व़रना आजकल कौन किसका, सही बात पर भी साथ देता है। आँखों से कृतज्ञता झाँकने लगी।

"नयी साब।" कुली को इस हस्तक्षेप की उम्मीद न थी। हड़बड़ा गया। उसके नहीं में वो दम न था।

संकट से उबरने के लिए दो का नोट और पकड़ाते हुए बोला, "बस। अब इससे ज़्यादा और कुछ नहीं मिलेगा।"

"जब देने की हैसियत नयी तो कुली काय कू करते?" दो का नोट छीनते हुए बड़बड़ाता कुली चलती गाड़ी से उतर गया।

क्रोध से चेहरा लाल हो उठा। मगर जज़्ब कर गया।

"बड़ी दादागिरी करने लगे हैं ये लोग। कहलाने को तो गरीब कुली है। मगर स्टेशन, बस-स्टैंड सभी जगह खुलेआम यात्रियों को लूटते हैं। सूटकेस देने के पहले आपने ठहरा लेना था?"

"मुझे कुली की ज़रूरत थी ही नहीं? टैक्सी से उतरते देख ये दौड़ा-दौड़ा आया, मेरे सूटकेस उठाने के पहले ही उसे उठा पूछा, "कलकत्ता मेल साब? रिजरवेसन है के इंतजाम करूँ?"

"रिज़र्वेशन है। फ़र्स्ट क्लास में। उसकी जर्बदस्ती ने मौक़ा ही नहीं दिया?" उसने सफाई दी।

रेंगती ट्रेन ने स्पीड पकड़ ली थी।

"ये साले होते ही बड़े बदमाश हैं। रिज़र्वेशन और सीट दिलाने के नाम पर टी.टी. से दलाली खाते हैं सो अलग। बाय द वे कहाँ तशरीफ़ ले जा रहे हैं?

"जी। खण्डवा। आप?"

"सतना तक जा रहा हूँ। सत्येन्द्र मेहता हूँ। सतना में सीमेंट का छोटा-मोटा धन्धा हैं इधर कैसे तशरीफ़ लाये?"

"सरकारी काम से आया था। मैं गुलशन बख्खी 'चाँद'।"

"तो चाँद मियाँ शायर-साहित्यकार हैं। वल्लाह! क्या बात है। बड़ा ख़ूबसूरत नाम है जनाब का।"

वो मुस्कराकर रह गया। जवाब टालने के लिए सूटकेस ज़माने के बहाने उठा। मेहताजी की ओर पीठ कर सूटकेस ऊपर की बर्थ पर रख, बड़े आराम से उसे खोल चादर, एअर पिलो, ताला-चेन निकाला।

फ़र्स्ट क्लास में वो दोनों ही थे। उसे व्यस्त पाकर मेहता साहब अख़बार में डूब गये। इत्मीनान से सूटकेस बन्द कर चेन से बाँधना चाहा। फिर न जाने क्या सोच चेन-ताला ब्रीफ़केस में रख दिया। बर्थ पर चादर बिछा तकिये का सहारा ले अधलेटा हो पत्रिका के पन्ने पलटने लगा।

जन्म की तरह नाम रखना भी अपने हाथ की बात तो है नहीं? दादी, पिताजी ने जो रख दिया वही चल रहा है। हाँ! थोड़ा फेरबदल कर लिया है। मुरारीलाल की तरह जो एम. लाल बन गया हैं

तीन बेटियों के बाद जन्मा तो पिताजी बाग-बाग हो गये।

गुलशन में बहार आ गयी थी। न ज़्यादा सोचा-न विचारा, न पूछा-न ताछा। फट से गुलशन नाम रख दिया। गुलशन तक ही रहता तो भी ख़ैर थी। दादी ने चाँद और जोड़ दिया। दादी जब तक जिन्दा रही चाँद ही बुलाया। बहनें चाँद भैया कहतीं। यार-दोस्तों ने चन्दू कर दिया।

दादी का लाडला गुलशन जब अक्सर बीमार रहने लगा तो किसी ने चाँदशाह पीर की जानकारी दी। मन्नत मानने, चादर चढ़ाने पर बच्चा अच्छा हो जायेगा। दादी उसे दरगाह ले गयी। जल रहे लोबान के धुएँ पर, खादिम ने मोर पंखी झाड़ू तीन बार फिरा उसे झाड़ दिया। डोरे गंडे भी बाँध दिये। कुछ पीर का प्रताप, कुछ दवाईयों का असर गुलशन चंगा होता चला गया। बाद में बीमार नहीं पड, दादी चांदशाह पीर की मुरीद बन गयी। चाँद तभी से जुड़ गया।

वे जब तक जिंदा रहीं, पीर की दरगाह पर सजदे हेतु ले जातीं। बड़ा होने पर चाँद की विसंगति खटकने लगी। तो दुरुस्त कर लिया, गुलशन बख़्शी चाँद। जिन्हें नहीं मालूम था। वे चाँद को तखल्लुस (उपनाम) समझने लगे।

गाड़ी ने रफ़्तार पकड़ ली थी। साँझ कम्पार्टमेंट में उतरने लगी। बत्तियाँ जल उठी। तभी मेहता साहब ने अटैची से बोतल, गिलास, नमकीन निकाल आमन्त्रित किया, "चखना पसन्द करेंगे?"

"कभी कभी चख लेता हूँ?"

मेहता साहब ने दो पैग बनाये। मिल्टन की वाटर बॉटल से पानी डाला।

"मेरा गिलास पूरा भर दीजिये?"

"पानी ज़्यादा होने पर क्या मज़ा आयेगा?"

"आयेगा साहब ज़रूर आयेगा। पियक्कड़ तो हैं नहीं। साथ देने में आपत्ति भी नहीं। हाँ, पेग को हल्का ज़रूर कर लेता हूँ।"

"लो या।" गिलास उसे थमा टकराते हुए बोला, "चीयर्स।"

"चीयर्स।"

कड़वाहट को कम करने के लिए नमकीन फाँक लेते।

"भाई मियाँ। एक बात बतालाए देते हैं। खाने-पीने का मज़ा तो कम्पनी में ही है। और...और...उन्होंने आँख मारी...और...मुहब्बत का मज़ा अकेले में। ठीक कह रहा हूँ ना भाईजान?"

पेग के सरूर का मज़ा लेने के लिए मंजूरी में सिर हिला दिया। रात के गहराने के साथ कम्पार्टमेंट की पीली रोशनी चमकने लगी। हर पेग के साथ मेहता की वाचालता और बड़बोलापन बढ़ता चला गया। बड़ी ऊँची देने लगा। भोपाल-दिल्ली

के मन्त्रियों के साथ दारू पीने, अफ़सरों की बीवियों को साड़ी तो साड़ी मैंचिग पेटीकोट भेंट करने के किस्से सुनाये। बात घूम कर बाबरी मस्ज़िद पर आ गयी। उसने भाई मियाँ, भाई जान, चाँद, खाँ साहब सम्बोधित कर अल्पसंख्यकों की दयनीय हालात पर तरस खाया। वो खामोश सुनता रहा। पी लेने के बाद उसकी ज़ुबान वैसे भी बन्द हो जाती है। बोलता भी कम ही है। हाँ! श्रोता अच्छा है।

वो इसरार कर के पिलाता रहा। हल्का पेग कब नींद में बदल गया पता ही नहीं चला। सिर और पलकें भारी हो उठी। बिन खाये न जाने कब लुढ़का? आँख खुली तो दिन के उजाले में कम्पार्टमेंट नहा रहा था। ट्रेन किसी छोटे-से स्टेशन पर खड़ी थी। सहयात्री मेहताजी उसके सूटकेस और पर्स सहित ग़ायब थे। वाटर बॉटल, झोला, ब्रीफ़केस मुंह चिढ़ा रहे थे। गनीमत थी कि पैण्ट की भीतरी जेब में रखा टिकट, थोड़े से रुपये और रेज़गारी बच गयी थी। अख़बारों में पढ़ी घटना उसी पर घट गयी। अपनी मूर्खता, विशेषकर सूटकेस को चेन से न बाँधने की बेवक़ूफ़ी पर अफ़सोस जाहिर करने के अलावा कुछ बचा न था। यदि ब्रीफ़केस-फाइलें चली जाती तो सस्पेंड होना पड़ता। खिल्ली उड़ने के डर से अपनी बेवकूफी की कहानी किसी को सुना भी नहीं सकता।

सूरज अच्छा निकल आया था। गाड़ी रेंगने लगी। वो कोफ्त महसूस कर रहा था मगर लाचार था। दो तीन घंटे बाद गाड़ी मझोले स्टेशन पहुँची। प्लेटफॉर्म सुनसान था। पुलिस का भारी बंदोबस्त था। बेंच पर बैठा पुलिस वाला डंडा टिकाये पेपर पढ़ रहा था। चाय की एकाध स्टॉल खुली थी। गाड़ी आराम से खड़ी थी। नल पर हाथ मुँह धो चाय पी। एक रुपये वाली चाय के तीन देने पड़े। तरो-ताजा महसूस होते ही पुलिस वाले के पीछे आ खड़ा हुआ। पीठ पीछे से झाँक पेपर पर सरसरी निग़ाह दौड़ायी। बाबरी मस्जिद ढहा दी गयी। देश भर में दंगे फूट पड़े। दिल्ली, बम्बई, कलकत्ता, मद्रास हर छोटा बड़ा शहर कर्फ़्यू की गिरफ्त में, छुरेबाजी में दस मरे, कई पुलिस वाले घायल, पुलिस की गोली से चार दंगाई मारे गये, सैकड़ों घायल। दिल धक से रह गया। जल्दी से खुली स्टॉल से जिस कीमत पर जो भी खाने का सामान मिला ले लिया। न जाने ट्रेन खण्डवा कब पहुँचे।

सुपर फास्ट-की स्पीड पैसंजर से बदतर थी। गाड़ी कब, कहाँ कितनी देर रुकेगी, कितने बजे पहुँचेगी, किसी को नहीं मालूम। कभी आउटर पर तो कभी स्टेशन पर गाड़ी घंटों खड़ी रहती। हर बड़ा-मंझोला स्टेशन पुलिस छावनी बन गया था। रेलवे पुलिस ने ट्रेन के हर डिब्बे को कब्ज़े में ले लिया। हमला होने की हालत में दंगाइयों को गोली मारने के आदेश थे। ऐसे में सामान चोरी जाने

की शिक़ायत कौन सुनेगा और लिखेगा? हर एक को अपनी पड़ी थी। न जाने उसे क्यूँ विश्वास था कि खण्डवा पहुँचते ही सब ठीक हो जायेगा। उसकी अपनी जन्मभूमि है। हाथ की रेखाओं के समान गलियाँ, मुहल्ले, लोग, परिचित हैं। बचपन से सारे शहर का चक्कर लगाता रहा है। बड़ाबम, बुधवारा, बम्बई बाज़ार, स्टेशन, सिनेमा चौक, घांसपुर, इमलीपुरा सभी तो अपने हैं। साँसों में समाये हुए। वहाँ का अजनबी भी अजनबी नहीं लगता। हिन्दू-मुस्लिम मुहल्ले भाइयों-दोस्तों से गलबहियाँ डाले हैं। परदेसीपुरा और हरीगंज कब इमलीपुरे-हातमपुरे में बदल जाते हैं पता नही चलता।

सारे त्योहार मिल-जुल-कर मनाने की परम्परा रही है खण्डवा की। मुहर्रम के ताजिये के नीचे से कई बार निकल रेवड़ियाँ लूटी हैं। जलते लोबान के धुएँ को साँसों के जरिये आत्मा में उतारा नत्थू तो हर बरस शेर बन ताज़ियों के आगे और शहर भर में नाचता फिरता हैं नाम सप्ताह का मेला हो या नागपंचमी हिन्दू-मुस्लिम पहलवान प्यार से अखाड़े में जुड़ लड़ते हैं। क्या हिन्दू, क्या मुसलमान, पंजाबी, ईसाई, मराठी सभी निमाड़ी में बोलते-बतियाते हैं। बड़ा अपनापन महसूस होता है। निमाड़ी दिलों को जोड़ती है।

बचपन की घटना याद आ गया। चंदा जमादारन आंगन साफ करने आयी थी। माँ को आवाज़ दी, "लाडो। बाल्टी भर पाणी नाखी द तो अंगणा की झाणू लगायी देऊँ।"

"अभी लायी।" पानी की बाल्टी आंगन में उड़ेलते माँ ने कहा, "चाय पी न जाती।"

"हौ।" जमादारन खुश हो गयी।

उसके जाने के बाद उसने पूछा, "ई जमादारेण काई अपणा जात की आय?"

माँ मुस्करा भर दी।

उसे पूरी उम्मीद-विश्वास था पागलपन की इस आँधी से खण्डवा अछूता होगा। वहाँ कोई कर्फ़्यू नहीं होगा। बड़ी उम्मीद और भरोसे के साथ खण्डवा का इंतजार करने लगा। फिर भी दिल के किसी कोने में शक का कीड़ा कुलबुलाता रहा।

गाड़ी आधी रात के कुछ देर बाद रेंगते-रेंगते खण्डवा पहुँची। स्टेशन को सुनसान पा दिल बैठ गया। निराशा हावी होने लगी। फिर भी एक उम्मीद थी, शहर अपना हैं इक्का-दुक्का पुलिस वाले गश्त पर थे। अधिकांश बेंचों, वेटिंग रूम में सोये थे। झोला-ब्रीफ़केस लिए, कुछ देर प्लेटफॉर्म पर संशय में झूलता खड़ा रहा। घर जाये या रात यहीं बिता दे? ऊँघ-सा रही गाड़ी ऐसे खड़ी थी मानो आख़िरी स्टेशन पर पहुँच गयी हो।

पार्वतीबाई की धर्मशाला, उससे लगा सिनेमा चौक, उनसे जुड़ी आख़िरी शो के बाद देर रात शौक़ीनों से गुलज़ार रहने वाले होटल, पान की गुमटियाँ, घृणा-डर-आतंक के अँधेरों में खो-डूब गयी थीं। चार मुहल्ले बाद तो घर है। हिम्मत बटोर चल दिया। बेल्ट ढीली कर, डंडा सिरहाने रख पुलिस वाले दुक़ानों की पटरियों-होटलों पर पसरे मिले। तेज़ी से बढ़ने लगा। सरकारी नलों पर इन मुहल्लों के सभी धर्मों जातियों के लोग, खासकर औरतों को पानी भरते, कपड़े धोते, बतियाते, लड़ते-झगड़ते देखा है। इनमें शमशानी सन्नाटा और मौत का आतंक पसरा था। लगा दंगाई शमशान और कब्रिस्तान को शहर में उठा लाये। एक भय कदम-ब-कदम उसकी आत्मा में उतरने लगा।

जाना-पहचाना नगर अनजान अजनबी बन गया। ये शहर तो मेरा नहीं है? गलियाँ-मुहल्ले बेपहचाने लगे। कर्फ़्यू के बारे में कुछ न जानने वालों ने, भावनाओं के उबाल में उसे न्यौत लिया था। शक़-दुश्मनी ने प्यार, खलूस, विश्वास, इंसानी रिश्तों, मुहब्बती जज़्बातों को परे ढकेल दिया। विचारों की उधेड़बुन में खोया, बेध्यानी में अपनी धुन में चला जा रहा था। भूल गया कि कर्फ़्यू तोड़ने के जुर्म में धर लिया जायेगा। जान ख़तरे में है। कभी भी, कुछ भी हो सकता हैं मगर अपने शहर से प्यार, विश्वास, सभी शकों-डरों से लड़ रहा था। परदेशीपुरा और इमलीपुरा के बीच की गली के मुहाने पर जा पहुँचा।

"पकड़ो साले को। शेरू भाई जाने न पाये।" हल्के शोर के साथ बल्लम, लाठी, चाकू से घेर लिया गया।

भय के मारे पाँव मन भर के होकर ज़मीन से चिपक गये। मौत की दहशत से देह बर्फ़ बन गयी। आँखें नीची किये बुत-सा खड़ा हो गया। क्या अपना ही शहर मार डालेगा? हिम्मत कर सिर उठा निहारा। शायद इनमें से कोई जान-पहचान वाला निकल आये? बाज़ार, ऑफिस, घूमने जाते वक़्त इनसे हज़ारों बार मिल चुका है। ये तो अपने हैं। लेकिन घृणा के उन्माद ने उन्हें बेनाम अजनबी बना दिया है।

"क्या नाम है बे?" मौत गुर्रायी, "कौन जात-धरम है?"

उसके कुर्ते-पायजामें, तराशी दाढ़ी ने उन्हें शक़ में डाल दिया था। ख़त्म करने के पहले पूरी कर लेना चाहते हैं कि कहीं अपने वाला न हो? कहना चाहता था इंसान का बेटा हूँ। इंसानियत ही मेरा धर्म, ईमान, जात है। भावनाओं के ज्वार में गला सूख, जकड़-सिकुड़ जाने से बोल न सका।

तभी बगल में छुरे की चुभन ने कंपकपा दिया।

"अबे जवाब क्यूँ नी देता? गूँगा है क्या?"

"रोशन भाई क्यूँ वक़्त जाया कर रहे हो? काम तमाम करो साले का। कहीं पुलिस आ गयी तो लेने के देने पड़ेंगे?

"जी मेरा नाम गुलशन चाँद है?" मौत के डर से बक्की फूटी।

"अरे। ये तो अपने वाला है। काय को इधर-उधर घूम रिये हो यार। कोई भी खलास कर देंगा।"

"रोशन। ये साला जान बचाने कू झूठ बोल रहा हैं नाड़ा खोल देख, ख़तना से सच्चाई का पता चलेंगा।"

एक हाथ आगे बढ़ा, नाडा खोलने। डर के मारे उसने पायजामा पकड़ लिया।

"देख। में नी केता था? साला धोका दे रा है?"

चाकू, छुरा, लाठी एक साथ हवा में लहराये।

सूं...सूं...सूं...सी...ई...ई...सूं...पुलिस गाड़ी का सायरन श्मशानी सन्नाटे के रेशे-रेशे उधेड़ने लगा। मौत भाग खड़ी हुई। भागते-भागते एक ने ब्रीफ़केस झपटा, दूसरे ने बगल में चाकू उतारा। आधे से ज़्यादा चाकू झोले में उलझ गया।

दुःख, पीड़ा, हैरानी से अपनों को भागते टुकुर-टुकुर देखता रह गया। वे उसे नहीं उसके प्यार, विश्वास को चाकू मार गये थे।

रत्नावली

उपन्यास की पांडुलिपि प्रेस में भेजने के पहले अन्तिम रूप से सरसरी निग़ाह फेर रहा था। तभी श्रीमती जी ने डाक लाकर रख दी। जीवन बीमा निगम की किश्त भरने का स्मरण-पत्र, प्रकाशक का पांडुलिपि शीघ्र भेजने का अनुरोध, नगर की एक संस्था द्वारा उनके वार्षिकोत्सव में मुख्य अतिथि के रूप में शिरकत करने सम्बन्धी पत्रों के बीच नीला एरोग्राम अलग से बरबस ध्यान ख़ींच रहा था। शायद किसी उत्साही विदेशी पाठक ने रचना से प्रभावित हो अनुकम्पा की है। मन को अच्छा लगा। भेजने वाले का पता पढ़ने के लिए लिफ़ाफ़े का निरीक्षण किया। सारी सीलें भारतीय थीं। उत्साह ठंडा पड़ गया। बाएँ कोने पर सिर्फ़ दो अक़्छर थे—विनी। कौन हो सकती है? कुछ पल विनी को निहारता रहा। स्मृति पर ज़ोर देने पर भी पहचान नहीं पा रहा था। लिफ़ाफा खोला। आजकल जिनका अभाव है वैसे अक्षर मोती जैसे चमक रहे थे। शायद लेखिका भी सुन्दर होगी?

'निश्चय ही चार से अधिक दशकों बाद मेरा पत्र पाकर तुम्हारा चौंकना स्वाभाविक है। इन चालीस सालों में मुझे भूल गये हो तो आश्चर्य नहीं? पर तुमने मुझे अपने को भूलने नहीं दिया। तुम हमेशा मुझसे मिलते रहे हो। अपनी कहानियों-उपन्यासों के जरिए। सच! तुम्हारी रचनाएँ पढ़कर बड़ा अच्छा लगता है। अपने कॉलेज जीवन के सहपाठी ने साहित्य में महत्त्वपूर्ण उपस्थिति दर्ज़ कराई है। तुम पर मुझे ही नहीं तुम्हारे जन्म के शहर को भी नाज़ है।

तुम तो अपने क़स्बानुमा शहर को छोड़ महानगर में बस गये। पर यहाँ के लोगों को तुम पर गर्व है। हम लोग जन्मभूमि के मोह से अभी भी बँधे हैं। ख़ैर, छोड़ो इन बातों को। जानती हूँ तुम्हारा समय क़ीमती है। शायद किसी नये उपन्यास या कहानी में व्यस्त हो? अभी तक का लिखा पहेली लग रहा होगा? जनाब! मैं हूँ तुम्हारी क्लासमेट। तुम्हारे मित्र, एलन देवेन्द्र माने देबू की बहन विनी-विनीता अब तो पहचाना?'

हे भगवान! तो ये ख़त विनी का है? आसमान से गिरा। देबू मुझसे दो साल

सीनियर था। विनी ज़रूर मेरे साथ थी। वे लोग इंडियन क्रिश्चियन्स थे। उनके पिताजी सैमुअल जगन्नाथ कॉन्वेंट में प्रिंसिपल थे। आज से चालीस साल पहले कस्बेनुमा शहर में किसी लड़की का साइकिल चलाना अजूबा था। अधिकांश लड़कियाँ पैदल ही कॉलेज आती थीं। उस समय बॉबकट विनी फ्राक में साइकिल पर आती। थी तो साँवली-सलोनी पर नाक-नक्श तीखे और आकर्षक थे। तराशी प्रतिमा-सी। उन दिनों तो नहीं आज कह सकता हूँ विनी महाकवि कालिदास की नायिका 'तन्वी श्यामा शिखर दशना पक्व बिंबा धरोष्ठी मध्ये क्षामा चकित हरिणी प्रेक्षणा निम्न नाभिः' सी सुन्दर थी।

मैं ही क्यूँ, सारा कॉलेज जब भी उसके आने का वक़्त होता गेट पर इंतजार करता। हमारे प्रति लापरवाही प्रदर्शित करते हुए निकल जाती। साइकिल स्टैंड का नन्दू दौड़कर उसकी साइकिल थाम लेता। इठलाती हुई विनी क्लास या गर्ल्स कॉमन रूम में चली जाती।

'मैं जानती हूँ तुम मुझसे बात करने, मित्रता करने को लालायित रहते थे। परन्तु शायद देबू के कारण तुम्हारी हिम्मत नहीं होती थी। जो कुछ तुम कह नहीं पाते थे उसे मैंने तुम्हारी आँखों में पढ़ लिया था। देबू भैया से मिलने के बहाने घर भी आते थे। कुछ देर गेट के बाहर खड़े रहते। देबू से ही नहीं पापा से भी डरते थे। बाहर लॉन में कुर्सी डाले मैं पढ़ती रहती। सहमते-डरते अन्दर आते। बरामदे में झूले पर बैठ बतियाते तो तुम देबू से थे परन्तु तुम्हारी निग़ाहों की चुभन मैं अपनी देह पर अनुभव करती थी। मुझ जैसी चुप्पी से इतना बेबाक ख़त निश्चय ही तुम्हें हैरत में डालेगा?''

सच! शर्मीली विनी के ख़त ने मुझे हैरान कर दिया। इसमें कोई सन्देह नहीं वह क्रिश्चियन थी। पर थी तो हिन्दुस्तानी! भारतीय संस्कार उसके खून में थे। वेष-भूषा, रहन-सहन, अण्डे-आमलेट, ब्रेड-बटर, केक-पेस्ट्री, काँटे-छुरी के इस्तेमाल में ही वे अंग्रेज़ थे। उनमें पीना-पिलाना भी होता था। किन्तु भारतीय संस्कार उनमें कहीं न कहीं गहरे तक थे।

हैरान होने का एक कारण और भी था। कहानीनुमा यह ख़त भेजने पर उसे परेशानी हो सकती है? कहीं उसके पति और बच्चों को पता चल गया तो? बेकार में घर में एक तनाव पैदा हो जायेगा? जबकि हमारे बीच ऐसा कुछ नहीं है। इन चालीस बरसों में मैं तो सच उसे भूल ही गया था। फिर उम्मीद भी नहीं थी कि वह अभी भी उसी शहर में होगी? मेरे हिसाब से तो उसे अपने पति के शहर में होना चाहिए या विदेश में। जब भी उसके घर गया सुनने को मिला कि चर्च की मदद से उसके पापा देबू और उसे अमेरिका या कनाडा भेजने की

योजना बना रहे हैं। लगता है वह सम्भव नहीं हो पाया। शायद शादी भी शहर के किसी क्रिश्चियन परिवार में हो जाने से दोनों पति-पत्नी वहीं बस गये हैं।

"निश्चय ही तुम मेरे घर-परिवार के बारे में और अधिक जानने को उत्सुक होंगे। देबू तो इन दिनों अपने परिवार के साथ भोपाल में है। ममा ज़्यादातर उसी के साथ रहती हैं। देबू और उसकी पत्नी मारिया सर्विस में हैं। ममा उनके बच्चों की देखभाल करती हैं। कभी-कभी मेरे पास भी आ जाती हैं। तुम तो बी.ए. के बाद एम.ए. की पढ़ाई के लिए बाहर चले गये थे। मैंने बी.टी. किया और पापा के कॉन्वेंट में टीचर बन गयी। जब बी.टी. कर रही थी तभी दुर्भाग्य से ब्रेन हेमरेज से पापा शान्त हो गये। ख़ुदा उनकी आत्मा को शान्ति दे। फिर उनकी जगह प्रिंसिपल बनी।"

मेरा दिल धड़क उठा। विनी ने सब कुछ तो लिखा पति के बारे में कुछ क्यों नहीं लिखा? क्या अभी भी मदर मेरी के समान वर्जिन है?

'लो! सारी रामायण तो लिख दी। इतने साल बाद तुम्हें ख़त क्यों लिख रही हूँ? यह तो लिखा ही नहीं? तो जनाब सुनिये। ख़त लिखने का असली मकसद जूली है। मेरी भतीजी। मेरे समान वह भी तुम्हारी रचनाओं की जबर्दस्त फैन है। जब भी तुम्हारी कोई रचना छपती है दौड़कर मुझे बताती है। जिस कॉलेज में हम पढ़ते थे उसी में वह भी पढ़ रही है। लायब्रेरी से तुम्हारी कृतियाँ पढ़ने को लाती है। मुझे भी पढ़ने के लिए देती है।

जब मैंने बताया कि तुम मेरे सहपाठी रह चुके हो और हमारे घर तुम्हारा आना-जाना था तो पहले तो उसे विश्वास ही नहीं हुआ। कहना तो मैं चाहती थी कि मेरे व्यक्तित्व से तुम बेहद प्रभावित थे। पर उस लड़की को बताना उचित नहीं समझा। वह हमेशा कुरेद-कुरेद कर पूछती रहती है, "आंटी! क्या सच वो अपने घर आते थे? आपके साथ पढ़ते थे? आप लोग तो ख़ूब बातें करते होगे?" उसे कैसे बताती कि मुझसे बातें करने में तुम कितना डरते-हिचकते थे?

"अरी पगली! उन दिनों वो कोई इतना बड़ा लेखक थोड़े ही था? इतना बड़ा तो क्या वो लेखन का क, ख, ग भी नहीं जानता था। साधारण परिवार का साधारण-सा दुबला-पतला मरियल-सा लड़का था। लड़कियों—खासकर मुझसे तो बात करने में भी डरता था। हम लड़कियाँ गर्ल्स कॉमन रूम में उसे लेकर ख़ूब हँसी-मजाक करते थे।"

हैरानी उसकी बड़ी-बड़ी आँखों से टपकने लगी।

पर सच कहूँ। "उसके सामने तुम्हारी आज की छवि और व्यक्तित्व है। तुम्हारी कलम के जादू से अभिभूत है। इसीलिए उसे मेरी बातों पर विश्वास नहीं

होता। अब क्या कहूँ? तुमसे मिलने के लिए मेरे पीछे पड़ गयी है मेरी ख़ातिर तुम्हें समय देना ही पड़ेगा?"

विनी की हुक़्मउदूली मेरी बस में नहीं थी। डायरी देख कर समय दे दिया।

उसका पत्र पाकर बड़ा अच्छा लगा था। मिलने को उत्सुक था। लिख भी दिया कि दोपहर का चाय-नाश्ता मेरे साथ ही लोगी। उसके आने तक के दिन एक तनाव में गुजारे। मेरे लेखन से तो प्रभावित थी ही अपनी जीवन-शैली से भी कायल करना चाहता था। ड्राइंग रूम की खिड़की दरवाज़ों के पर्दे बदलवा दिये। केक-पेस्ट्री, ब्रेड-बटर, फलों के साथ ही टी सेट का इंतजाम किया। ढेर सारी बातें करने का तय कर लिया।

"क्या बात है भई? कौन वी.आई.पी. आ रहा है?" श्रीमतीजी ने छेड़ा।

"कुछ नहीं? चालीस साल पहले साथ पढ़ने वाली विनी आ रही है। बेहद सुन्दर है।" मेरी आत्मा में बैठी उसकी छवि बोली।

"तो ऐसा बोलिये ना। गर्लफ्रेंड आ रही है?" उन्होंने फिर छेड़ा।

"अरे नहीं भाई? कुछ भी बोलती हो? मैडम! उनकी भतीजी जूली हमारी प्रशंसिका है। उसे मिलाने ला रही है।" हमने सफाई दी।

दोपहर के भोजन के बाद कुछ देर झपकी लेने की आदत है। उस दिन सो नहीं पाया। स्वागत हेतु दो बजे से ही तैयार हो गया। आनेवाली वो तीन बजे थी। बेचैनी से बार-बार घड़ी देखता। सवा तीन तक कॉल बेल नहीं बजी तो निराशा छाने लगी। शायद, नहीं आयेगी? तभी घंटी बजी। अपने को संयत कर दरवाज़ा खोला।

बॉबकट, बढ़िया स्कर्ट-ब्लाऊज में हँसती-मुस्कराती बेहद ख़ूबसूरत लड़की साथ एक स्थूलागी प्रौढ़ा मुस्करा रही थी। डाई किये बाल, पसरी कमर, भारी मेकअप किया चेहरा। कसकर बाँधी साड़ी के बावजूद देह का ढीलापन साफ नज़र आ रहा था।

"ऐसे क्या देख रहे हो? पहचाना नहीं? पहचानोगे भी कैसे? चालीस साल बाद इस जूली के कारण मिल रहे हैं। यह पीछे नहीं पड़ती तो शायद मिलते भी नहीं?"

तो प्रौढ़ा विनी है? इतने सालों से आत्मा में बसी तन्वी श्यामा की मूर्ति खंडित हो गयी।

"क्या दरवाज़े पर ही खड़ा रखने का इरादा है?" विनी ने शिक़ायत की।

"अं...हं...आं...न...हीं...नहीं अन्दर आइये ना?" हकलाहट पर काबू पा आमन्त्रित किया।

"जूली! ये है हमारा दोस्त मुन्नू! तेरा प्रिय लेखक। जो कुछ पूछना हो पूछ ले।" कॉलेज के दिनों की चुप्पी बेतकल्लुफी से बतिया रही थी। सोफे पर बैठते-बैठते बोली, "वाह⁄! ड्राइंग रूम तो बढ़िया सजाया है। किताबें भी ख़ूब हैं। सच कहा जाये तो बंगला भी तुमने शानदार बनवाया है। पोर्च में खड़ी मारुति भी शायद तुम्हारी ही है?" सोफे पर वो आराम से बैठ चुकी थी, "जो कुछ पूछना हो पूछ ले अपने अंकल से?"

जूली अभिभूत थी। लगा जूली ही नही विनी खुद एक बार फिर सामने आ बैठी है। उसकी बगल में कोई अजनबी है। संकोच और लज्जा के कारण जूली एकदम कुछ पूछ नहीं पायी। नत नयन सिर चुपचाप बैठी रही।

"अरे शर्मा मत जूली? मुन्नू अपना ही है। इससे क्या शर्माना? देख! अभी भी मेरे सामने कुछ भी बोलने की इसकी हिम्मत नहीं हो रही है? कॉलेज के दिनों में भी चुप्पा था। बस आँखों से ही बतियाता था। मैं ठीक कह रही हूँ ना मुन्नू?"

स्वीकृति में मैंने सिर हिलाया। तभी श्रीमतीजी नाश्ता और चाय की ट्रे ले आयीं। मैंने परिचय कराया।

"वाऊ! तुझे अभी तक याद है कि केक-पेस्ट्री मेरी खास पसन्द है? धन्यवाद। देख जूली मैं ना कहती थी हर क्रिसमस-ईस्टर पर ये हमारे यहाँ केक-पेस्ट्री खाने आता था। आते थे ना तुम?"

तन्वी श्यामा जूली चकित हरिणी प्रेक्षणा नयनों से कभी किताबों को कभी मुझे ताक रही थी।

"अरे! पूछती क्यों नहीं? घर पर तो जान खाए जा रही थी कि उनसे ये पूछूँगी? वो पूछूँगी? वे उत्तर तो देंगे ना? और अब चुप्पी ओढ़े बैठी हैं इससे क्या डरना? ये तो अपना मुन्नू है।"

"इतने बड़े लेखक के साथ रहने पर आपको कैसा लगता है आंटी?" शर्माते हुए जूली ने मुझसे तो नहीं श्रीमती जी से पूछा।

एक पल के लिए वे अचकचायी फिर मुस्कराते हुए उत्तर दिया, "मुझे तो कुछ नहीं लगता। हाँ! इनकी हर रचना छपने के पहले में पढ़ती ज़रूर हूँ और उसकी गलतियों से भी अवगत कराती हूँ।"

उत्तर से हैरान जूली मुझे ताकने लगी। इस प्रकार के उत्तर की उसे उम्मीद नहीं थी।

मैं क्या जवाब देता? चुपचाप मुस्कराता रहा। खाना-पीना ख़त्म हो चुका था। अपनी घड़ी को ताक विनी ने इजाजत माँगी, "अच्छा चलते हैं मुन्नू। तुम्हारा बहुत समय लिया। एक काम करो। इसे अपना नया उपन्यास ऑटोग्राफ करके दे दो।"

अलमारी से सद्यः प्रकाशित उपन्यास निकाला।

"उस पर कुछ लिखियेगा भी अंकल।" जूली ने मनुहार की।

उस पर लिखकर ऑटोग्राफ कर उपन्यास जूली को दे दिया। सिर-माथे पर लगा मैंने क्या लिखा है पढ़ने लगी।

"आपके श्रीमानजी...?" हिचकिचाते हुए मैंने जानना चाहा।

"अरे भाई! क्या बताऊँ? अभी भी मिस ही हूँ। पापा के न रहने पर ममा को नर्वस ब्रेक डाउन हो गया। बिस्तर पकड़ लिया। नौकरी के सिलसिले में एलन बाहर रहता था। उसकी शादी नहीं हुई थी। ममा की देखभाल ज़रूरी थी। उनमें और नौकरी में ऐसी व्यस्त हुई कि शादी का ध्यान ही नहीं रहा। अरे जूली! देखूँ तो क्या लिखा है इसने?" विनी ने उससे किताब छीन ली।

"व्वा/...व्वा/...क्या लिखा है? ख़ूबसूरती को बदसूरत होते देखने से बड़ा दुख इस संसार में नहीं। व्वा/ भाई। तुम सच्चे सौन्दर्य-प्रेमी हो। सुन जूली! ये क्या बतायेगा जो मैं बता रही हूँ। हर साहित्यकार सौन्दर्य-प्रेमी होता है। सदा उसी की तलाश में रहता हैं आयु इसमें बाधक नहीं होती। मैं कहती थी ना जूली-मुन्नू कॉलेज के दिनों से ही सौन्दर्य-प्रेमी रहा है।" मुस्कराते हुए शरारती नज़रों से बोली, "अच्छा चलते हैं मुन्नू। समय देने के लिए 'धन्यवाद'।"

नागदेवता, अंग्रेज़ी मेम और पायली भट्ट

खण्डवा। एक कस्बाई शहर!! मेरी जन्म भूमि!! इतिहास का अध्येता-अध्यापक रहा हूँ। इतिहास की कुछ चर्चा हो जाये। कई पन्ने खंगाले। काशी-उज्जयिनी जैसी कालजयी पुराण पुरातन ऐतिहासिक नगरियों के समान क्या इसकी भी कोई पहचान-परिचय इतिहास में है? उत्तर नकारात्मक हैं बड़ी मेहनत के बाद ग्यारहवीं सदी के अल-बरूनी लिखित 'तहक़ीक मा-लिल हिन्द' में छोटी-सी जानकारी मिली। अल-बरूनी सुलतान महमूद गजनवी का दरबारी इतिहासकार था। हिन्दुस्तान पर किये गये सत्रह हमलों के वक़्त साथ आया था। लम्बे समय तक इस देश में रह इस देश के बारे में विस्तृत जानकारी दी। खण्डवा के बारे में जाने उसे कैसे पता चला। तब उसने इस गाँव का उल्लेख किया। वह लिखता है, 'थानेसर (सम्राट हर्षवर्धन का पैतृक नगर) से नन्ददरबार जाने वाले रास्ते में दिल्ली, मथुरा, विदिशा, उज्जैन पड़ते हैं।' इसी तारतम्य में कन्द गाँव का उल्लेख करता है। शहरों, कस्बों, गाँवों के ऐतिहासिक नामों का वर्तमान नामों से समीकरण बैठाने वाले प्रसिद्ध इतिहासकार हौदीवाला ने कन्दगाँव को खण्डवा से समीकृत किया। अल-बरूनी के बाद के लिखित इतिहास में खण्डवा का अलग से उल्लेख किसी पाठ में नहीं है। मगर खण्डवा में प्राप्त पुरातत्वावशेषों और चार कुंडों-पूरब में सूरज कुंड, पश्चिम में पद्‌म कुंड, उत्तर में रामेश्वर कुंड तथा दक्षिण में भीम कुंड के पास बने शिवालय, उनकी भित्तियों तथा स्तम्भों पर उकेरी मूर्तियाँ अलग ही कहानी कहती हैं। कुण्डों और शिवालयों की वास्तुकला से पता चलता है इनका निर्माण परमार नरेशों-मुंज, भोज आदि ने कराया था। वे पुरातत्ववाशेष खण्डवा के परमारों के आधीन होने की गवाही देते हैं।

खण्डवा उत्तर और दक्षिण को जोड़ने वाले रास्ते पर है। अतः दिल्ली की सेनाएँ दक्षिण विजय के लिए खण्डवा होकर ही जाती थी। देवगिरी माने दौलताबाद (वर्तमान औरंगाबाद) विजय के लिए सुलतान अलाउद्‌दीन खिलजी और मुहम्मद तुगलक खण्डवा होकर ही गये थे। पिताजी ने खण्डवा से पन्द्रह किलोमीटर दूर

अपने मामा के गाँव पांझरिया में खेती ख़रीद रखी थी। अकसर मुझे गाँव साथ ले जाते। खण्डवा-बुरहानपुर रोड के दोनों किनारे आम के पेड़ थे। पिताजी ने बताया था, "अकबर बादशाह ने ये रोड बना पेड़ लगाये थे। इसी रास्ते से असीरगढ़-बुरहानपुर पर हमला किया था।" इतिहास भी इसकी गवाही देता है। अकबर के साथ हरम भी था। महारानी जोधाबाई, सलीमा सुलतान बेग़म (मशहूर कवि अब्दुर्रहीम खान-ए-खाना की माँ) और दिल्ली की मशहूर-ओ-मारूफ़ बेहद हसीन तवायफ़ सकीना भी अकबर के साथ थी। नाचने-गाने वालियों का पूरा दल साथ था। इनमें कुछ बुरहानपुर बस गयी थीं। जोधा-अकबर ही नहीं ताजमहल, की मल्लिका मुमताजमहल शाहजहाँ के साथ बारास्ता खण्डवा-बुरहानपुर गयी। खण्डवावासियों ने ताजमहल में दफ़नाने के लिए उनके ख़ूबसूरत जिस्म को भी आगरा ले जाते देखा था। अठारहवीं सदी के मराठा ही नहीं भारतीय इतिहास के बेहद ख़ूबसूरत मस्तानी-बाजीराव पेशवा के जोडे को पूना से जलगाँव-बुरहानपुर-खण्डवा से दिल्ली जाते देखने का सौभाग्य खण्डवावासियों ने प्राप्त किया था। मस्तानी के अलौकिक सौन्दर्य और गोरी-गुलाबी रंगत, ऊँचे पूरे, सुदर्शन व्यक्तित्व के स्वामी बाजीराव तथा उनकी मुहब्बत की चर्चा से मुग़ले बादशाह मुहम्मद शाह ही नही हरम की हसीनाएँ भी इस दिलक़श युगल को देखने को बेताब थी। ख़ूबसूरती की मल्लिका, श्रेष्ठ नर्तकी मस्तानी, पेशवा के साथ रक़ाब-ब-रकाब घुड़सवारी करती आ रही है यह सुनकर दंग रह गयीं। दीवान ए-खास में जोड़ा पेश हुआ तो चिलमन से झाँकती बेग़मों, शहज़ादियों, रखैलों की बड़ी-बड़ी आँखें फटी-की-फटी रह गयीं।

पेशवा बाजीराव ने मुग़ल सूबेदार निज़ाम-उल-मुल्क को हरा निमाड़-मालवा मुग़लों से छीन लिया। अनेक मराठी परिवार खण्डवा आ बसे। भाग्य का देवता मनुष्य ही नहीं गाँव-शहरों की तकदीर में जो अंक लिख देता है वे उसकी छवि/कीर्ति का कारण बनते हैं। खण्डवा के साथ ऐसा ही हुआ। ईस्ट इंडिया कम्पनी ने मराठों से बुरहानपुर-होशंगाबाद तक का इलाका छीन दो ज़िले-पूर्व निमाड़ और होशंगाबाद बनायें। खण्डवा को पूर्व निमाड़ ज़िले का मुख्यालय बनाया। पुराने शहर से काफ़ी दूर पूर्वी इलाके में सतपुड़ा के पठार पर रतनगढ़ में नया खण्डवा बसाया। इसे सिविल लाइंस नाम दिया। रेलवे लाइन खण्डवा शहर को सिविल लाइन्स से अलग करती है। यहाँ ज़िला कचहरी (कलेक्टोरेट) पुलिस मुख्यालय, पुलिस लाइन और परेड ग्राउण्ड, ज़िला न्यायालय, ज़िला कोषालय, वन-आबकारी विभाग कायम किये। प्रार्थना के लिए प्रोटेस्टेट और कैथोलिक चर्च, सर्किट एवं रेस्ट हाउस का निर्माण हुआ। रेलवे के अंग्रेज़ अफ़सरों के बंगले भी इसी क्षेत्र में

निर्मित हुए। केन्द्रीय जेल भी इसी क्षेत्र में थी। जहाँ निमाड़ के अंग्रेज़ों के दुश्मन लोकप्रिय टंट्या भील को बंदी बनाकर रखा था। बाद में स्वतन्त्रता सेनानियों को भी वहाँ कैद कर रखा गया था। कलेक्टोरेट के सामने सन् 1857 में इस्तेमाल की गयी तोप रखी है। जिमखाना और सिविल लाइंस क्लब बने। फ्राक में अंग्रेज़ मेमों को टेनिस/बेडमिंटन खेलते देखने जाने वालों की शहर की भीड़, रोज सांझ, क्लब की तार फैसिंग की बाउंड्री के बाहर जुट जाती। स्कर्ट और जूते-मोजे के बीच की गोरी-गुलाबी पिंडलियाँ अधिक ध्यान खींचती। शॉट को तत्काल वापस करने हेतु की जाने वाली भाग-दौड़, उछल-कूद के वक़्त गोल धेरे में उड़ता-घूमता स्कर्ट थोड़ा ऊपर उड़ जाता। गोरी-गुलाबी पुष्ट जंघाओं की बिजली कौंध जाती। दर्शक मन ही मन हाय-हाय कर उठते। फेंसिंग पर तैनात सिपाहियों द्वारा खदेड़े जाने के बाद भी भीड़ लौट आती।

टेनिस कोर्ट और क्लब बिल्डिंग के बीच गलीचानुमा हरी घास का लॉन था। लॉन में लगी बड़ी-सी गोल छतरियों के नीचे लगी टेबलों के चारों ओर की कुर्सियों पर अंग्रेज़ और ज़िले के अफ़सरान जमे रहते। सफेद झक्क वर्दी पर लाल पट्टे वाली चपरासी, लाल तुर्रे वाली सफेद पगड़ी पहने चुस्त वेटर साहबों, मेमसाहबों को चाय, टोस्ट, शराब, बीयर आदि परोसते। कमरे की बिलियर्ड टेबल पर भी कुछ व्यस्त रहते। लॉन में खेलते गोरे-गुलाबी, गोल-मटोल अंग्रेज़ बच्चों की सेवा में तैनात आया व नौकर। गेम समाप्ति पर हमारी उत्तेजना चरम पर पहुँचती। खिलाड़ी पार्टनर न केवल एक-दूसरे से हाथ मिलाते चुम्बन भी लेते। उत्तेजित तमाशबीनों पर पुलिसिव डंडे का हर प्रहार निष्प्रभावी हो जाता। उस रोमांटिक दृश्य को देखने में व्यस्त पुलिसवाले को दुर्लक्षित कर भीड़ बाउंड्री से जा चिपकती। ये अंग्रेज़ उस दौर के राजा-रानियाँ, राजकुमार-राजकुमारियाँ थे जिन्हें जन-आक्रोश का सामना कालान्तर में करना पड़ा।

भारतीय शासकों से जीते इलाकों पर शिकंजा कसने के लिए कम्पनी सरकार ने रेलों, पोस्ट ऑफिसों, अंग्रेज़ी स्कूलों का जाल बिछाया। बम्बई से पठानकोट, कलकत्ता, खण्डवा से महु, इंदौर, रतलाम, मन्दसौर, नीमच, अजमेर को रेल लाइन से जोड़ा गया। महू, नीमच, नसीराबाद में अंग्रेज़ी सैनिक छावनियाँ बनायीं। खण्डवा, महू, नीमच, जैसे नये शहर आबाद किये। खण्डवा तेज़ी से तरक्की करने लगा। बंगाल, उत्तर प्रदेश, राजस्थान, गुजरात, पंजाब आदि से काम की तलाश में लोग खण्डवा आने लगे। कलकत्ता के प्रसिद्ध वक़ील श्री हरिदास चटर्जी को खण्डवा में ज़िला एवं सत्र न्यायालय आरम्भ होने का पता चला। वे वक़ालत करने खण्डवा आ गये। उन्होंने खण्डवा ज़िले में काफ़ी नाम व पैसा कमाया।

बंगाली शैली की बाडी (बंगला) हमारे पड़ोस में बनवायी। 20वीं सदी के पहले दशक में अमेरिका जाने के पहले स्वामी विवेकानंद एक सप्ताह से अधिक यहाँ ठहरे। खण्डवा को उनके दर्शन और प्रवचन सुनने का सौभाग्य मिला। श्री चटर्जी का अनुगमन किया वक़ील कुंजीलाल गांगुली ने। वे भी खण्डवा आ गये। उनके खण्डवा आगमन के साथ ही शहर के सौभाग्य सूर्य का उदय हुआ। उनके दो बेटों अशोक कुमार और किशोर कुमार ने सिनेमा के क्षेत्र में इतिहास रचा। इन भाइयों के कारण खण्डवा को अखिल भारतीय कीर्ति और नाम मिला। उसकी सारे देश में पहचान बनी। खण्डवा कला और साहित्य का तीर्थ बना। क्योंकि बाद में दादा माखन लाल चतुर्वेदी 'एक भारतीय आत्मा' ने भी खण्डवा को अपनी कर्मस्थली बनाया। इटारसी के पास बाबई गाँव से प्राइमरी शिक्षक बनकर वे खण्डवा आये। उन्होंने मेरे पिताजी को पढ़ाया। शिक्षा के साथ ही वे साहित्य से भी जुड़े। देशप्रेम-भक्ति की कविताएँ लिखने लगे। स्वतन्त्रता आन्दोलन से भी जुड़े। जेल भी गये। पत्रिका 'प्रभा' और 'कर्मवीर' के माध्यम से पत्रकारिता करने लगे। पहले जबलपुर से बाद में 4 अप्रैल सन् 1925, अपने जन्मदिन पर खण्डवा से 'कर्मवीर' का प्रकाशन पुनः आरम्भ किया। साहित्य और पत्रकारिता के क्षेत्र में दादा के कारण खण्डवा की अलग पहचान बनी। उन्होंने साहित्य के इतिहास में नये अध्याय जोड़े। वे एक युग के प्रतिनिधि थे।

निमाड़ के धुर गाँव कालमुखी से भाई रामनारायण उपाध्याय खण्डवा आये। यहाँ रहकर उन्होंने निमाड़ी लोक-साहित्य की साधना की। निमाड़ी लोक गीत, कहावतें, रीति-रिवाज, लोक कथाओं, संस्कृति और इतिहास का भागीरथी संकलन किया। देवेन्द्र सत्यार्थी के समान पद्म श्री रामनारायण उपाध्याय के कारण निमाड़ी लोक साहित्य को अखिल भारतीय प्रतिष्ठा व पहचान मिली। खण्डवा अकेला नगर है जिसके पुत्रों को कला (अशोक कुमार) साहित्य (दादा माखनलाल चतुर्वेदी, रामनारायण उपाध्याय) के क्षेत्र में पद्म अलंकरण प्राप्त हुए। दादा और उपाध्याय जी के कारण अखिल भारतीय कीर्ति के सितारा साहित्यकार खण्डवा आते थे। इन्होंने खण्डवा को साहित्य संस्कार दिये। मेरे बालमन पर भी इन संस्कारों का प्रभाव पड़ा। कालान्तर में वे अधिक विकसित हुए। 25 नवम्बर 1930 मंगलवार के शुभ दिन स्वामी श्री केशवानंदजी (धुनी वाले दादा) अपने शिष्य श्री हरिहरानंदजी (धुनी वाले छोटे दादाजी) के साथ नरसिंहपुर के सांई खेड़ा से उज्जैन होते हुए खण्डवा को पवित्र करने आ बसे। गुरू-शिष्य दोनों ने खण्डवा में समाधि ले उसे तीर्थ स्थान बना दिया। प्रत्येक गुरू पूर्णिमा पर हज़ारों श्रद्धालु दादाजी की पूजा हेतु खण्डवा आते हैं।

इसी तारतम्य में मेरे परदादा भाऊराव पायली भट्ट सपरिवार खण्डवा आ बसे। वे होल्कर रियासत के सूबा खरगोन के दसनौल गाँव के निवासी थे। खेती के साथ पण्डिताई भी करते थे। बच्चों को अपने पिता जयराम पायली भट्ट को सौंप पत्नी गजरा बाई के साथ चार-धाम की तीर्थ यात्रा पर निकले। सारे परिवार और गाँव ने अश्रुपूरित चिर विदाई दी। उन दिनों ठग, पिंडारियों का बोल-बाला था। वे न केवल यात्रियों को लूटते थे। उन्हें मारकर दफना भी देते थे। इसलिए तीर्थ यात्रियों को अन्तिम विदाई दी जाती थी। ईश्वर की कृपा से भाऊराव दसनौल जाने के लिए सकुशल खण्डवा आये। यहाँ आस-पास के गाँव से आकर तीन नार्मदीय ब्राह्मण-साध, सागर और बोहरा परिवार आ बसे थे। उन्होंने तीर्थ यात्री भाऊराव का धार्मिक रीति-रिवाज से स्वागत सत्कार किया। उन्हें राय दी, 'भाऊराव जी आप दसनौल जाके क्या करेंगे? अपने बच्चों के भविष्य की ख़ातिर खण्डवा में बसिए। अंग्रेज़ी राज में खण्डवा तरक्की पर है और ज़्यादा तरक्की करेगा। यहाँ प्राइमरी से हाईस्कूल तक की शिक्षा का इंतजाम हैं कलेक्टोरेट और कई सरकारी ऑफिस हैं। सरकारी बैंक भी हैं। नौकरी के कई अवसर हैं। रेल, पोस्ट ऑफिस और अस्पताल हैं। तुम्हारे बच्चों के भविष्य को देखते हुए तुम्हारा खण्डवा में बसना उचित होगा।' बात भाऊराव को जँच गयी। दसनौल की सारी सम्पत्ति बेच पिता जयराम, तीन बेटों—मुकंदराम, आनंदराम, गोविन्दराम और बेटी गोपिकाबाई को खण्डवा ले आये। खण्डवा में अब चार नार्मदीप ब्राह्मण परिवार हो गये। इनकी प्रेरणा से दूसरे जाति बन्धु भी खण्डवा बसने में लगे। कहावत चल पड़ी, 'साध, सागर, बोहरान व पायली भट्ट को छोरो' ने खण्डवा बसाने में महत्त्वपूर्ण भूमिका अदा की। सागर और बोहरा परिवार तो अब नाम शेष है। साध और पायली भट्ट परिवार पगारे नाम से अभी भी है। मेरे पिताजी ने पायली भट्ट के स्थान पर पगारे सरनेम अंगीकार कर लिया। पायली भट्ट, पगारे नाम से ख़्यात है।

पायली भट्ट की भी रोचक कहानी है। भाऊराव के दादाजी श्री कृष्णराव दसनौल में खेती करते थे। धार्मिक प्रवृति के थे। पूजा-पाठ के साथ आस पास के गाँवों मे पण्डिताई भी करते थे। थोड़ा बहुत ज़्योतिष भी आता था। एक रात सपने में नाग देवता ने दर्शन दिया, 'कृष्णराव! गाँव की पूरब दिशा की कांकड (सीमा) पर पीपल देवता का पेड़ है। वहाँ खुदाई करना। हमारी मूर्ति निकलेगी। वहाँ ओटले (चबूतरे) पर देवालय बना हमारी मूर्ति की प्राण-प्रतिष्ठा कर पूजा करना।' नींद खुलने पर भोर के सपने के बारे में बड़ी देर तक सोचते रहे। सुबह स्नान-पूजा कर पूजा-पाठ का सामान ले कुछ गाँव वालों के साथ पूरब दिशा की कांकण पर पहुँचे। पीपल का पेड़ मिल गया। पेड़ और धरती माँ की पूजा कर

खुदाई आरम्भ की। नाग देवता की मूर्ति निकली। उसे नहला-धुला पूजा कर बड़े से चौकोर पत्थर पर रख दी। शीघ्र ओटला और देवालय बनवाया। रोज पूजा करने आने लगे। एक रात पुनः नाग देवता ने दर्शन दिये। आदेश दिया, 'कृष्णाराव! हमारा आशीर्वाद तेरे परिवार के साथ सदैव रहेगा। अब से सम्बन्धित एक पट बनवाना। जिसमें शेषशायी भगवान विष्णु, तक्षक नाग, कालिया नाग, वासुकि, सर्पों की माला धारण करने वाले देवाधिदेव महादेव शिव शंकर आदि चित्रित हों। और हाँ, एक पायली लाना। नागपंचमी से दो चार दिन पहले गाँव के पाँच ब्राह्मण परिवारों से एक-एक पायली गेहूँ या आटा माँग कर लाना। उसकी बाटी बना पट की पूजा कर भोग लगाना। हमारे आशीर्वाद से तेरे परिवार में सर्प के काटे से किसी की मृत्यु नहीं होगी। हर पीढ़ी में वंश वृद्धि होगी।' नाग देवता को वंश वृद्धि का देव माना गया है। देवता ने आगे कहा, 'नाग पंचमी के दिन हमारे देवालय पर मेला लगवाना।' कृष्णराव ने वो ही किया। नाग देवता कुल देवता बन गये। पट बनवाया पायली लाये। नाग पंचमी पर पट की पूजा कर माँगे आटे की बाटियों का भोग लगाने लगे। नाग पंचमी पर मेला भी लगने लगा। पायली और पट के कारण श्रीकृष्णराव और उनके वंशज पायली भट्ट कहलाने लगे। दसनौल का पायली भट्ट का छोरा भाऊराव खण्डवा आ बसा और खण्डवा बसाने में मदद की।

पायली और पट के साथ पायली भट्ट सरनेम मेरे पिता को विरासत में मिले। पायली को वे सँभाल कर नहीं रख पाये। किसी ने वह चुरा ली। सिर्फ़ पट मुझे विरासत में मिला है। प्रत्येक नाग पंचमी पर सारा परिवार उसकी पूजा करता है। पायली भट्ट सरनेम पिताजी के समय में पगारे में परिवर्तित हो गया। पिताजी के बड़े चचेरे भाई श्री अन्नाभाऊ, पगारे सरनेम लगाते थे। एक दिन उन्होंने पिताजी को टोका, 'केवलराम! पायली भट्ट क्या लगा रखा है? हम लोग वैदिन ऋषि, गायत्री मन्त्र के रचयिता राजर्षि विश्वामित्र के वंशज हैं। कौशिक हमारा गोत्र है। पगारे सरनेम उसी के अन्तर्गत आता हैं पायली भट्ट नहीं। अब से पगारे सरनेम अंगीकार कर ले।' पिताजी ने पायली भट्ट के स्थान पर पगारे अपना लिया। पायली भट्ट पगारे बन गये। पुरानी पीढ़ी के लोग, जो अब नहीं रहे, कुछ समय तक मुझे भी पायली भटट का छोरा कहते रहे। समय के साथ पायली भट्ट इतिहास के अँधेरे में गुम हो गया।

खण्डवा बसने का भाऊराव का निर्णय सही साबित हुआ। उनके तीनों बेटे—मुकंदराम, आनन्दराम, गोविन्दराम ने मैट्रिक तक ही शिक्षा प्राप्त की। दो बेटों मुकंदराम, गोविन्दराम तथा बेटी गोपीबाई का विवाह खण्डवा के स्वजाति

परिवारों में कर दिया। दूसरे बेटे आनन्दराम का खण्डवा से पन्द्रह किलोमीटर दूर पांझरिया गाँव के रामलाल खेड़े की बेटी केसरबाई से किया। रामलाल खेड़े पटवारी थे। पटवारी यानी अंग्रेज़ों की आँख-कान-नाक ही नहीं दिमाग़ भी। आस-पास के कई गाँव उनके नियन्त्रण में थे। इन गाँवों की खेती-बाड़ी, ख़तौनी, नामान्तरण, लगान तथा राजस्व सम्बन्धी सारा काम उनके जिम्मे था। चतुर रामलाल ने परिवार के लिए अच्छी खेती-बाड़ी कर ली। आम-जामुन के कई पेड़ों पर कब्ज़ा कर लिया। अंग्रेज़ी पढ़े-लिखे आनन्दराम को रेलवे में पब्लिक वर्क्स इंस्पेक्टर की नौकरी मिल गयी। रेलवे लाइनों का निरीक्षण, मरम्मत, नयी रेल लाइन बिछाने आदि का काम उन्हीं के जिम्मे था। ट्रॉली पर बैठे गैंगमैनों के साथ रेलपथ का निरीक्षण करते। कई गैंग मेन उनके आधीन थे। उनमें से दो-चार उनके बंगले पर घरेलू नौकर के रूप में काम करते थे। ठेकेदारों का काम उनके बिना सम्भव नहीं था। उनके दस्तख़त के बिना ठेकेदारों के बिलों का भुगतान नहीं होता था। अतः तनख़्वाह के अलावा ऊपरी आमदनी अच्छी थी। घर में समृद्धि आयी। गणेश तलाई मुहल्ले के आगे खेती की ज़मीने ख़रीदीं। मालीकुवे मोहल्ले में बाड़ा ख़रीदा। पत्नी केसर बाई को ज़ेवरों से लाद दिया। बड़े भाई मुकुन्दराम व छोटे गोविन्द की भी मदद पैसे-टके से करते थे। रतन बुआ ने बताया नाग पंचमी पर जिस पायली से पाँच ब्राह्मण परिवारों से गेहूँ का आटा दान में माँग बाटी का भोग नागदेवता को लगाते थे वह बन्द हो गया। पायली से ऊपरी आमदनी के विक्टोरिया छाप शुद्ध चाँदी के कलदार सिक्के नापे जाने लगे। ठेकेदार कितने रुपये दे गये इसका हिसाब पायली के नाप से मिलता था। चतुर आनन्दराम चाँदी के सिक्कों को सोने की मुहरों में बदलने लगे। उन दिनों सोना पन्द्रह रुपये तोला था।

आनन्दराम के यहाँ दो सन्तानें—रतनबाई और केवलराम हुए। रतन बड़ी थी। चूँकि मुकुन्दराम और गोविन्दराम के यहाँ कोई पुत्र सन्तान नहीं थी सो केवलराम माता-पिता ही नयी ताऊ-काका के भी लाड़ले थे। ताऊ-काका भतीजे को गोद में नहीं कन्धे पर बिठा बुधवारा बाज़ार गोदू हलवाई के यहाँ दूध-जलेबी खिलाने ले जाते। ओंकारेश्वर और उज्जैन के महाकालेश्वर के ज़्योतिर्लिंन खण्डवा के पास थे। आनन्दराम रेलवे में अफ़सर थे ही। गोविन्दराम अपनी माँ गजराबाई को ओंकारेश्वर—महाकालेश्वर ज़्योतिर्लिंगों के दर्शन कराने ले गये। डिब्बावाले पंडे ने उनका स्वागत किया। वह नार्मदीय ब्राह्मणों का पंडा था। उनके ठहरने, भोजन, पूजन की व्यवस्था की। पवित्र शिप्रा में स्नान करा भगवान महाकालेश्वर के दर्शन, पूजन, रूद्राभिषेक आदि कराया। उज्जयिनी के अन्य मन्दिरों के भी

दर्शन कराये। अपनी बही में उनका नाम लिख हस्ताक्षर करा लिये। ये हस्ताक्षर उनके पायली भट्ट खानदान के पारिवारिक पण्डे होने की गवाही बने।

सन् 1962 में मेरे पिता श्री केवलरामजी का स्वर्गवास हो गया। दसवें-ग्यारहवें के श्राद्ध हेतु पिताजी के कमेरे भाई श्री बाबूलालजी खेड़े पटवारी के मार्ग दर्शन में उज्जैन गये। बाबू काकाजी से अभिमन्यु डिब्बावाले पंडे मिले। उन्होंने अपनी बही में गोविन्दराम भट्ट के हस्ताक्षर तथा उज्जैन में तीर्थ हेतु उनके आने की जानकारी दी। वे नार्मदीय समाज ही नहीं हमारे पारिवारिक पंडे थे सो उन्होंने हमारे ठहरने, श्राद्ध, भोजन की व्यवस्था की। अभिमन्यु जी कवि साहित्यकार थे। कालान्तर में मेरे अच्छे मित्र बन गये।

ज़िन्दगी उत्थान-पतन के विपरीत छोरों के बीच यात्रा करती रहती है। व्यक्ति चाहे अमीर हो या गरीब इस नियम से बँधा है। अपवाद बिरले होते हैं। रतन और केवलराम का बचपन सुख-समृद्धि में बीत रहा था। सारे परिवार की ममता स्नेह के केन्द्र थे। तभी तकदीर ने पलटा खाया। खण्डवा प्लेग की चपेट में आया। मुकुन्दराम, गोविन्दराम उनकी पत्नियाँ ही नहीं बच्चों की माँ केसरबाई भी प्लेग की भेंट चढ़ गयी। सरकारी नौकरी के कारण आनन्दराम कहीं जा नहीं सकते थे। पांझरिया से साले श्यामलाल को बुलाया। दस ग्यारह साल की रतन और सात-आठ साल के केवलराम को उन्हें सौंपते कहा, "इन्हें पांझरिया ले जाइये। खण्डवा प्लेग की चपेट में है। इनका ख्याल रखना।" सोने की मुहरों की हंडी, कुछ नगद रुपये तथा खण्डवा की जायदाद की जानकारी देते हुए कहा, "सब कुछ तुम्हें समझा बता दिया है। इनकी परवरिश, रतन की शादी और केवलराम की पढ़ाई आदि पर ख़र्च के बाद जो रक़म बचे केवलराम को सौंप देना।"

"आप निश्चिन्त रहें जीजाजी। ये हमारे भांजे-भांजी ही नहीं हमारे बच्चे हैं। इनका पूरा ध्यान रखेंगे।" श्यामलाल ने आश्वासन दिया।

अश्रुपूरित नयनों से आनन्दराम ने बच्चों को विदा किया। थोड़े दिनों बाद ही आनन्दराम भी प्लेग से बीमार पड़ स्वर्ग सिधार गये। श्यामलाल ने उनका अन्तिम क्रिया-कर्म तथा अन्य कर्मकांड धार्मिक रीति से कर दिये। पैसा, जायदाद अच्छे अच्छों को बेईमान बना देता है। श्यामलाल पटवारी था। अपने पिता रामलाल से विरासत में पटवारीगिरी मिली थी। चालाक तथा लालची था। जीजा के आँख मूँदते ही खण्डवा की सारी जायदाद नगदी कर ली। केसरबाई के लाड़ले ममसाल में अनाथों के समान अभावों की ज़िन्दगी में पलने लगे। रतन को घर के कामों में नौकरानी के समान जोत दिया। केवलराम अवारागर्दी करने लगे। पहले जब माँ के साथ मामा के गाँव पांझरिया आते थे। तो सिर-आँखों पर बिठाया जाता था।

ख़ूब आवभगत होती थी। मामा-मामियाँ ही नहीं गाँव वाले भी लाड़ करते थे। वक़्त बदलते ही निकट के रिश्तेदारों की आँखें और व्यवहार बदल गया। बच्चे बोझ गये।

रतन के बारह साल की होते न होते श्यामलाल ने गाँधवा गाँव के दयाराम उपाध्याय से कच्ची उम्र में उसका विवाह कर दिया। दयाराम खेती-किसानी करते थे। गाँव के मन्दिर के पुजारी भी थे। मन्दिर के नाम की ज़मीन की फसल भी उन्हें मिलती थी। तीज-त्योहार, पर्व-उत्सवों पर भी मन्दिर में चढ़ावा आता था। वह भी मिलता था। ससुराल से विदा होते वक़्त रतन, भाई से बिछुड़ने और उसके भविष्य की चिन्ता में बुरी तरह रोने लगी। रोते-रोते भी बोलने से नहीं चूकीं, "मामाजी! मेरे पिताजी ने जो मुहरों वाली हंडी आपको दी हैं ख़र्चा काट मेरे भाई को दे देना।"

"कौन-सी मुहरें? कैसी हंडी? रांड तेरे बाप ने कुछ नहीं दिया है। तुम भिखारियों को पालने, तेरी शादी करने में उल्टे हमारा ख़र्च हुआ है बड़ी आई मुहरों वाली।" श्यामलाल ने डांट दिया। छोटे भाई की चिन्ता का हिमालयी बोझ दिल पर लिए रोती-कलपती रतन ससुराल चली गयी। रतन के विदा होते ही मामा श्यामलाल ने केवलराम को भी घर से भगा दिया।

केवलराम खण्डवा आये। पायली भट्ट के छोरे की दुर्दशा ने साध, सागर, बोहरा ही नहीं अन्य जाति बन्धुओं को भी दुःखी कर दिया। बारी-बारी से उसके भोजन, कपड़े और पढ़ाई में मदद करने लगे। जैसे-तैसे केवलराम मैट्रिक तक पहुंच गये। मददगारों ने हाथ खड़े कर दिये। फीस न भरने के कारण मैट्रिक की परीक्षा पास नहीं कर पाये। जाति बन्धुओं ने नौकरी करने हेतु दबाव डाला। नौकरी मिल नहीं रही थी। न जाने क्या सूझा कि एक दिन सीधे खण्डवा रेलवे स्टेशन के अंग्रेज़ स्टेशन मास्टर के पास जा पहुँचे। सलाम कर कहा "सर। मैं पी.डब्ल्यू.आई. श्री आनंदराम का बेटा हूँ। मुझे नौकरी चाहिए।"

"वेल! टुम किटना पढ़ा है?"

"मैट्रिक तक पढ़ाई की है।" सेन्ट्रल रेलवे के मुख्यालय बम्बई के एक परिचित अधिकारी के नाम उसने पत्र दे दिया। बम्बई जाने की व्यवस्था भी कर दी। बम्बई के अधिकारी ने केवलराम को वी.टी. स्टेशन पर टिकट कलेक्टर के पद पर नियुक्त कर दिया। बम्बई की ज़िन्दगी रास नहीं आयी। अपरिचितों की भीड़ में अकेले थे। जन्मभूमि खण्डवा और रिश्तेदारों की याद सताने लगी। बम्बई उनके लिए अजनबी और पराया शहर था। दो-तीन साल उस पराये महानगर में बिता नौकरी छोड़ खण्डवा भाग आये।

खण्डवा तो आये लेकिन नौकरी, घर आदि कुछ नहीं था। पुनः सड़क पर थे। परन्तु उनके शुभचिन्तक साथ थे। खण्डवा में ज़िला सत्र न्यायालय होने से

मुकदमों की संख्या बढ़ रही थी। वक़ालत करने बाहर से अनेक वक़ील खण्डवा आ बसे। उनमें श्री माधव विष्णु देवधर प्रमुख थे। फ़ौजदारी मामलों में उन्हें महारत हासिल थी। अन्नाभाऊ पगारे केवलराम के चचेरे भाई सवाल नवीस का काम करते थे। उनकी मदद से केवलराम देवधर साहब के मुंशी बन गये। तकदीर ने पलटा खाया। देवधर जी के मुंशी बनते ही मुसीबत के दिन समाप्त होने को आये। वक़ील माधव विष्णु देवधर और केवलराम मुंशी की जुगलबन्दी ने दोनों की सफलता और समृद्धि के दरवाज़े खोल दिये। वे वक़ील साहब के दाहिने हाथ बन गये। देवधर फ़ौजदारी मुकद्मों के विशेषज्ञ थे। मुंशी को भी फ़ौजदारी कानूनों का पण्डित बना दिया। मुंशीजी को सारी धाराएँ ज़ुबानी याद हो गयीं। वक़ील साहब का ब्रीफ़ तैयार करना, किस अदालत में किसके कौन-से मुकदमे की तारीख किस दिन है, ज़ुबानी याद रखते थे। अदालतों के बाबुओं ही नहीं पुलिसवालों, थानों से भी अच्छा तालमेल बैठा लिया। दोनों की शोहरत खण्डवा के बाहर भी फैलने लगी। खण्डवा ही नहीं बुरहानपुर, हरदा, होशंगाबाद, जबलपुर तथा नागपुर के हाईकोर्ट में भी पैरवी हेतु जाने लगे। होल्कर रियासत के खरगोन-इंदौर की अदालतों में भी उनका सिक्का बैठ गया। वक़ील साहब अपने मुंशी का पूरा ध्यान रखते थे। अपने घर का सदस्य बना लिया था। उनका मेहनताना पहले दिलाते। लक्ष्मी केवलराम पर प्रसन्न हो गयी। तकदीर ने इस बार पूरी तरह से उनके पक्ष में पलटा खाया था। मुसीबत, गरीबी और संघर्ष के दिन समाप्त हो गये। रतन बुआ ने बताया था, 'भाई कचहरी से कोट-कुरते की सारी जेबें रुपयों से भरकर लाते। घर आते ही पलंग पर जेबे उलट देते। कहते बहन गिनकर इन्हें अलमारी के लाकर में रख देना।'' मैं उनकी आज्ञा मान वैसा ही करती।

वक़्त के बदलते ही अपनो-परायों की नज़रें-व्यवहार बदल गये। पांझरिया का मामा परिवार भांजे का गुणगान गाने लगा। खण्डवा आने पर भांजे के यहाँ आठ से पन्द्रह दिन रुकना साधारण बात बन गयी। रतन बुआ को वे फूटी आँख न सुहाते। लेकिन भाई की उदारता के सामने लाचार थी। भांजे के शुभचिन्तकों में शीर्ष स्थान उन्होंने हथिया लिया। केवलराम का बचपन प्यार-ममता-स्नेह के अभाव में बीता था। निकट का रिश्तेदार कोई था नहीं। इसलिए पुरानी बातें-व्यवहार भूल उन्हें अपना लिया। चचेरे भाई अन्नाभाऊ पगारे की राय पर पायली भट्ट सरनेम त्याग पगारे सरनेम अपनाया। पुरानी पीढ़ी के अवसान के साथ पायली भट्ट का छोरा भी इतिहास के गर्भ में खो गया।

आइसक्रीम-चाट हेतु बेची फ़ाइलें

आज की पीढ़ी ने सुना भी नहीं होगा कि अंग्रेज़ी राज ही नहीं आज़ाद भारत में भी कुछ वर्ष तक मन-सेर-छटाँक के बाँटों का उपयोग होता था। ख़रीद-बिक्री के लिए आठ प्रकार के सिक्के थे। रुपया-अठन्नी-चवन्नी-दुअन्नी-डबल पैसा (आधा आना) पैसा (धेला) और पाई के सिक्के चलते थे। पैसे को धेला भी कहते थे। तीन पाई का एक धेला होता था। पाई छदाम कहलाती थी। चीज़ें खास कर खाने पीने की वस्तुएँ बहुत सस्ती थी। कचोरी एक छदाम में मिलती थी। एक धेले में कचोरी-समोसा-खस्ता तीनों मिलते थे। एक रुपये में दस सेर ज्वार या आठ सेर गेंहूँ या सात सेर चावल ख़रीदते थे। शुद्ध दानेदार घी सवा रुपये सेर था। मिठाईयाँ शुद्ध घी में बनती थी। डालडा का नाम नहीं था। जलेबी आठ आने सेर थी। सब्ज़ी ख़रीदने पर हरा धनियाँ और हरी मिर्च मुफ़्त में मिलती थी। रानी विक्टोरिया, राजा एडवर्ड, पंचम जार्ज का शुद्ध चाँदी का रुपया चलन में था। बच्चों को पाकेटमनी माने जेब ख़र्च देने का रिवाज़ नहीं था। यदा-कदा एकाध धेला मिल जाता था। उसी में मौज मना लेते थे। लड़कियों को वह भी नहीं मिलता था। हाँ, यदि घर पर कोई मेहमान आता तो जाते वक़्त हम बच्चों को एकाध आना थमा देता। तुरन्त उसे माँ को दे देते। पहनने को दो शर्ट, दो पैन्ट या पायजामे तथा बाटा का जूता साल भर के लिए मिलता था। घर में अनुशासन कठोर था। पन्द्रह-बीस रुपये में घर का महीने भर का राशन आता था। हाँ! बड़े घर के कुछ लड़कों को कभी-कभी जेब ख़र्च के लिए इकन्नी या दुअन्नी मिल जाती थी।

प्रमोद मेरा वो भाग्यवान दोस्त था। जिसे कभी-कभी जेब ख़र्च हेतु दो-चार आने मिलते थे। परिवार का इकलौता लाड़ला बेटा था। उसके पिताजी श्री बलवंतरावजी फ़ौजदारी के नामचीन वक़ील थे। मझले काका यशवंतराव ने दीवानी मामलों में महारत हासिल कर रखी थी। वे भैय्या के नाम से विख्यात थे। सबसे छोटे काका बाजीराव इन्कम टैक्स-सेल टैक्स की वक़ालत करते थे। बाबा कहलाते थे। दो

बुआएँ और तीन बड़ी बहनें थी। प्रमोद सबका लाड़ला था। प्रमोद का पूरा परिवार गौर वर्णी था। सभी देखने-सुनने में सुन्दर थे। प्रमोद की रंगत भी गोरी-गुलाबी थी। मध्यम ऊँचाई। लम्बे अण्डाकार चेहरे पर सुतवां नाक और बड़ी-बड़ी आँखें। दिल का भोला, सरल और प्रेमल स्वभाव। अपने परिवार को ही नहीं, दोस्तों को भी तहेदिल से प्यार करता था। लड़ाई-झगड़े से दूर। अजातशत्रु था वह। परन्तु नटखट, चपल और चंचल। पढ़ाई में औसत दर्ज़े का था। खेल में रूचि अधिक थी। गिल्ली-डण्डा, कबड्डी और पतंगबाजी उसका शौक़ था। पतंग उड़ाना थोड़ा मँहगा था। उसमें पतंग, गिर्री और माँझे की ज़रूरत पड़ती थी। इन्हें ख़रीदना पड़ता था। यद्यपि तीनों चीज़ें एक रुपये के अन्दर आ जाती थी। जेब ख़र्च कम मिलता था। उस कमी को पूरा करने का तरीका जानता था। दुर्भाग्य से उसके पिताजी का स्वर्गवास हो जाने से दोनों काका, बुआएँ और बहने उस पर अधिक ध्यान देने लगी थीं। बुआएँ शिक्षिकाएँ होने से आर्थिक दृष्टि से स्वतन्त्र थी। भैय्या रिज़र्व नेचर के थे। काम पूर्ति बात करते। अनुशासनप्रिय होने से घर भर में ही नहीं बाहर भी उनका दबदबा और रोब-दाब था।

परिवार संयुक्त था। सभी साथ रहते थे। बलवंतराव जी के स्वर्गवास के बाद भैय्या परिवार के मुखिया थे। बाबा भी उनका कहना मानते थे। बाबा शौक़ीन मिजाज़ थे। भैय्या की तुलना में अधिक उदार और यारबाज। हम बच्चों से भी दोस्ती का रिश्ता था। उनसे कुछ भी माँगने या कहने में संकोच नहीं होता था। प्रमोद उनसे बेहिचक पैसे माँग लेता था। बुआओं-बहनों से भी पैसे माँग लेता। पतंग, मंजा, गिर्री ख़रीदने में पैसे की कमी आड़े नहीं आयी। इसके बाद भी यदि पैसा कम पड़ता तो चोरी, चुपके बाबा की जेब मददगार साबित होती। प्रमोद के घर में खुली छत नहीं थी। पतंग उड़ाने, पतंग काटने के लिए छत होना आवश्यक था। मेरे तिंमज़िले घर की तीसरी मंज़िल पर बड़ी-सी खुली छत थी। अतः पतंग उड़ाने के लिए हमारे यहाँ आता। हमारा घर मालीकुएँ और कुम्हार बेड़े के बीच में था। प्रमोद बाज़ार से तीन-चार पतंग, माँझा और गिर्री ख़रीद कर मेरे यहाँ रख जाता। घर से पुरानी काँच की बोतलें-गिलास ला मुझे देते हुए कहता, "यार! इन्हें कूट पीस कर मैदे के समान बारीक कर दे। माँझा सूतना है।"

"ना भाई! ये मेरे बस का नहीं। हाथ कट जायेगा।" मैंने इन्कार किया।

"एक आना दूँगा।"

"एक आने से क्या होता है?"

"फिर कितना चाहिए?"

"कम से कम चार आने?" मुझे मालूम था ये रक़म उसके लिए कुछ नहीं है। ज़रूर दे देगा।

"मंजूर! चल काम में भिड़ जा।"

लोहे का खलबत्ता चुपचाप ला छत पर जा काँच की शीशियाँ, गिलासों को चूरे में बदलने में लग जाता। चतुर प्रमोद मुझसे कांच तब तक कुटवाता जब तक उसके मन लायक बिलकुल बारीक नहीं हो जाता। उबला चावल मेरी माँ से माँगता, "काकीजी! रात का बचा बासी भात तो देना।"

कटोरी भर भात लाकर माँ दे देती। इसमें काँच का चूरा और लाल रंग डाल अच्छी तरह से मिलाते। छत के विपरीत कोनों में कीलें गाड़ उस से चार छह कतार में धागा बाँध माँझा सूतते। रात भर सूखने देते सुबह स्कूल जाने के बहाने बस्ता ले सीधे मेरे घर आता। मुझे स्कूल जाने की तैयारी में देख चुपके से चवन्नी दिखा छत पर चलने का इशारा करता। कुछ देर मैं असमंजस में खड़ा सोचता। चवन्नी का आकर्षण इतना अधिक रहता कि मना कर पाना सम्भव नहीं था। चुपके से बस्ते समेत दोनों छत पर जा किवाड़ बन्द कर सूखे माँझे को गिर्री पे लपेटते। काम खत्म होने पर चुपके से उतर बस्ता ले स्कूल पहुँचते। सिर नीचा किये गुरुजी की डाँट खा पीछे की बेंच पर जा बैठते। ज़्यादा देर होने पर स्कूल के सामने लालाजी की दुकान पर पहुँच छदाम की कचौरी, समोसा, खस्ता खाते।

बिरजू सेठ की दुक़ान में सब मिलता था। कचोरी, समोसे, खस्ता, चॉकलेट, बिस्किट ही नहीं किताब, कॉपियाँ, पेंसिल, रबर, निब, स्याही भी। मुहल्ले वालो के लिए किराने का सामान भी रखते थे। इस काम में उनकी बेटी दुर्गी मदद करती। लालाजी के रहते स्कूल के बड़े लड़के चुपचाप शराफ़त से सामान ख़रीदते। लाला की अनुपस्थिति में दुर्गी से हँसी-मजाक और छेड़छाड़ करने का मज़ा अलग से उठाते। वह भी हँसते-मुस्कराते एक के दो वसूलती। किशोर लड़कों की बनिस्बत किशोर लड़कियाँ दुनियादारी अधिक समझती हैं। दुर्गी एक तो किशोरी, ऊपर से बिरजू अग्रवाल बनिए की बेटी। बाप की बजाय ज़्यादा अच्छी तरह से दुक़ान चलाती थी। हमारी स्कूल की ऊँची कक्षाओं के लड़के अकसर बिरजू लाला की गैरहाज़िरी में ही दुक़ान आते। आधी छुट्टी में दुक़ान पर छात्रों की बड़ी भीड़ इकट्ठी होती। चतुर दुर्गी अधिकांश ग्राहकों को पहचानती थी। कौन-सी वस्तु किसे पसन्द हैं अच्छी तरह से जानती थी। पहले पैसा ले इच्छित वस्तु थमा देती। मशीन-से हाथ और दिमाग़ चलते। चूँकि मुझे कभी-कभी ही एकाध पैसा मिलता इसलिए मैं दुर्गी का नियमित ग्राहक नहीं था। जिस दिन एकाध पैसा

मिलता जा खड़ा होता। दुर्गी पूछती, "बहुत दिनों बाद आया?" "क्या करूँ रोज जेब ख़र्च नहीं मिलता।"

बातें करते-करते तीन छदाम में कचोरी, खस्ता, समोसा दोने में थमा देती। बिना पैसे के आधी छुट्टी में समय बिताने दुक़ान के सामने जा खड़ा होता। मुझे दूर खड़ा देख इशारे से बुला बाप से नज़र बचा एकाध कचोरी चुपके से थमा देती। जिन दिनों प्रमोद साथ होता मेरी मौज रहती। एक दिन सुबह साढ़े पाँच बजे आ मुझे जगाया, "चल दौड़ लगाने कलेक्टरेट तक चलते हैं। स्कूल में खेलकूद कॉम्पिटीशन हैं 100 मीटर दौड़ में भाग लेना है।" हाफ पैण्ट-केनवास जूतों में सज़ा था।

जल्दी से तैयार हो दोनों घर से ही दौड़ते निकलें। कलेक्टरेट रेलवे लाइन के उस पार पूरब में थी। सिविल लाइंस भी वहीं थी। मेरे घर से तकरीबन तीन किलोमीटर दूर। तीन पुलिया के नीचे से निकलकर कचहरी के पीछे से होते हुए नीलकंठेश्वर धर्मशाला (आज का एस.एन. कॉलेज) के सामने से बड़ा ब्रिज पार कर किशोर कुमार के घर के सामने से होते हुए सत्यनारायण मन्दिर की ओर मुड़ गोदू हलवाई की दुक़ान पहुँचे।

"रुक...रुक...ठहर?" प्रमोद ने दौड़ना बन्द कर दिया। हाँफते-हाँफते मैं भी रुका। कढ़ाव में दूध गरम हो रहा था। जलेबी बन रही थी।

"अब क्या?"

"इतनी कसरत की है। दूध-जलेबी खायेंगे। तभी न स्टेमिना बढ़ेगा?" वहाँ किशोर दा पहले से मौजूद थे। उनके पिता वक़ील कुंजीलाल गांगुली प्रमोद के पिता और भैय्या के अच्छे मित्र थे। किशोर दा प्रमोद को अच्छे से जानते थे। मुझे भी मेरे चचेरे भाई सुरेन्द्र पगारे जो किशोर दा के सहपाठी थे के कारण पहचानते थे। दूध-जलेबी के शौक़ीन किशोर दा क़रीब-क़रीब रोज वहाँ आते। प्रमोद को उन्होंने छेड़ा, "परमोद...ओ...परमोद। दूध-जलेबी खाने आया है।" नाम बिगाड़ कर बोलने में दादा माहिर थे।

"बच्चे। हमें नहीं खिलायेगा?" दादा का स्वर शरारती था।

प्रमोद चुप। शायद ज़्यादा पैसे नहीं थे। दादा समझ गये।

"परमू।" नाम को तोड़-मरोड़ मज़ा लेते बोले, "बेटा परमू। तेरे पास तो पैसे होंगे नहीं? मैं तुझे दूध-जलेबी खिलाता हूँ। तू समोसे खिला।"

"दादा। ये मैं कर सकता हूँ।" एक आने में यह सम्भव था। किशोर दा की उम्र भी अधिक नहीं थी। हम से तीन-चार साल बड़े थे। हंस कुमार की हाई स्कूल में पढ़ते थे। हम लोग मिडिल स्कूल में थे। उन्होंने दूध-जलेबी और प्रमोद ने समोसे खिलाये।

एक शाम हम दोनों में दौड़ जीतने की शर्त लगी। बड़ाबम के बगीचे से कुम्हार बेडा में उसके घर तक दौड़ना था। दोनों दौड़े। आधी दूर तक मैं आगे था अचानक गति बढ़ा वह आगे निकल गया। उसके घर के पास सड़क किनारे नुकीला बड़ा-सा चपटा पत्थर पड़ा था। ठोकर लगने पर धड़ाम से सिर के बल औंधा गिरा। पत्थर की नोंक कपाल में आँख के पास घुस गयी। खून से मुँह रंग गया। बेहोश हो गया। डर के मारे मैं थर-थर काँपने लगा। घर में कोहराम मच गया। भैय्या-बाबा ने सिविल अस्पताल ले जाकर मरहम-पट्टी करायी। अच्छा ज़रूर हो गया? लेकिन उस दौड़ का स्थायी निशान उसके कपाल पर चस्पा हो गया?

भैय्या के डर के कारण मैंने उसके घर जाना बन्द कर दिया। मालूम था अच्छा होते ही खुद आयेगा। एक दिन कैमरा हाथ में लिए आ धमका।

"यार प्रमोद! पतंग-गिर्री का क्या करना है?" मैंने पूछा। भैय्या के डर के मारे उन्हें अपने घर नहीं ले जा सकता था। मेरे यहाँ ही रख जाता। वे धूल खा रहे थे।

"छोड़ यार उनको। पड़े रहने दे। चल तेरे कुछ फोटो खींचता हूँ।"

मैं साथ हो गया। फोटोग्राफी में व्यस्त हो गया। कभी बगीचे में बेंच पर बिठा मेरा फोटो खींचता। कभी किसी पेड़ के नीचे खड़ा कर देता। एक बार मुझे कचहरी माने कलेक्टरेट ले गया। कचहरी, कलेक्टर, पुलिस अधीक्षक और अन्य अफ़सरों के बंगले वहाँ थे। ये सतपुड़ा की पहाड़ी पर बने थे। मुझे एक पहाड़ी पर बिठा फोटो खींचा। फिर खुद बैठा और मुझसे क्लिक कराया। फ़िल्में धुलाने और प्रिण्ट कराने बुधवारा के करीम स्टूडियो गये। क़रीम साहब ने जो ख़र्चा बताया, वह ज़्यादा लगा। इतने पैसे पास थे नहीं।

"यार ऐसा करते हैं मैं खुद सॉल्यूशन बना फ़िल्म धो प्रिण्ट करता हूँ। ले कैमरा पकड़। मैं घर से पैसा लाता हूँ। मुझे कैमरा पकड़ा घर गया। आज्ञाकारी मैं कैमरा पकड़े करीम स्टूडियो के सामने खड़ा रहा। थोड़ी देर बाद आया। बाज़ार जाकर फ़िल्म डेवलप-प्रिण्ट करने का समान ख़रीदा।"

"फ़िल्म कहाँ डेवलप कर प्रिण्ट करेगा?" मैंने जानना चाहा।

"और कहाँ, तेरे घर के पिछले कमरे को स्टूडियो बनायेंगें। वहाँ अच्छा अँधेरा रहता है। चादर लगा देंगे खिड़की दरवाज़े पर।"

मेरे यहाँ किसी प्रकार की रोक-टोक नहीं थी। पिताजी अपने कामों में इतने व्यस्त रहते कि हमारी ओर ध्यान देने का समय नहीं था। मेरी माँ प्रमोद को मेरे इतना-स्नेह करती थीं। रोकने के बजाय मदद कर देतीं। पिछले कमरे में फ़िल्में डेवलप कीं। प्रिण्ट भी निकाले। अच्छे सहायक के रूप में मैंने मदद की।

चूँकि मेरे कई फोटो उसने निकाले थे। सो मैंने पूरी मदद की। मेरे फोटो मुझे भेंट में दे दिये।

बीच में कुछ दिन ग़ायब रहा। मैं भी पढ़ाई और दूसरे दोस्तों में व्यस्त हो गया। सफेद पैण्ट, सफेद शर्ट, सफेद जूते-मोजे पहन हाथ में क्रिकेट का बैट ले आ धमका। उसे नये अवतार में देखकर चकराया और देखता रह गया।

"चल क्रिकेट खेलने चलते हैं।"

"मेरे पास न तो बल्ला है न ही कपड़े? मुझे बल्ला पकड़ना भी नहीं आता। खेलेंगे कहाँ?"

"जिमखाना क्लब ग्राउण्ड पर। अंग्रेज़ कलेक्टर ने सूरजकुंड मैदान पर बढ़िया पिच बनवाई है। वहीं रोज प्रैक्टिस होती है। नन्हेलाल जी कोटवाले क्लब के सेक्रेटरी, कलेक्टरेट में बड़े बाबू हैं। हमारी ही जाति के हैं। वही खेलेंगे। मेरे बल्ले से तू भी खेलना। बड़े अफ़सरों, कलेक्टर, पुलिस अधीक्षक आदि से जान-पहचान होगी। दोस्ती भी हो जायेगी।"

मैं साथ हो लिया। प्रमोद बढ़िया बैटिंग, गेंदबाज़ी और फील्डिंग कर लेता था। हर रविवार और छुट्टी के दिन सूरजकुंड मैदान पर बनी पिच और क्लब भवन में अफ़सरों-दर्शकों की भीड़ आ जुटती। प्रमोद की सफलता पर मैं ताली बजाता। उसका क्रिकेट-प्रेम लम्बा चला। एक महत्त्वपूर्ण घटना घटी। इंदौर के महाराजा यशवन्तराव होल्कर की क्रिकेट टीम इग्लैंड में क्रिकेट मैच जीत इंदौर जाने के लिए जहाज से पहले मुम्बई पहुँची। वहाँ से खण्डवा आयी। खण्डवा से इंदौर के लिए रात साढ़े आठ बजे खण्डवा-अजमेर ट्रेन थी। उसी से उन्हें इंदौर जाना था। टीम सुबह इंदौर आ गयी थी। दिन भर उसे खण्डवा रुकना था। प्रमोद ने भाग-दौड़ कर कलेक्टर के जरिये कलेक्टर इलेवन और होल्कर टीम के बीच मैच करा लिया। कलेक्टर इलेवन में प्रमोद भी था। होल्कर टीम के विश्व क्रिकेट सितारे कर्नल सी.के. नायडू, मेजर जगदाले, कैप्टन मुश्ताक़ अली, हीरा लाल गायकवाड़, सी.एस. नायडू, सी.टी. सरवटे, जे.एन. भाया खेले। प्रमोद के कारण खण्डवा वालो को इन महान सितारा खिलाड़ियों के दर्शन हुए। उनके करिश्माई खेल को देखने का सौभाग्य भी मिला।

क्रिकेट ही नहीं हॉकी में भी इंदौर का अखिल भारतीय नाम था। महाराजा यशवंतराव होल्कर ने क्रिकेट टीम को संरक्षण दिया था। राव राजा सर सेठ हुकुमचन्द कासलीवाल के पुत्र सेठ हीरालाल कासलीवाल ने कल्याण क्लब की स्थापना कर हॉकी को संरक्षण दिया। हॉकी जगत में कल्याण क्लब का बड़ा नाम था। हॉकी के जादूगर ध्यानचंद और किशनलाल को भी इंदौर बुलाया गया

था। हमारे स्कूल के खेल प्रशिक्षक नूर मोहम्मद जो कूंजड़ा नाम से विख्यात थे ने हॉकी के खिलाड़ी तैयार किये। इनमें दर्शन सिंह भदौरिया, रियासत ख़ान, किशनलाल भार्गव, राम गुलाम, चन्द्र महोदय, नाथराम नखले, कैलाश जोशी, मणिलाल जोशी प्रमुख थे। कलेक्टर की मदद से खण्डवा के सिविल लाइन्स पुलिस मैदान पर कल्याण क्लब के साथ मैच हुआ। कल्याण क्लब की ओर से सरदार अख़्तर, चम्पालाल, गेंदालाल और महू के मुनीर खाँ खेले। बाद में सरदार अख़्तर पाकिस्तान चले गये। वहाँ की हॉकी टीम के कप्तान बने। मैच कल्याण क्लब ने ही जीता। मैच के दौरान जो फ़ुर्ती, विरोधी टीम में बिजली की तेज़ी से घुस जाने की क्षमता का परिचय रियासत खान ने दिया। उसकी सरदार अख्तर ने मुक्त कंठ से प्रशंसा की। रियासत खान बिजली के नाम से प्रसिद्ध हो गये। खण्डवा टीम की जीवटता की हारने के बाद भी तारीफ़ हुई।

परीक्षा ख़त्म हो जाने से गर्मी की छुट्टियाँ आरम्भ हो गयी थीं। कुल्फी-आइसक्रीम की माँग होने लगी। हमारे मुहल्ले की गली के सीताराम काका गर्मी के चार माह मटका कुल्फी का ठेला लगाते थे। दो प्रकार की कुल्फी बनाते। आम लोगों के लिए मीठी कुल्फी। भाँग के शौक़ीनों के लिए भाँग की कुल्फी। भाँग की कुल्फी की कोन को रंगीन कर देते। बाबा भाँग की कुल्फी के शौक़ीन थे। चार बजे तक कुल्फी तैयार हो जाती। बाबा उसी समय कुल्फी खाने आते। प्रमोद इसी ताक में रहता। पीछे लग जाता। इशारा कर मुझे भी बुला लेता। हमें भगाने की बाबा की क़ोशिश असफल रहती। हम भी दो-दो सादी कुल्फियों का आनन्द लेते।

प्रमोद को अकेले खाने में मज़ा नहीं आता था। अकसर मुझे साथ रखता था। एक दिन दोपहर बाद घर आया।

"चल यार। मेरे साथ चल।"

"कहाँ?"

"तू चल तो?"

बाहर आने पर जेब से कलदार चाँदी के विक्टोरिया छाप दो-तीन सिक्के निकाले। मेरी आँखें फटी-की-फटी रह गयी।

"इतने रुपये कहाँ से लाया? भैय्या-बाबा की जेब से तो नहीं निकाले?" मैं डर गया। चोरी पकड़े जाने पर यारबाज बाबा तो कुछ नहीं कहेंगे, मगर भैय्या? वे नहीं छोड़ेंगे। ज़रूर पिटाई करेंगे।

"ऐसा कुछ नहीं है। सूरजकुंड ग्राउण्ड की एक खदान में मुझे ये रुपये मिले हैं। चल चाट-आइसक्रीम खाते हैं।"

"सच बोल रहा है तू?"

"बिलकुल सच। भगवान कसम।" गले को हाथ लगा कसम को पक्का किया।

आइसक्रीम-चाट की लालच ने भैय्या का डर भगा दिया। बुधवारा बाज़ार में आबे हयात आइसक्रीम, सोडा, शरबत की दुक़ान थी। उन दिनों आज की तरह वाडीलाल, अमूल आदि की आइसक्रीम नहीं मिलती थी। लकड़ी की बाल्टी के बीच डिब्बे में कस्टर्ड मिला मीठा दूध भर देते थे। फिर चारों तरफ खड़ा नमक और बरफ भर आइसक्रीम जमने तक घुमाते थे। मशीनी चम्मच से काँच की प्याली में उसे परोसते थे। हमने दो-दो आइसक्रीम खाईं। फिर लालजी की चाट। रुपये खत्म होने तक यह कार्यक्रम चलता रहा। खदान दिखाने के लिए मैंने प्रमोद की बड़ी खुशामद की। वह सफाई से टाल जाता। दो-तीन बार अकेले मैंने सूरजकुण्ड खंगाला। मुझे खदान नहीं मिली। खदान का रहस्य खुला, असल में भैय्या के मुवक्किलों के मुकदमों की मिसले थीं खदान। मुकदमों के सिलसिले में अनेक मिसलें उनके पास थीं। प्रमोद ने उनमें से कुछ को रद्दी मान लिया। मेरे मुहल्ले में दत्त मन्दिर के पीछे कादर बोहरे की किराने की दुक़ानों में प्रमोद कुछ मिसलें बेच आया। उन्हीं रुपयों से हम ने चाट-आइसक्रीम उड़ायी। भैय्या ने हम दोनों को पकड़ा डर से काँपते मैंने खदान की बात बतायी। प्रमोद ने पिटाई से सब उगल दिया। भैय्या ने कादर बोहरे को धमका अधिकांश मिसलें (फाइलें) प्राप्त कर ली। बोहरे की हिम्मत रुपये वापस माँगने की नहीं हुई। एक माह तक प्रमोद से मिलने का साहस नहीं जुटा पाया। अधिक दिन अलग भी नहीं रह सका। बांग्ला साहित्य के प्रसिद्ध कथा शिल्पी शरत बाबू के चर्चित उपन्यास 'श्रीकान्त' के नायक की प्रतिमूर्ति था प्रमोद।

धरम पिता

वैज्ञानिक जिस गुत्थी को सुलझा नहीं पाये हैं, वह है मानव मन। मन का ताना-बाना अत्यन्त महीन और उलझन भरा है। उसे अन्तर्मन, मनःचेतना, मनोभाव, मनोभूमि के रूप में भी परिभाषित करते हैं। उसकी 'जटिलता और सरलता' अपठनीय है। मन कब, कहाँ, क्या और क्यों कर बैठेगा यह उसे भी नहीं मालूम? उसके व्यवहार की भविष्यवाणी करना तो दूर अनुमान लगाना भी सम्भव नहीं। जिसे नापसंद कर घृणा करता है, परिस्थितियों से बाध्य हो उसी के प्रति दया, करुणा से भर उसकी सेवा करता है। अन्तिम संस्कार कर पुत्रवत श्राद्ध भी करता है। कभी-कभी प्यार, घृणा-द्वेष में भी बदल जाता है। अतः मन की दुनिया अत्यन्त रहस्यमय अनबूझ पहेली तथा उलझन भरी है।

खण्डवा के रंगकर्मी, नाट्य प्रेमी शिवशंकर मालवीय के साथ कुछ ऐसा ही हुआ। गोरे गुलाबी, गोल-मटोल चेहरे पर चश्मे से झाँकती बड़ी-बड़ी गोल आँखें। बीच से निकाली माँग के कारण चेहरे के दोनों और फैले छोटे-छोटे बॉबकट बाल। दरम्यानी ऊँचाई। खादी की धोती, कुर्ते, कोट में सज़ा प्रभावशाली व्यक्तित्व। लकवे के कारण बाएँ पाँव में विकलांगता से लंगड़ापन। छड़ी के सहारे उचक-उचक कर चलते थे। नाटक वाले लंगड़े मालवीय के नाम से शहर भर में मशहूर थे। श्री सिद्धनाथ माधव, अगरकर जी के प्रेस में मैनेजर थे। साप्ताहिक स्वराज्य का वहाँ से प्रकाशन होता था। साथ ही हेंड बिल, पेम्फ्लेट, रजिस्टर, बिल बुक और सिनेमा के टिकट भी छापते थे। प्रेस की सारी जवाबदारी उन्हीं पर थी। प्रूफ रीडिंग, कम्पोजिंग से लेकर हिसाब-किताब का काम भी वही देखते, प्रेस के पीर बबर्ची भिश्तीखर थे।

नाटक मालवीय जी का पहला और अन्तिम प्यार था। रंगमंच के दीवाने थे। इस हेतु 'विद्यार्थी नाटक मण्डल' बना रखी थी। गवर्नमेंट हाईस्कूल के हरीगंज मुहल्ले में अन्य मालवीय रिश्तेदारों के साथ रहते थे वे। उनके और परिचितों के लड़कों को एक्टिंग सिखा नाटकों में अभिनय कराते। गणेशोत्सव के दस दिन और नवरात्रि-दुर्गा पूजा के नौ दिन बहुत व्यस्त रहते। शहर के मुहल्ले-मुहल्ले

अपने प्रिय नाटक 'सत्यवादी हरिश्चन्द्र' का मंचन करते। किसी मुहल्ले में मूल नाम से तो दूसरे मुहल्ले में 'सत्य की परीक्षा' अथवा अन्य मुहल्ले में 'सत्य की विजय' नाम से मन्चित करते। अभिनेताओं से अभिनय ही नहीं रंगमंच से जुड़ी व्यवस्था भी कराते थे। गोरा चिट्टा, छरहरे बदन, बड़ी-बड़ी आँखों वाला उनका भतीजा कृष्ण गोपाल नाटक में नारी पात्र का अभिनय करता। उन दिनों लड़कियों का नाटक में भाग लेना बुरा माना जाता था। किशोरवय के गोपाल की सुरीली आवाज़ और चाल-ढाल भी ज़नाना थी। बढ़िया मेकअप, नकली वेणी या जुड़े के बाद नाटक की नायिका महारानी तारामती का रोल उस पर ख़ूब फ़बता था। बड़ी कुशलता से उसे निभाता। उसका मेकअप मालवीय जी ख़ुद करते।

बड़ी-बड़ी मूँछों वाले गौर वर्णी ऊँचे पूरे व्यक्तित्व के रमेश बाबू को महाराजा हरिश्चन्द्र का रोल दे रखा था और सुलेमान मियाँ नकली दाढ़ी-मूँछ सिर पर जटा-जूट, हाथ में कमण्डल और डंडा ले राजार्षि विश्वामित्र का अभिनय करते। संस्कृत के कई श्लोक उसने रट लिए थे। शुद्ध उच्चारण के साथ संवादों की अदायग़ी कर दर्शकों की तालियाँ बटोरता। रोहिताश्व का रोल उन्होंने अपने बेटे दिनेश को दे रखा था। काशी के दशाश्वमेध घाट के श्मशान का डोम राजा महेश मालवीय बनता था। लाइटिंग की ट्रिक तथा श्मशान में जलती चिता की व्यवस्था चन्द्रगोपाल और किशनलाल मास्टर के जिम्मे थी। दोनों मालवीय जी के सहायक निर्देशक थे, मंच सज्जा, पर्दा उठाने-गिराने के काम में सहायता करते। न जाने किस चतुराई से दोनों श्मशान का वातावरण सफलतापूर्वक जीवन्त कर दर्शकों की साँस रोकने में सफल होते थे। दोनों कला निर्देशक थे। इस दृश्य को देखने के लिए मालवीय जी के नाटकों में अपार भीड़ जुटती। संगीत निर्देशन का काम रामलाल करता था।

मालवीय जी के नाटकों में भाग लेने के लिए शहर भर के कलाकार उनके घर और प्रेस के चक्कर लगा उनकी ख़ुशामद करते। दुर्गा पूजा के अवसर पर मालवीय जी के अलावा श्री हरिदास चटर्जी की बाड़ी में या नार्मदीय धर्मशाला के मंच पर खण्डवा का बंगाली समाज भी नाटकों, गायन और सांस्कृतिक कार्यक्रमों का आयोजन करता। जिसमें किशोर कुमार गांगुली भी भाग लेते। पर्दे के पीछे से वे बांग्ला गीत प्रस्तुत करते। कभी-कभी उनका उपयोग मालवीय जी भी कर लेते थे। नाटक के इन्टरवल में मालवीय जी भी मंच पर उपस्थिति हो स्वरचित कविता ''टक्के लगे दस भला जी टक्के लगे दस'' पेश करते। इस गीत की पृष्ठभूमि और पूरे गीत पर आगे चर्चा करेंगे। इसमें कोई सन्देह नहीं उन दिनों मालवीय जी के नाटकों का डंका सारे शहर में बजता था।

रंगकर्म के अन्ध-प्रेम के कारण मालवीय जी की ज़िन्दगी में नया मोड़ आया। गणेशोत्सव, दुर्गा पूजा तथा नवरात्रि पर्वों पर नाटक मंचन में इतने डूब जाते कि प्रेस का काम उपेक्षित रहता। इससे अगरकरजी नाराज़ रहने लगे। दूसरा इंतजाम होते ही मालवीय जी की छुट्टी कर दी। नाटककार के रूप में ही नहीं एक अच्छे मैनेजर के रूप में भी उनकी ख़्याति शहर भर में थी। विट्ठल मन्दिर मुहल्ले के राम दयाल अग्रवाल ने अपने घर की तल मंज़िल में प्रेस डाला। वैसे वो मण्डी में दलाली का काम भी करता था। साथ में प्रेस का काम चालू किया। निमाड़ ज़िले में अग्रवाल व्यापारी बड़ी संख्या को थे। ज़िले के व्यापार पर उनका कब्ज़ा था। राम दयाल ने उनकी संख्या में ध्यान में रखते हुए 'अग्रवाल सन्देश' साप्ताहिक के प्रकाशन की योजना बनायी। इसके लिए अनुभवी प्रेस मैनेजर की ज़रूरत थी। मालवीय जी की ख़्याति से परिचित थे ही। अच्छी पगार पर उन्हें तत्काल प्रेस मैनेजर बना दिया।

'अग्रवाल सन्देश' की ग्राहक संख्या बढ़ाने हेतु रामदयाल ने इंदौर, रतलाम, मंदसौर, नीमच से लेकर अजमेर तक की यात्राएँ कीं। इन शहरों में बड़ी संख्या में अग्रवाल समाज बसा हुआ था। अजमेर में सेठ रतनलाल जी ने उनकी मदद की। अजमेर के कई व्यापारी 'अग्रवाल सन्देश' के ग्राहक बन गये। आर्य समाजी रतन सेठ स्थानीय अनाथालय के सरपरस्त थे। अकसर वहाँ जाया करते। इस बार रामदयाल को भी साथ ले गये। कहावत है कि विवाह सम्बन्ध स्वर्ग में तय होते हैं। रामदयाल की दुल्हन उस अनाथालय में बाट जोह रही थी। वह थी कान्ता। मिलने पर रामदयाल उसे देखता ही रह गया। पलकों ने झपकना बन्द कर दिया। महाकवि कालिदास वर्णित श्यामा सुन्दरी तन्वी श्यामा थी कान्ता। साँवली-सलोनी छरहरी काया, शोख-चंचल-मादक बड़े-बड़े नयनों और अधरों पर सदैव खेलती मीठी-मोहक मुस्कान। एक छैल-छबीली, चुलबुली सेक्सी काया। तराशी मूर्ति-सा साम्राज्ञीवत सौन्दर्य। देह के अंगों का सन्तुलित सौन्दर्य ही नहीं मीठी, सुरीली कोयल की कूक सा स्वर। उस छैल-छबीली की दिलक़श ख़ूबसूरती और खुला व्यवहार मुग़ालता पैदा करने, किसी को भी बेईमान बनाने को काफ़ी था। उसने रामदयाल की बोलती ही नहीं दिल भी छीन लिया।

सेठ रामदयाल ने उस वक़्त कोई जवाब नहीं दिया। देखते ही समर्पण कर चुका था। अजमेर से जब खण्डवा लौटा तो 'अग्रवाल सन्देश' के ग्राहकों की लम्बी सूची के साथ कान्ता सुन्दरी भी थी। जिस समय मैनेजर बन मालवीय जी अग्रवाल प्रेस आये कान्ता प्रकाश और ज्योति की माँ बन चुकी थी। मातृत्व ने उसकी देह तो भरी ही उसके रूप-लावण्य में एक लुनाई और निखार आ गया। भरी गदराई देह में नई मादकता और तीखा सेक्सी आकर्षण पैदा हो गया था। चुलबुलापन

बात-बेबात घुँघरूओं की रूनझुन-सी कर्णप्रिय खिलखिलाहट और मीठी मोहक चितवन-मुस्कराहट में कमी नहीं आयी। किसी को भी बहकाने को ये पर्याप्त थे।

रंगकर्मी मालवीय जी की तारीफ़ से कान्ता पहले से ही परिचित थी। उनके मुहल्ले में भी उन्होंने नाटक मंचित किये थे। उनकी प्रशंसक थी कान्ता। चर्चित रंगकर्मी को अपने प्रेस में पाकर बेहद प्रसन्न हुई। मालवीय जी को प्रेस मैनेजर बना रामदयाल फायदे में रहे। अपने व्यक्तिगत रिश्तों का फ़ायदा उठाते हुए वे स्वराज्य प्रेस के अनेक ग्राहकों को नये प्रेस में ले आये। उनमें आनन्द और प्रकाश टॉकी का दो आने का हिस्सेदार रमन पिल्लई भी था। सिनेमा टिकट, पैम्फ्लेट, रजिस्टर आदि अग्रवाल प्रेस में वह छपवाने लगा। प्रेस में रामदयाल को अच्छी आमदनी होने लगी। प्रेस पूरी तरह से मालवीय जी को सौंप मण्डी की दलाली में व्यस्त हो गया।

सुबह से देर रात तक मालवीय जी प्रेस के काम में लगे रहते। काम में उनकी लगन देख रामदयाल ने उनके लिए दोपहर के चाय-नाश्ते और हिसाब किताब का काम मैट्रिक तक पढ़ी कान्ता को सौंप दिया। वे एक-दूसरे के सम्पर्क में आये। अनाथालय के वाचनालय के अधिकांश उपन्यास, कहानी-कविता, संग्रह नाटक आदि पढ़ चुकी कान्ता की साहित्यिक रुचि अच्छी विकसित हो गयी थी। चाय और हिसाब-किताब के बाद रंगकर्म, अभिनय, मंच-सज्जा, संगीत आदि पर भी चर्चा होने लगी।

रंगरसिया मालवीय जी रंगकर्म की बारीकियों के साथ साहित्य चर्चा भी करने लगे। नाटकों विशेषकर महाकवि कालिदास के कुमारसम्भव, अभिज्ञान शाकुन्तलम् और मालविकाग्निमित्रम् की नायिकाओं की सौन्दर्य चर्चा करते। कान्ता के रूप-लावण्य की समता कालिदास की मालविका से कर बैठते। अपने दैहिक सौन्दर्य की प्रशंसा हर आयु-वर्ग, रूप-रंग की नारी की कमज़ोरी होती हैं कान्ता अपवाद नहीं थी। दोनों में अच्छी घुटने लगी। मालवीय जी को सिनेमा के फ्री पास मिलते थे। उसे वे कान्ता को उपलब्ध कराने लगे। रामदयाल को समय नहीं मिलता था। उस भोले भंडारी ने कान्ता और बच्चों को पिक्चर दिखाने का जिम्मा भी मालवीय जी को सौंप दिया। सम्पर्क प्रगाढ़ मैत्री में, मैत्री प्रेम और दैहिक सम्बन्धों में अभिव्यक्त होने लगी। रामदयाल से जो साहित्यिक कलात्मकता नहीं मिली उसे मालवीय जी ने पूरा कर दिया।

छपाई के काम के सिलसिले में रमन अकसर प्रेस आता रहता था। मालवीय जी से गप्पें लड़ाने प्रेस में रुक जाता। कान्ता की ख़ूबसूरती और खुले व्यवहार ने उसे गहरे तक प्रभावित किया था। मालवीय जी के साथ कान्ता उसे भी चाय पिला देती। हंस बोल-बतिया भी लेती। रमन को शीघ्र ही कान्ता-शिव के अन्तरंग सम्बन्धों का पता चल गया। फ़ायदा उठाने को उतावला हो उठा। ईश्वर ने नारी

को पुरुष की आँखों की आसक्ति, स्नेह दृष्टि, स्नेह स्पर्श तथा कामदृष्टि स्पर्श को पढ़ लेने की अद्‌भुत क्षमता दी है। कान्ता उसका अपवाद न थी। वह खुले दिल और व्यवहार की अवश्य थी लेकिन मर्यादा की सीमा में रहना जानती थी। रमन पिल्लई की निग़ाहों की आसक्ति के नंगेपन को तत्काल भाँप गयी। उसके प्रति न केवल तटस्थ व्यवहार करने लगी वरन इशारे-इशारे में शिवजी को भी समझा दिया। मालवीय तो तत्काल उसे सबक सिखाना चाहता था। लेकिन बदनामी और लोक निंदा के डर से कान्ता ने रोक दिया। हाँ! सिनेमा का काम लेना बन्द कर दिया। शिवचरण चुप नहीं बैठे। उन्होंने साहित्यिक तरीके से बदला लिया।

रमन उखड़ गया। कान्ता-मालवीय के सम्बन्धों को लेकर बदनाम करने पर तुल गया परन्तु मालवीय ने जो वार किया उससे तिलमिला गया। शहर भर में उसकी खिल्ली उड़ाने लगे। नाटकों के मध्यान्तर के समय मेकअप में सजे धजे मालवीय छड़ी के सहारे लंगड़ाते-लंगड़ाते स्टेज पर अवतरित हो ज़ोर से खंखाकर गला साफ़ करते। कुछ पल मौन रह प्रेक्षकों की उत्सुकता को बढ़ाते। फिर धीरे से संवाद बोलते "मेरे शहर के नाटक प्रेमियों। बढ़ी संख्या में पधारकर आपने जो आशीष हमारे कलाकारों व मुझे दिया उसके लिए आपका तहेदिल से आभारी हूँ। एक पिल्ले पर कविता सुनाने की इजाज इस नाचीज़ को दीजिए।"

"सुनाइए...सुनाइए...," चिल्लाकर लोग इजाज़त देते।

सुर-ताल में बाजे-गाजे के साथ शिवशंकर स्वरचित कविता सुनाते,

"टक्के लगे दस भला जी टक्के लगे दस
पिल्लू गया कीचड़ में फँस भलाजी टक्के लगे दस
निकालने में लगा टक्का एक भलाजी टक्का लगा एक
टक्के बचे नौ भला जी टक्के बचे नौ
पिल्लू की नहलाई-धुलाई में लगा टक्का एक
भलाजी टक्के बचे आठ भलाजी टक्के बचे आठ
पिल्लू की टूट गयी खाट भलाजी पिल्लू की टूट गयी खाट
टक्का लगा सुधराई में एक भलाजी टक्के बचे सात
पिल्लू की मर गयी सास भलाजी पिल्लू की मर गयी सास
पिल्लू ख़ातिर हमने ख़रीदे जौ भलाजी हमने ख़रीदे जौ
टक्के बचे छै भलाजी टक्के बचे छै
पिल्लू गया नाले में बह भलाजी पिल्लू गया नाले में बह
टक्के बचे पाँच भलाजी टक्के बचे पाँच
पिल्लू रहा था नाच भलाजी पिल्लू रहा था नाच

टक्के बचे चार भलाजी टक्के बचे चार
पिल्लू के यार देखने आये उसका नाच भलाजी देखने आये नाच
टक्के बचे तीन भला जी टक्के बचे तीन
पिल्लू रहा था चावल बीन भलाजी पिल्लू रहा चावल बीन
टक्के बचे दो भलाजी टक्के बचे दो
पिल्लू तू क्यों रहा रो भलाजी क्यों रहा रो
टक्का बचा एक भलाजी टक्का बचा एक
जिसे रोते पिल्लू ने दिया फेंक भलाजी पिल्लू ने दिया फेंक
टक्के लगे दस भलाजी टक्के लगे दस''

शिवशंकर के टक्कों की सारे शहर में कई दिनों धूम रहती। कान्ता हँस-हँस कर दोहरी हो जाती और रमन पिल्लई अपमान का कड़वा घूँट पीने को लाचार था। शिवशंकर ने उसे पिल्लू कुत्ता जो बना दिया था। मॉनवीय से बदला लेने की टिंगू रमन में ताक़त नहीं थी। किसी भी दृष्टि से वह मालवीय के पासंग भी नहीं था। दुबला-पतला-ठिंगना रमन दोस्तों-परिचितों के बीच टिंगू पिल्लई के नाम से जाना जाता था। हिन्दी भी दक्षिण भारतीय उच्चारण के साथ हकलाकर बोलता। मन मार कर मालवीय द्वारा किये जा रहे अपमान के कड़वे धूँट पीने को मजबूर था।

पति और प्रेमी के बीच सन्तुलन बनाये रखने में नारी माहिर होती है पति, प्रेमी और बच्चों के साथ कान्ता की ज़िन्दगी मज़े में कट रही थी। अचानक एक ज़लज़ला आया। पैसा कमाने में रामदयाल इतना डूबा कि घर ही नहीं स्वास्थ्य के प्रति भी लापरवाही बरतने लगा। न तो समय पर खाता न सोता। नतीज़तन एक रात ब्रेन हेमरेज़ हो गया। उन दिनों सीटी स्केन, ईको, ई.सी.जी. नहीं थे। अपने अनुभव के आधार पर डॉक्टर इलाज करते थे। रामदयाल की बीमारी के कारण प्रेस के साथ परिवार और रोगी का भार भी शिवशंकर पर आ गया। बच्चे छोटे और कान्ता अनुभवहीन। तन-मन-धन से मालवीय चौबीस घड़ी बिना शिक़वा-शिक़ायत के सेवा में लग गये। प्रेस की आमदनी ईमानदारी से कान्ता को देने लगे, बच्चों की भी पूरी देखभाल की। रामदयाल की कमी खलने नहीं दी। रामदयाल को बचाया न जा सका।

कान्ता-शिवशंकर के सम्बन्धों की चर्चा पहले दबी ज़ुबान से होती थी। रामदयाल के न रहने पर खुलेआम होने लगी लेकिन मालवीय ने परवाह नहीं की। ओम-ज्योति की पढ़ाई का पूरा ध्यान रखा। किसी चीज़ की कमी नहीं रहने दी। अनेक बार अपनी तनख़्वाह में से मदद कर देते। ओम के सयानेपन के बढ़ने और ऊँची कक्षाओं में पहुँचने पर वह बहुत कुछ समझने लगा। माँ और मालवीय

अंकल के सम्बन्धों को लेकर लोगों के ताने-व्यंग्य व्यथित, आहत और क्रोधित करते। लाचार था, पालनहार अंकल को निकाल भी नहीं सकता था। खून के घूँट पी रहा था। मैट्रिक पास होते ही बम्बई भाग गया। खण्डवा से बम्बई की यात्रा एक रात की थी। शाम छह बजे की अमृतसर एक्सप्रेस दूसरे दिन सुबह छह बजे दादर पहुँचा देती। बनिये का बेटा होने से व्यावसायिक बुद्धि ओम के खून में थी। अग्रवाल बन्धुओं की मदद से छोटा-मोटा कार्य आरम्भ किया। शीघ्र ही स्टोर का मालिक बन फ्लैट ख़रीद लिया। अवसर और दुर्घटनाएँ पूर्व सूचना देकर नहीं आती। इस बार वज्रपात शिवशंकर पर हुआ। इकलौटा बेटा दिनेश इमली तोड़ने के चक्कर में पेड़ से गिर कोमा में चला गया। चार दिन बाद सिविल अस्पताल में मौत हो गयी। मालवीय को गहरा सदमा पहुँचा। खण्डवा से दिल उचट गया। कान्ता-ज्योति को भगवान भरोसे छोड़, पत्नी को ले इन्दौर चले आये। इंदौर के एक अख़बार में प्रेस में मैनेजरी मिल गयी। बड़े-से-बड़े सदमे और त्रासदी झेलने के बाद भी ईश्वर ने मनुष्य को जीते रहने का अभिशाप दिया है। मालवीय जी ज़िन्दगी को नये सिरे से जीने की क़ोशिश करने लगे।

कान्ता घबरा गयी। बेटे को बुलवाया। खण्डवा आकर ओम ने मकान-प्रेस बेच दिया और माँ-बहन को बम्बई ले गया। लोक स्मृतियाँ अल्पजीवी होती हैं धीरे-धीरे लोग कान्ता-मालवीय को भूल गये। मालवीय की ज़िन्दगी में पुनः मोड़ आया। पत्नी सुशीला की कैंसर से मृत्यु हो गयी। भावुक, संवेदनशील शिवशंकर को अकेलापन खाने लगा। कान्ता की याद बेचैन करने लगी। स्वास्थ्य ठीक नहीं रहने से प्रेस की नौकरी छोड़नी पड़ी। 'सत्यवादी हरिश्चन्द्र' नाटक में नायिका तारामती का रोल करने वाला उनका भतीजा कृष्ण गोपाल भी इंदौर में ही था। वह मदद कर दिया करता। मालवीय जी के कहने पर बड़ी मशक्क़त के बाद उसने कान्ता का पता ला दिया।

मालवीय ने अपनी दयनीय व्यथा से कान्ता को परिचित कराया। पत्र पढ़ कर कान्ता रोने लगी। ओम से कहा, "बेटा! मालवीय जी तेरे धरम पिता हैं। बड़ी मुसीबत में हैं। जा उन्हें ले आ। तेरे बापू जी के न रहने पर उन्होंने हम सब को सँभाला। तू ख़ुद जानता है। बेईमान होते तो प्रेस बेच हमें सड़क पर खड़ा कर देते। ऐसा कुछ नहीं किया। उनका कर्ज़ चुकाने का समय आ गया है जा उन्हें ले आ।" आज्ञाकारी ओम धरम पिता को बम्बई ले आया। अन्तिम साँस तक उनकी सेवा ही नहीं की, मृत्यु उपरान्त विधि-विधान से श्राद्ध भी किया। खण्डवा के प्रसिद्ध रंगकर्मी, कवि, रंगमंच के आलोक वृत के मध्य खड़े रहने वाले शिवशंकर इतिहास के मंच के पार्श्व में सदा के लिए चले गये। छोड़ गये एक कहानी।

मुहर्रम का शेर

बड़े उत्साह और गर्व के साथ विदेश जाने की तैयारी में जुट गया। बढ़िया नौकरी का बुलावा आया था। मेरी सफलता परिजनों, मित्रों की ईर्ष्या का कारण बन गयी थी। अपनी उपलब्धि पर मन ही मन प्रसन्न था। ख़ुशी इस बात को लेकर भी थी कि खण्डवा जैसे कस्बाई शहर से छुटकारा मिलने वाला था। आगे बढ़ने और तरक्की की सम्भावनाएँ यहाँ न के बराबर थीं। पहला मौक़ा मिलते ही लगाम छुड़ाकर भागने वाले घोड़े के समान भाग खड़ा हुआ। कुछ बनकर दिखाने, हासिल करने के जोश में पृथ्वी के स्वर्ग अमरीका पहुँचते ही काम में भिड़ गया। कुछ ही वर्षों में इतने डॉलर कमा लिये कि बंगला, कार और सुख-सुविधा की वे सभी चीज़ें जो मेरे पास खण्डवा में नहीं थी ख़रीद लीं। डॉलर के सिवाय कुछ सूझता ही नहीं था। पिताजी को भी डॉलर भेज मालीकुवा और जवाहरागंज को जोड़ने वाली कर्मवीर प्रेस गली के पुराने घर को तुड़वाकर नया भव्य दो मंज़िला मकान बनवाया। नये फर्नीचर, कारपेट, क्रॉकरी, फ्रिज आदि से उसे सजवा भी दिया।

छोटे भाई के लिए स्कूटर आ गयी। बैंक ऑफ अमेरिका में बड़ा बैलेंस जमा कर लिया।

सब कुछ पा लेने के बाद ज़िन्दगी का हिसाब करने बैठा। जोड़-घटाव के बाद पता चला कि भौतिक सुविधाएँ तो सब पा लीं, पर मन खाली है। जल बीच मीन पियासी थी। अचानक घर, जन्मभूमि खण्डवा की याद तीव्रता से सताने लगी। कोई भविष्य न होने से जिस शहर से गला छुड़ाकर भाग आया था वह तो मेरे खून बूँद-बूँद, आत्मा में समाया हुआ था। छोड़ आये रिश्तेदारों, मित्रों, धूल भरी सड़कों, गलियों की याद सताने लगी। इनमें मेरा बचपन, किशोरावस्था और यौवन का पहला चरण बिखरा था। चमन में हूँ फिर भी रहता है दिल वतन में, समझो कि दिल.वही हैं जहाँ है, वतन हमारा, यही क्यों? महाकवि वाल्मीकि सही लगे 'जननी जन्म भूमिश्च स्वर्गादपि गरियसि'-माँ और मातृभूमि स्वर्ग से

भी श्रेष्ठ गरिमामय होते हैं। खण्डवा जाने के लिए मन मचलने लगा। वतन से पंकज उधास वाली कोई चिट्ठी नहीं आयी थी। दिल के पन्नों पर प्यार की कलम ने जन्मभूमि के प्रेम की जो इबारत लिख रखी थी वह तो पुष्पों में बसी, छिपी-लिपटी सुरभि के समान थी। अमेरिका की जगमगाती दुनिया भी उसे मिटा नहीं पायी। भाई-बहनों, रिश्तेदारों-मित्रों, जाने-पहचाने-अनजाने चेहरों से प्यार पगे झगड़े, रुठने-मनाने की छवियाँ, सागर की लहरों सी उद्वेलित करने लगीं। अमेरिका में बहुत कुछ पाया तो अपनों से अपनी मातृभूमि से बिछड़कर ढेर सारा खोया भी। पहली उड़ान से बम्बई होता खण्डवा आ गया।

ती...ती...रा...ती...ती...ढंग...ढंग...ढंग...का...ढं...ग...खण्डवा में मुहर्रम, ताज़ियों, उसके सामने नाचने वाले शेरों, लालाजी की मीठी रसीली, गुलाब की सुगन्ध वाली रेवड़ियों और लोबान की सुरभि का मौसम था। शहर में बड़ी चहल-पहल और रौनक़ थी। खड़कपुरा, हातमपुरा, इमलीपुरा और इमामबाड़े में रंग बिरंगी पत्तियों, लड़ियों और रंगीन काँच के टुकड़ों से सजे दो-तीन मंज़िला ताज़िये। बुर्राक, घोड़ा और मोर वाले चिन्ताकर्षक ताजिये। आशीर्वाद पाने के लिए धर्म, जाति और सम्प्रदाय की चिन्ता किये बिना बचपन और किशोरावस्था में अनेक बार बुधवारा में खड़े ताज़ियों के नीचे से निकला था। लूटकर रेवड़ियाँ खाईं थी। ढोल, **ताशों,** तुरही की सुमधुर धुन पर ताज़ियों के सामने नाचते, कूदते, फुदकते शेर जर्मन और अज्जू का नाच घंटों देखा। इसके लिए इनके पीछे-पीछे भी घूमा हूँ। मुहर्रम के दिनों की कत्ल की रात। आधी रात के बाद...हाय हसन...हम न हुए। हाय हुसैन...हम न हुए...हाय...हसन...हुसैन...या अली...की शहादत की याद में छाती पीटते, मर्सिया गाते मातमिये घर के सामने से निकलते। डर के मारे छिपकर अधखुली खिड़की से ताक-झाँक करता। मातमियों का दर्द टीस बन दिल में उतर जाता। जर्मन भी उनमें शामिल रहता था।

जर्मन का असली नाम शिवनारायण था। दूसरे विश्व युद्ध में दिनों के अनेक मोर्चों पर अंग्रेज़ी सेना बुरी तरह से पिट रही थी। सारे देश के साथ खण्डवा में भी अंग्रेज़ों के खिलाफ स्वतन्त्रता आन्दोलन चल रहा था। निमाड़ ज़िला कांग्रेस कमेटी के श्री भगवन्तरावजी मंडलोई, रायचन्द भाई नागड़ा, माखनलालजी चतुर्वेदी आदि इसका संचालन कर रहे थे। अंग्रेज़ों के खिलाफ़ आक्रोश प्रकट करने के लिए शहर शिवनारायण को जर्मन सम्बोधित करने लगा। इसी नाम से वो प्रसिद्ध हो गया। शायद वो भी अपना असली नाम भूल गया।

काले, साँवले, नाटे, कसरती, गठीले बदन वाले जर्मन का सीना चौड़ा और कमर चीते सी पतली थी। छोटी-छोटी तिरछी सर्तक आँखें। जाँघों-बाँहों पर उभरी

मछलियाँ। शेर के समान चतुर और फुर्तीला था। एक हिन्दू का मुहर्रम के दिनों में ताज़ियों के सामने शेर बनकर नाचना मेरे लिए अबूझ पहेली था। पहेली पिताजी ने सुलझाई। जर्मन का बाप हीरालाल तहसील ऑफिस में चपरासी था। हातमपुरे के पास बाप-दादों के पैतृक, छोटे से कवेलू-छपरैल वाले मकान में रहता था। हीरालाल की घरवाली पार्वती बहुत दुखी थी। उसके बच्चे बचते नहीं थे। अगली बार जब गर्भवती हुई तो होने वाले बच्चे की सम्भावित मौत के भय से पीपल के पत्ते-सी काँपने लगी। पड़ोसन रजिया खानम ने राय दी की खानसावली पीर की दरगाह पर मानता मान ले कि लड़का हुआ और पीर साहब की दुआ से बच गया तो मुहर्रम पर शेर बनाऊँगी।

पीर बाबा के रहमों-करम से स्वस्थ शिवरायण हुआ। वह बच भी गया। पाँच-छह बरस का होते ही पार्वती और रजिया उसे छुन्नू उस्ताद के अखाड़े ले गयीं। वे पहलवान तो तैयार करते ही थे कुछ को शेर बना नाचना भी सिखाते थे। उस्ताद ने शिवा को शाग़िर्दी में ले लिया। उसी अखाड़े में शिवा कब जर्मन बन गया उसे भी नहीं मालूम।

जर्मन को उसी उम्र से पहलवानी और शेर बन नाचने का जुनून सवार हो गया। स्कूल से भागकर अखाड़े जा पहुँचता। पढ़ाई में मन नहीं लगता था। हाँ अखाड़े में घंटों दंड-बैठक लगाने, कुश्ती लड़ने, अखाड़ा गोदने और पाँच मन की नाल हँसते-खेलते उठा लेना उसके बाएँ हाथ का खेल था। अज्जू के साथ ढोल ताशे, तुरही की ताल पर शेर के समान नाचने में भी बड़ा मन लगता था। छुन्नू उस्ताद ने कुश्ती कला के दाँव-पेंच के साथ ही शेर समान नाचने की कला में माहिर कर दिया। उस्ताद का सबसे प्यारा शाग़िद बन जाने से वे उसके दूध बादाम का पूरा ध्यान रखते।

मुहर्रम के दिनों में सुबह से ही जर्मन और अज्जू के बदन पर पीला रंग पोत काली धारियाँ बनायी जातीं। नुकीली नकली मूँछें, सिर पर खड़े कान और कमर पर झब्बे वाली पूँछ। शेर बनने के बाद दोनों पीर बाबा की दरगाह पहुँच, श्रद्धा और भक्ति से प्रणाम कर पूरी आस्था के साथ...ती...ती...रा...ती...ती...ढंग... ढंग...का...ढंग, ढोल, ताशे, तुरही की धुन पर थिरकते नाचते। फिर शहर की ओर निकल पड़ते।

इमलीपुरे से बड़ाबम में प्रभाग भाई, गंगाचरण मिश्र, अवध भैया आदि के सामने अपनी कला का प्रदर्शन कर इनाम-शाबासी प्राप्त करते। वहाँ से दादा माखनलाल जी को सलाम करने जाते। वहाँ से कर्मवीर प्रेस की गली में मुड़ते, बुधवारा जाने के लिए। बाला पहलवान हमारे पड़ोसी थे। पहलवानों, उस्तादों के

वे ख़लीफ़ा थे। जर्मन और छुन्नू उस्ताद भी उन्हें खलीफा मानते थे। हमारे घर के सामने आते ही पूरे जोश से नाचता था जर्मन। दोनों हाथ फैला, सीना फूला, गर्दन और पुट्ठे मटकाते, ढोल-ताशे-तुरही की धुन पर नाचता। गर्दन, हस्तक, कमर मटकाना और पग-संचालन गज़ब का था। शेर की तरह दहाड़ता।...खूँ... खूँ...खूँ...कर गुर्राता। जर्मन-अज्जू पहले अगल-बगल नाचते। फिर आमने-सामने, पैंतरे बदल-बदलकर लड़ने का अभिनय करते। गुर्राकर ज़मीन पर बैठ हाथ फैला उछल-कूदकर शिकार पर पहला हमला करने का प्रदर्शन करते। शेर नाच कला में जो ऊँचाइयाँ जर्मन ने हासिल कीं वो अद्भुत थीं। अज्जू उसके सामने कहीं नहीं ठहरता था। इसीलिए इनाम औा प्रशंसा भी उसे अधिक मिलती थी। बाला दादा और पिताजी को प्रणाम कर इनाम ले बुधवारा के लिए निकल जाता। अधिकांश ताज़िये कर्बला जाने के पहले वही मुक़ाम करते थे।

कभी-कभी जर्मन इमलीपुरे से हातमपुरे, शिवाजी चौक, गाँधी भवन, बम्बई बाज़ार होते बुधवारा जाता। इस इलाके में व्यापारी रहते थे। अतः उसे अच्छा इनाम मिलता था। नगरपालिका की तरफ़ से सभापति सुब्बाराव साहब से भी भरपूर पुरस्कार प्राप्त होता। मुहर्रम के दिनों में उसे अच्छी आमदनी हो जाती।

इस बार ताज़ियों के सामने नाचने वाले शेरों में जर्मन दिखायी नहीं दिया। बेपहचाने, अनजाने शेर नाच रहे थे। उनके शेर नाच में जर्मन जैसी कलात्मकता, फ़ुर्ती और सौन्दर्य नहीं था। उनके बदन न तो गठीले थे, न उनमें लोच था। ताल-लय का ज्ञान बिल्कुल नहीं था। जर्मन कहाँ चला गया? शेर बनना छोड़ दिया क्या? पड़ताल करने पर महावीर गुप्ता ने बताया कि ताज़िये के सामने नाचते वक़्त दो साँड़ लड़ पड़े। भीड़ की भगदड़ और साँड़ के बीच फँस जाने से मारा गया।

जर्मन के कसरती बदन को देखते हुए मुझे उसकी मौत अजीब लगी। उसकी मौत पर से पर्दा हटाया विम्मी ने।

"मुझे मालूम है जर्मन कैसे मरा? महावीर ने तुम्हें आधा सच बताया था। क्योंकि उस वक़्त वो वहाँ नही था। सुनी-सुनाई बातें तुम्हें बतायी हैं।" गहरी निग़ाह से मुझे निहार रही थी विम्मी।

"वो दृश्य, उसकी वो दृष्टि आज भी बेचैन कर देती है। खासकर मुहर्रम के दिनों में ठीक से सो नहीं पाती," विम्मी के कमनीय कोमल मुख पर बेचैनी उभर आयी थी।

ढोल, ताशे, तुरही की स्वर लहरी से खिंची विम्मी खिड़की पर आ खड़ी हुई।

हातमपुरे से शिवाजी चौक होते हुए बम्बई बाज़ार जाने वाले ताजिये के सामने जर्मन, अज्जू, नाचते, कूदते, उछलते चल रहे थे। विम्मी पर नज़र पड़ते ही जर्मन रुक गया और बड़ी अदा के साथ नाचने लगा। पीछे चलने वाली भीड़ ने गोल घेरा बना लिया। रास्ता चलने वाले भी भीड़ में शामिल हो गये। विम्मी की दाद देने वाली मुस्कान और प्रशंसात्मक निग़ाहें जर्मन में नया जोश भर गयीं। गुर्राते, दहाड़ते, हाथ फैला, पैंतरे बदल-बदल कर नाचता रहा।

अचानक शिवाजी चौक की तरफ से लड़ते एक-दूसरे को खदेड़ते दो साँड़ हातमपुरा की तरफ आ निकले। भीड़ में भगदड़ मच गयी। एक साँड़ भाग खड़ा हुआ और भीड़ से भड़का दूसरा साँड़ ताजिये की ओर लपका। साँड़ बनी मौत दौड़ी चली आ रही थी। ताज़िये उठाने वाले ताज़ियेदार भाग खड़े हुए। अज्जू भी उनके पीछे भाग लिया।

खूँ...खूँ...खँ...नथुनों से आग उगलता साँड़ दौड़ा चला आ रहा था।

भाग...जर्मन...भाग...नहीं तो बेमौत मारा जायेगा। भागने के लिए बायीं ओर घूमा।

'देख शिवा। ताज़ियों के कारण ही तुझे ज़िन्दगी मिली है। शेर बन उनके सामने नाचना ही काफ़ी नहीं है? ज़रूरत पड़ने पर उनकी रखवाली और रक्षा भी करना है।' माँ पार्वती की हिदायत याद आने लगी।

जर्मन पलटा, सतर्क, शेर के समान पैंतरा ले साँड़ और ताज़िये के बीच दोनों हाथ फैलाकर खड़ा हो गया। सिर नीचा किये साँड़ दौड़ा चला आ रहा था। उछल कर जर्मन ने सींग पकड़ लिये। देह की सारी ताक़त हाथों में उतर आयी। बाँहों की मछलियाँ स्पष्ट दिखाई देने लगीं। पूरी ताक़त से साँड़ को कुछ दूर तक परे ढकेलने में सफल हुआ। अचानक के अवरोध से साँड़ बौखला गया। सींग छुड़ाने के लिए ज़ोर लगा झटके के साथ सिर ऊपर उठाया। सींग समेत जर्मन ऊपर उठ सीगों पर लटक गया। पगलाया साँड़ पूरी ताक़त से गर्दन झटकने लगा।

भयभीत विम्मी तिरबराई दृष्टि से निहार रही थी। भागना चाहती थी परन्तु मृत्यु से जूझते जर्मन के संघर्ष ने उसे बाँध लिया।

जर्मन की पकड़ ढीली होने लगी। साँड़ के दो-चार ज़ोरदार झटकों ने उसे सड़क पर फेंक दिया। फुर्ती से उठता उसके पहले ही अपने सींगों से न केवल उसे झिंझोड़ा वरन रौंद भी डाला। पर्याप्त ऊँचाई से गिरने के कारण रीढ़ की हड्डी में ज़बर्दस्त चोटें आयी थी। साँड़ की रगड़ से बुरी तरह से लहुलुहान और जख़्मी हो गया था।

हा...हू...खेक...खेक...खेक लौटती भीड़ चीखने-चिल्लाने और साँड़ को डरा कर भगाने लगी। साथ ही पत्थरों से मारने लगी। साँड भाग खड़ा हुआ।

जर्मन ने ताज़िये को निहारा। उसे सुरक्षित पा मुख पर सन्तोष उभरा। सहसा मौत का भय आँखों में उतरा, तिरबराई दृष्टि से विम्मी को निहारा। साँस उखड़ गयी। जर्मन ने गर्दन लटका दी।

''जर्मन की वो नज़र आज भी पीछा करती है। विशेष कर मुहर्रम के दिनों में।'' विम्मी का गला भर आया।

मैं स्तब्ध मूर्तिवत बैठा रह गया।

जूठन

बैंकॉक, थाईलैण्ड के शिल्पकार्न विश्वविद्यालय में अतिथि प्राध्यापक के रूप में एक सत्र पढ़ाने के बाद स्वदेश लौटा। मुम्बई पहुँचने पर इंदौर के बजाय खण्डवा का रिज़र्वेशन मिला। खण्डवा जन्मभूमि है। सोचा, चलो खण्डवा चलते हैं। परिजनों, मित्रों से मिलना हो जायेगा। खण्डवा ने बड़े स्नेह से स्वागत किया। शालिनी भी मिलने आयी। मुस्कुराते-हँसते स्वागत किया। उससे मिल कर बड़ी प्रसन्नता हुई।

"कैसी हो शालू? काकू के क्या हाल हैं?" मैंने जानना चाहा।

उसकी बड़ी-बड़ी आँखों में असमंजस उभरा तत्काल कोई उत्तर नहीं दिया। उल्टे पूछा "भैय्या! आपकी थाईलैण्ड यात्रा कैसी रही? मेरे लिए क्या लाये?"

मेरे प्रश्न को टालने के लिए ही प्रति प्रश्न कर बैठी है। ज़रूर कोई न कोई बात है, जिसे सब के सामने बताना नहीं चाहती।

"हाँ...हाँ! तुम्हारे लिए लाया हूँ, भगवान बुद्ध की मूर्ति। वे उस देश के आराध्य है। बौद्ध धर्म राज धर्म है। मूर्ति तुम्हें अवश्य दूँगा।"

"घर आयें तो लेते आइयेगा।" प्रसन्नता से उसका गोरा-गुलाबी मुख चमकने लगा "मेरे हाथ के बटाटा पोहे आपको पसन्द हैं ना? बना कर रखूँगी।"

"अपनी माँ के बारे में क्या बतायेगी? साथ जो नहीं रहती?" शारदा भाभी के आक्रोशित व्यंग्य ने जहाँ मुझे चौंकाया, वहीं शालू का खिला चेहरा मुरझा गया। शारदा भाभी का व्यंग्य शालिनी के लिए असहनीय हो उठा। वातावरण में तनाव छा गया। उसे हल्का करने के लिए मैंने बात बदली, "अच्छा शारदा भाभी! तुम्हारा टीनू क्या कर रहा है इन दिनों?"

"एम.बी.ए. के आख़िरी साल में है। निश्चय ही अच्छे नम्बरों से पास होगा। कोई भी मल्टीनेशनल कम्पनी कैम्पस से ही अच्छे पे पैकेज पर उसका सिलेक्शन कर लेगी। अब खण्डवा थोड़े ही रहेगा? बैंगलोर, पूना, मुम्बई, हैदराबाद या अमेरिका चला जायेगा।" उत्साह से शारदा भाभी छलकी पड़ रही थी।

"अच्छा भैय्या, मैं चलती हूँ।" सिर नीचा कर शालू चल दी। अपमान का दंश चेहरे पर साफ़ दिखाई दे रहा था।

शालिनी वामनराव पुरन्दरे मास्टर साहब की दूसरी बेटी थी। पुरन्दरे जी पहले हमारे किराएदार थे। मालीकुवा की मुख्य सड़क पर हमारा तीन मंज़िला मकान था। तल मंज़िल पुरन्दरे जी को दे रखी थी। वे मेन हिन्दी प्राइमरी स्कूल में शिक्षक थे। मैं भी उस स्कूल और उनका छात्र था। घर पर भी मुझे रोज पढ़ा दिया करते थे। वत्सला शालिनी से बड़ी थी। वे हमारी ताई थीं। कोई बेटा नहीं होने से दोनों बहनें मुझे भाई मान कर प्यार करती थी। पढ़ाई के बाद मैं शालिनी के साथ खेलने में व्यस्त हो जाता। शालू की माँ को मैं काकू कहता था। मास्टर साहब और काकू भी मुझे पुत्रवत् प्यार करते थे। दोनों बेटियाँ रक्षाबन्धन पर राखी बाँधती। भाई दूज पर टीका करती। स्कूल से आने के बाद मेरा ज़्यादातर समय उन्हीं के यहाँ गुजरता था। उनकी सोहबत में मराठी बोलना सीख गया। उनके यहाँ जो भी महाराष्ट्रीयन तीज-त्योहार मनाये जाते उनमें मैं भी शामिल रहता। गुलाबाई माण्ड कर उसकी पूजा करना दोनों बहनों का प्रमुख त्योहार था। गुलाबाई माँ पार्वती-गौरी ही थीं। वत्सला-शालिनी और उनकी सखियों के साथ मैं भी गुलाबाई के गीत गाता। उन्हें जो प्रसाद चढ़ाया जाता, उसका बड़ा हिस्सा काकू मुझे और वत्सला ताई को देतीं। शालू टुकुर-टुकुर ताका करती। मास्टर साहब ने गुलाबाई और शिव की मूर्तियाँ इंदौर से मँगवाई थीं। बड़ी सुन्दर थीं वे।

सारे परिवार का ध्यान मुझ पर हमेशा रहता था। यदि मुझे मुहल्ले के किसी बदमाश लड़के के साथ मास्टर साहब देख लेते, तो तुरन्त डाँट कर घर बुला लेते, "चलो! इधर आओ। वहाँ क्या कर रहे हो?" भाग कर मैं ताई या काकू के पीछे छिप जाता। उन्होंने मुझे भी मराठी अनुशासन में बाँध रखा था। पहली संतान होने से वत्सला ताई काकू और मास्टर साहब की लाड़ली थी। उनके खाने-पहनने और पढ़ाई का पूरा ध्यान रखा गया। अच्छे स्कूल में शिक्षा प्राप्त कर उन्होंने मैट्रिक पास की। अठारह साल की होते-होते इंदौर के सदाशिव राव घाटे के साथ वे विवाह-सूत्र में बँध गयीं। काकू ने दिल खोल कर शादी की। उनके पैदा होने के समय से काकू उसका दहेज जमा करने में लग गयी थीं। अतः विवाह के समय पुरन्दरे मास्टर साहब को अधिक परेशानी नहीं हुई।

सदाशिव राव महाराजा यशवन्त राव अस्तपाल में कम्पाउण्डर थे। रामबाग में रहते थे। सरकारी नौकरी के बाद के समय में इंजेक्शन लगाने, ग्लूकोज़ सलाइन चढ़ाने, मरहम-पट्टी तथा गोली-दवाई की प्रैक्टिस भी कर लेते थे। ऊपरी आमदनी भी अच्छी थी। वत्सला ताई दो बच्चों—एक बेटे और एक बेटी

की माँ बन गयी। दोनों बच्चे नाना-नानी के लाड़ले बन गये। ज़िन्दगी की गाड़ी आराम से चल रही थी।

मैट्रिक पास करने के बाद आगे की पढ़ाई के लिए पिताजी ने मुझे नागपुर भेज दिया। खण्डवा में कॉलेज शिक्षण की व्यवस्था नहीं थी। एस.एन. कॉलेज तो काफ़ी बाद में खुला था। अब मात्र छुट्टियों में ही खण्डवा आना-जाना होता था। पुरन्दरे जी ने हमारा मकान खाली कर दिया। वे हरीगंज में मेन हिन्दी स्कूल के पास रहने चले गये। पढ़ाई और कैरियर बनाने में ऐसा व्यस्त हुआ कि पुरन्दरे परिवार को भूल गया। प्रथम श्रेणी में एम.ए. करने के बाद हमीदिया कॉलेज, भोपाल में प्रोफ़ेसर बन गया। पिताजी के स्वर्गवास के बाद माँ को भोपाल ले आया। माँ के दबाव में गृहस्थी भी बसा ली। खण्डवा का मकान किराये पर उठा दिया। उड़ते-उड़ते पुरन्दरे मास्टर साहब के निधन का समाचार मिला। विशेष ध्यान नहीं दिया। रोटरी इंटरनेशनल, इल्योनाम अमेरिका ने शिल्पकार्न विश्वविद्यालय, बैंकॉक, थाईलैण्ड में पढ़ाने हेतु मेरा चयन किया। इसी बीच मेरा तबादला के.पी. कॉलेज, देवास हो गया था। इंदौर में प्लॉट ले मकान बनवा लिया। परिवार को वहाँ व्यवस्थित कर बैंकॉक चला गया। इंदौर जाने के लिए खण्डवा आया।

शालू काकू से अलग क्यों हुई? काकू कहाँ हैं? उनकी देखभाल कौन कर रहा है? क्या काकू अपनी बड़ी लाड़ली बेटी वत्सला ताई के पास इंदौर में हैं? इन सवालों के उत्तर तो शालू ही दे सकती थी। शालू क्या कर रही है? उसका ख़र्च कैसे चलता है? जानने को मन उतावला था।

शारदा भाभी के व्यंग्य ने वातावरण को इतना बोझिल कर दिया था कि चाह कर भी शालू से उसके घर का पता नहीं पूछ पाया। मैं आश्वस्त था कि पता मिल जायेगा। कस्बाई खण्डवा अभी इतना बड़ा शहर नहीं बना था कि परिचित परिजन-मित्र खो जायें। अधिकांश लोग एक-दूसरे से परिचित थे। फिर पुरन्दरे मास्टर साहब को सभी जानते थे। शहर भर में उनके शिष्य फैले हुए थे। अतः शालू का पता पाने में विशेष कठिनाई नहीं हुई। रामगंज मुहल्ले के सीतला माता मन्दिर और जैन धर्मशाला की गली में पण्डित राधाकृष्ण महाराज के मकान में रहती थी। बुधवारा बाज़ार के सत्यनारायण मन्दिर के पास की परोपकारिणी कन्याशाला में शिक्षिका थी। समय निकाल कर उससे मिलने जा पहुँचा।

"ओह भैय्या! आप आ गये!" प्रसन्नता से शालिनी चहकने लगी, "मुझे लगा था खण्डवा भर में फैले रिश्तेदारों और दोस्तों से मिलने-जुलने में इतने व्यस्त होंगे कि मेरा और पोहों का आपको ध्यान ही नहीं रहेगा।" उलाहना मीठा और स्नेह रस से परिपूर्ण था।

"शालू! एक बार तुम्हें भूल सकता हूँ। लेकिन तुम्हारे हाथ के पोहों को हरगिज़ नहीं?" मैंने छेड़ा, "पर...।" एक पल रुका, "पर तुम्हें भूलना भी सम्भव नहीं। बचपन से साथ खेली ही नहीं, झगड़ी भी बहुत हो। झगड़ालू छोटी शालू को कभी नहीं भूला। तुम्हारी गुलाबाई को भी नहीं?" वात्सल्य से भरी मेरी सफ़ाई से उसका मुख आलोकित हो उठा।

"थाईलैण्ड की यात्रा कैसी रही, भैय्या?"

"बढ़िया! मगर एक बात स्वीकारूँगा शालू। वहाँ जाने पर ही भान हुआ कि हमारा देश, हमारी मातृभूमि को हम कितना प्यार करते हैं।" कुछ पल चुप रहा। पूछूँ या ना पूछूँ? एक असमंजस ने घेर लिया।

चतुर शालू मेरी दुविधा को ताड़ गयी। धर्मसंकट से उसने उबारा, "भैय्या! आप जानना चाहते हैं ना कि काकू से मैं क्यों अलग हुई? बतलाती हूँ।" कुछ पल चुप बैठी रही।

मेरी उत्सुक दृष्टि उसके मुख पर टिक गयी। शालू मन ही मन एक अन्तर्द्वन्द्व से गुजरने लगी। इतने वर्षों से बूँद-बूँद उसके मन से जो एकत्र हो रहा था उसका छुटकारा पाने का समय शायद आ गया था, शीघ्र संभली।

"मुझे मालूम है आप जानना चाहते हैं मैं काकू से क्यों अलग हुई? वृद्धावस्था में उन्हें अकेला क्यों छोड़ दिया? कौन उनकी देखभाल कर रहा है? मैं सबका उत्तर दूँगी, भैय्या! इसे सफाई मत समझियेगा। हाँ! नारी मन की सूक्ष्म संवेदना को, विश्वास है आप अवश्य समझेंगे।" शालू धीमे स्वर में अपनी बात रख रही थी।

मैं चुपचाप सुनता रहा। बात समाप्त करने के बाद पुनः कुछ पल मौन बैठी रही। शायद सोच रही थी कि बात कहाँ से आरम्भ करे? किसी निश्चय पर पहुँचते ही संयत स्वर में बात आरम्भ की, "हमारे घर के अन्दर की बहुत-सी बातें आपको मालूम नहीं भैय्या। बाहर वालों के सामने हर परिवार शराफ़त का मुखौटा पहने रहता है। काकू ने कभी-भी मुझे अपना स्नेह-वात्सल्य नहीं दिया। इसका अनुभव मुझे बहुत बाद में हुआ। वत्सला ताई के बाद काकू को बेटे की बड़ी चाहत थी। जब मैं गर्भ में थी तो बेटा मान बड़ी ख़ुश रहतीं, परन्तु जैसे ही पता चला कि लड़की हुई है, उनके दिल में सब कुछ दरक गया। उन्हें घोर निराशा हुई। वैसे भी हमारे देश में हर जाति, धर्म और परिवार में बेटा मनचाही संतान है। बेटी तो अनचाही होती है। सारी ज़िन्दगी औरत को अपमान, तिरस्कार और उपेक्षा भोगनी पड़ती है। लाड़ली ताई के बाद आई मैं अनचाही ही रही, क्योंकि मैं जबरन संसार में आयी थी। अनचाही संतान! काकू ने कभी-भी

पूरे मन से अपने वात्सल्य-स्नेह के साथ मुझे प्यार नहीं किया। कभी मुझे मेरे पसन्द की चीज़-वस्तु लाकर नहीं दी। ताई के पुराने कपड़े, जूते, चप्पल मुझे पहनने को मिलते थे। उसकी किताब-कॉपियाँ मुझे पढ़ने को दे दी जाती थी। पहले तो मैं समझती नहीं थी, परन्तु ज़्यों-ज़्यों बड़ी होती चली गयी, मेरे प्रति एवं ताई के प्रति काकू के व्यवहार में जो विसंगति थी, वह स्पष्ट नज़र आने लगी। इसने मुझे कुण्ठाग्रस्त कर दिया। एक हीन भावना से मैं ग्रसित हो गयी। ताई के प्रति ईर्ष्या की भावना मेरे मन में घर कर गयी और काकू के विरुद्ध विद्रोह की भावना पनपने लगी, परन्तु डाँट और मार के डर से खुल कर सामने नहीं आ सकी। अण्णा अपनी नौकरी और ट्यूशंस में इतने व्यस्त रहते थे कि घर की ओर अधिक ध्यान नहीं दे पाते थे। ताई अपने में मगन रहती थी। घर में कोई ऐसा नहीं था जो मेरे भावनात्मक उद्वेलन को समझ उसे शान्त कर सके, उसे सही दिशा में मोड़ सके।

ताई के जूठा छोड़ देने पर उस दिन काकू ने उसे मुझे परोस दिया, ''ले खा ले।''

''नहीं! मैं नहीं खाऊँगी? ये ताई का जूठा है।'' मैंने विरोध जताया।

''क्यों नहीं खायेगी? तेरी बहन का छोड़ा हुआ ही तो है। क्या इसे फेंक दूँ?'' काकू ने डाँटा, ''चुपचाप खा! नखरे मत दिखा।''

''समझ गयी, नहीं खाऊँगी तो मार भी पड़ सकती है। कड़वे कौर को मुख में ठूँसा। जूठन ने गले से नीचे उतरने से इन्कार कर दिया। उबकाई आने लगी। पानी पी-पी कर जैसे-तैसे उसे नीचे ढकेला।''

किशोरी शालू को कभी नया कपड़ा फ्रॉक, परकोर, ब्लाऊज़, सलवार-कुर्ती, साड़ी पहनने को नहीं मिली, चप्पल तक के लिए तरस गयी। ताई की उतरन, जूठन पर ही जी रही थी। उसकी वाणी और नयनों में एक दर्द ठहर गया-सा लग रहा था। काकू द्वारा दिये कलेजे के घाव को वक़्त ने सुखा दिया था, परन्तु पीड़ा ज़्यों की त्यों थी।

''अण्णा शायद मानते थे कि लड़कियों को सम्भालना, उन्हें संस्कारित करना, घर-गृहस्थी का प्रशिक्षण देना माँ की ज़िम्मेदारी है और काकू अपने कर्तव्य का निर्वाह कर ही रही होंगी? मेरे दहेज के वास्ते अण्णा पैसे कमाने हेतु जो परिश्रम कर रहे थे, उसके लिए काकू मुझे उत्तरदायी मानती थी।''

''ये लड़का होती तो उन्हें इतनी मेहनत तो नहीं करनी पड़ती? इसकी पढ़ाई के अलावा इसकी शादी के लिए हुण्डा (दहेज) भी इकट्ठा करना पड़ेगा। वत्सला की शादी में जो लगा, उससे अब दुगुना लगेगा। मँहगाई जो दिन पर दिन बढ़ती

जा रही है। तुझे क्या बोलूँ भगवान? इसे लड़का बना कर भेज देते तो तुम्हारा क्या बिगड़ता? हमारा बुढ़ापा आराम से कट जाता।"

"काकू मेरे साथ-साथ भगवान को भी कोसतीं। काकू का व्यवहार और शब्द बाण मेरी आत्मा को तड़पा देते, लहुलुहान कर देते, एक हीन भावना जाने-अनजाने घर कर गयी। लड़की होने के अपराध बोध से ग्रस्त रहने लगी।"

"अधिक परिश्रम और भागदौड़ के कारण अण्णा का शरीर दगा दे गया। एक रात वे सोते के सोते रह गये। सदाशिव राव, ताई आये। अण्णा के साथी, शिक्षकों, शिष्यों और मित्रों ने मिलकर उनका अन्तिम संस्कार किया। काकू परेशान हो गयीं। घर का ख़र्च कैसे चलेगा? शालिनी का क्या होगा? अण्णा की ईमानदारी, कर्त्तव्य परायणता, सादगी और सरलता के सभी प्रशंसक थे। मेन हिन्दी स्कूल के हेड मास्टर रामजी चौबे और ज़िला शिक्षा अधिकारी ने पेंशन जल्दी दिला दी। फण्ड, ग्रेच्युटी भी मिल गयी। उन्हें सदाशिव राव ने काकू के नाम से बैंक में जमा करा दिया। ज़िला शिक्षा अधिकारी की मेहरबानी से मुझे परोपकारिणी कन्या शाला में अनुकम्पा नियुक्ति मिल गयी। घर का काम ठीक से चलने लगा।"

"मुझे नौकरी करते देख काकू का बड़बड़ाना कम हो गया। कमाऊ बेटी जो बन गयी थी। मुसीबत कभी अकेले नहीं आती भैय्या? सदाशिव राव की जान-पहचान के कारण वत्सला ताई इंदौर के मराठी मिडिल स्कूल में शिक्षिका बन गयी थी। पढ़ाने साइकिल से जाती थी। एक दिन साइकिल को लारी ने टक्कर मार दी। ताई गाड़ी की ओर गिरी। लॉरी का चक्का सिर पर से फिर गया। पलक झपकते ताई की जीवन-लीला समाप्त हो गयी। हम पर तो पहाड़ टूट पड़ा। भागकर इंदौर गये। सदाशिव राव की तो गृहस्थी उजड़ गयी। बच्चों के सिर से माँ की ममता का आँचल छीन लिया गया। काकू तो विक्षिप्त-सी हो गयी। उसकी लाड़ली बेटी को काल के क्रूर हाथों ने छीन जो लिया था। रोते-कलपते ताई का क्रिया-कर्म किया। श्राद्ध आदि निपट जाने पर बच्चों की समस्या मुँह बाए खड़ी थी।"

"सदाशिव राव जी आगे क्या करना है? इन बच्चों को सँभालने की क्या योजना है?" रिश्ते की एक बहन ने हम सब के सामने राव साहब से पूछा।"

वे क्या उत्तर देते? चुपचाप बैठे रहे। वातावरण दुःख, चिन्ता, शोक से बोझिल था। उदास बच्चे मेरी बगल में बैठे थे। प्यार-ममता से मैं उनकी पीठ पर हाथ फिरा रही थी, वे मुझसे और चिपट गये।

"काकू! आप थोड़े दिन यहाँ रह कर सब व्यवस्थित कर दीजिये। मुझे

तो खण्डवा वापस जाना पड़ेगा। ज़्यादा छुट्टियाँ नहीं हैं, आज शाम ही निकल जाऊँगी।" इतना कहकर तैयारी करने शालिनी अन्दर चली गयी।

बाहर विचार-विमर्श चलता रहा। जिसकी जानकारी मुझे नहीं मिली, न दी गयी, मैंने जानने का प्रयत्न भी नहीं किया। मैं खण्डवा चली आयी। समय सब से बड़ा डॉक्टर है भैय्या! प्रिय से प्रियतम की चिर विदाई का पीड़ादायी घाव भरता चला जाता है, स्मृति की पीड़ाजनक टीस ज़रूर रह जाती है। हमारी तो दुनिया उजड़ जाती है मगर दुनिया पर कोई असर नहीं पड़ता। अपनी रफ़्तार से वह चलती रहती है।"

महीना भर इंदौर रहकर काकू खण्डवा लौटी। कुछ दिन सभी कुछ सामान्य रीति से चलता रहा।

हमने परिस्थितियों से समझौता कर लिया था। काकू एकदम बदली हुई थीं, मेरा बड़ा ध्यान रखने लगी थीं, समय पर नाश्ता, मेरी पसन्द का खाना बनने लगा था। चलो काकू ने मुझे स्वीकार कर लिया, मैंने छुटकारे की साँस ली।"

काकू के वात्सल्य का रहस्य अधिक दिन गोपनीय न रह सका। उस रविवार उन्होंने मेरी पसन्द की दाल-ढोकली बनायी, चार-पाँच चम्मच घी डाला, पापड़ अचार सभी परोसे, प्रसन्नता से खाने बैठी। "शालू! वत्सला के बच्चों की देखभाल के लिए क्या करना है"। एक चम्मच घी और डालते हुए काकू ने पूछा।

"सदाशिव जीजा जी ने क्या सोचा है?" शालू ने प्रति प्रश्न किया।

"सोचा क्या है? उनके रिश्तेदार तो दूसरी शादी के लिए दबाव डाल रहे हैं, बच्चे अभी छोटे हैं, देखभाल के लिए माँ का होना ज़रूरी है, पर राव साहब हिचकिचा रहे हैं, सौतेली माँ ने वत्सला के बच्चों को ममता के आँचल तले नहीं लिया तो?"

"जीजू का सोचना सही है यदि वो भी माँ बनी तो अक्का के बालू-सरला के प्रति मन में भेदभाव तो आ ही जायेगा?", शालू ने चिन्ता जतायी।

"यही तो सबसे बड़ा सवाल है? यदि परिवार की ही कोई लड़की बालू-सरला की माँ बने तो फिर चिन्ता नहीं रहेगी।" काकू ने सावधानी से चाल चली। भोली शालू इशारा समझी नहीं। बातचीत की रौ में बोल गयी—"ऐसी लड़की मिलेगी कहाँ?"

"है एक लड़की! राव साहब की बहन को वो पसन्द भी है, राव साहब भी उसके लिए मना नहीं करेंगे, उल्टे बच्चों को उसे सौंप निश्चिन्त हो जायेंगे।" काकू बात को जलेबी की तरह गोल-गोल घुमा रही थीं।

"तो करो ना उससे बात? राय जान लो।"

"वही तो कर रही हूँ। तेरी क्या मंशा है? शादी तो तेरी करनी ही है, फिर राव साहब क्यों नहीं? लड़का, परिवार देखा-भाला है, हुण्डा (दहेज) भी नहीं देना पड़ेगा, बच्चे भी तुझे प्यार करते हैं, मौसी ही माँ बनेगी। कहावत भी है—मरे माँ जिए मौसी! तू भी तो बच्चों को बहुत प्यार करती है।"

शालू के मुख में जो कौर था, उसमें ज़हर घुल गया। गले से नीचे उतरने से उसने इन्कार कर दिया। ज़ोर का ठसका लगा, खाँसने लगी।

आँखों में आँसू आ गये, पानी के ज़ोर पर उसे जबरन पेट में ढकेला। पसन्द की दाल-ढोकली में काकू ने विष घोल दिया। काकू वत्सला ताई की जूठन पुनः उसे परोस रही थीं। मरने के बाद भी ताई उसका पीछा नहीं छोड़ रही। बाल-बच्चों वाला दुजवर ही उसके भाग्य में है क्या? उसने तो सपने में भी जीजू की पति के रूप में कल्पना नहीं की, उन्हें बड़ा भाई मान सदैव आदर-सत्कार करती रही और अब पति? देह की रोमावली काँटें बन खड़ी हो गयी।

"उनकी बहन ने ही यह प्रस्ताव रखा है। मुझे उसमें कोई बुराई नहीं लगती। तू हाँ कह दे तो बात आगे बढ़े?" काकू बतियाने में ऐसी डूबीं कि शालू के चेहरे के बदलते रंगों को देखने का समय उसके पास नहीं था। मान कर चल रही थीं कि शालू की ओर से मना करने का सवाल ही नहीं उठना चाहिए।

थाली को परे सरका शालू उठ खड़ी हुई। हाथ-मुँह धो बाहर जाने लगी। 'ये क्या? तूने तो कुछ खाया ही नहीं? भूखे नहीं रहते? पूरा खाना खा कर जा?"

"भूख नहीं है?"

"अजीब लड़की है? तेरा तो शुरू से ही मुझे कुछ समझ नहीं आता है।"

शालू से और कुछ पूछने की ज़रूरत नहीं रह गयी थी। भावनात्मक उद्वेग से उसका मुख लाल हो आया था। कुछ पल अबोला तैरता रहा, शीघ्र ही अपने भावनात्मक अन्तर्द्वन्द्व को उसने समेट लिया। संयत स्वर में पूछा—"मैंने कोई गलती तो नहीं की ना भैय्या?"

"बिल्कुल नहीं! तुमने जिस साहस का परिचय दिया, वह प्रणम्य है। हर व्यक्ति को अपनी शर्तों पर ज़िन्दगी जीने का अधिकार है मुझे ख़ुशी है, तुमने उसका सही उपयोग किया।" मेरे समर्थन ने उसकी हिम्मत बढ़ाई।

"काकू कहाँ है?"

"जीजू उन्हें इंदौर ले गये।"

"बढ़िया! चल स्वादिष्ट बटाटा पोहे तो बना।" प्रसन्न मन शालू ने उस दिन जो पोहे खिलाये, उनका स्वाद ही अलग था।

मैं भी एक माँ हूँ

"अदालत में गवाही देने जाते डर नहीं लगा जीजी?" पारू जीजी के दुस्साहस पर मैं हैरान था।

"डर काय को नाना? भाई जी खण्डवा के नामचीन वक़ील देवधर साहब के मुंशी थे। कानून की थोड़ी बहुत जानकारी हंमख भी छे?" जीजी ने निःसंकोच उत्तर दिया।

उनसे छोटा था मैं। निमाड़ में छोटे भाई को नाना और पिताजी को भाईजी भी कहते हैं। इसीलिए अपने पिताजी विनायक राव को वे भाईजी कहती थीं। जीजी सही थीं। होल्कर रियासत की राजधानी इंदौर और उन दिनों के सी.पी. एण्ड बरार की राजधानी नागपुर की हाईकोर्ट में भी पैरवी करने देवधर साहब मुंशी विनायक राव को साथ ले जाते थे। दो एक मुकदमों में तो उन्होंने वक़ील पण्डित रविशंकर शुक्ल और द्वारका प्रसाद मिश्र से बहस कर मुकदमों में जीत हासिल की थी। उनके फोटो खण्डवा-खरगोन बार में आज भी सादर विद्यमान है। वक़ीलों के वे आदर्श हैं।

"शर्मा वक़ील की जिरह से भी डर नहीं लगा?"

जिरह में शर्मा साहब का जवाब नहीं था। कोर्ट में ऐसे-ऐसे कानूनी नुक्ते लाते और घुमा-फिरा कर पूछते कि मुवक्किल मनचाही जानकारी उगलने को मजबूर हो जाता।

"सच बात बोलना म काय को डर? फिर शर्मा तो कई बार भाईजी का पास सलाह लेण आवतो थो।" पारू जीजी का उत्तर लापरवाह था।

अपने भाई जी के कारण खण्डवा के वक़ीलों के बारे में जीजी को पूरी जानकारी थी। विनायक काका कानून के उस्ताद थे। अदालती कार्यवाही में माहिर। किस जज की अदालत में कब, कौन-सा ब्रीफ़ पेश करना चाहिए? वक़ीलों से अधिक जानते थे। आधे से ज़्यादा वक़ील थे। सिर्फ़ डिग्री और सनद नहीं

थी। नये वक़ील सलाह मशविरा और मार्गदर्शन लेने उनके पास आते रहते थे। वकालत के शुरूआती दिनों में शर्मा भी उनकी शार्गिदी में था।

"हमन बेडर हुई न शर्मा ख जवाब दिया था।"

जीजी बचपन से ही निडर थीं।

"हाँ, तो पार्वती बाई।...ये...ये...लड़का देबू।" शर्मा ने सामने बेंच पर बैठे आठ-दस साल के भयभीत सहमे लड़के की ओर इशारा करते पूछा, "आपका कौन लगता है?"

बालक भयचकित दृष्टि से कभी जीजी को, कभी वक़ील साहब को और जज साहब को बारी-बारी से निहार लेता। ये सब क्या और क्यों हो रहा है? उसकी समझ में कुछ नहीं आ रहा था। इतना ज़रूर जान रहा था कि सारे मुकदमे बाजी की जड़ वही हैं परन्तु कर कुछ सकता नहीं था। सो चुपचाप बैठा टुकुर-टुकुर ताक रहा था। जो कुछ करना है। माँ जैसी बड़ी बहन को ही करना है। और वे कर भी रही हैं।

"लड़का मत बोलिए वक़ील साहब? वो मेरा भाई है।" तमतमाई पारू जीजी ने तत्काल टोका।

"ओह। आपका भाई है? सगा भाई है? मेरा मतलब...? आपकी माँ ही इसकी भी माँ है?"

"नहीं।" पारू जीजी का मुख लाल हो गया।

"तो फिर...? सौतेला हुआ? यानि की विनायक राव जी की दूसरी पत्नी का पुत्र?"

"ना...?" गीता पर हाथ रख जीजी ने सच बोलने की कसम खाई थी। सो सच बोली।

"प्वाइंट टू बी नोटेड योर ऑनर।"

शंकालु निग़ाह से पारू जीजी ने पहले शर्मा वक़ील को फिर जज को निहारा। समझ गयीं कि इस नुक्ते पर शर्मा ने जज साहब का ध्यान विशेष तौर पर आकर्षित किया है।

"इस बच्चे की माँ आप की माँ नहीं थी?"

पार्वती के मुख पर असमंजस उभरा। तय नहीं कर पायी कि क्या उत्तर दे?

कोर्ट रूम में बड़ी भीड़ थी। राजाराम जीजाजी, जीजी के बच्चे, अन्य रिश्तेदार, मित्र और अनेक तमाशबीन कुछ वक़ील भी आ बैठे थे उत्सुकतावश। अपने तरीके का यह अलग मुकदमा जो था। जीजी उनकी निग़ाहों की चुभन का अनुभव कर रही थी। उत्तर सुनने को सभी उत्सुक थे।

कुछ पल रुकने के बाद शर्माजी ने नया तीर फेंका, "आपकी ख़ामोशी कह रही है कि इसकी माँ आपकी न तो सगी माँ थी न सौतेली? फिर ये आपका भाई कैसे हुआ?"

जिरह दिलचस्प मोड़ पर आ पहुँची थी।

जीजी सँभल गयी, "वो ऐसे हुआ वक़ील साहब कि अलग-अलग माँ होते हुए भी हम दोनों के भाईजी, मेरा मतलब है पिता तो एक ही हैं। तो इसी नाते ये मेरा भाई है। स्कूल में भी मैंने भाईजी का नाम इसके पिता के रूप में ही लिखाया है।"

जीजी के जवाब ने शर्माजी को कुछ पल के लिए निरूत्तर कर दिया। शीघ्र सतर्क हो गये।

"आपका भाई है। परन्तु इसकी माँ का आपके पिता के साथ विधिवत विवाह नहीं हुआ था। उसने विनायक राव जी के साथ सात फेरे नहीं लिए थे। इसीलिए इसकी माँ आपके भाईजी की रखैल थी।"

"रखैल...र...खैल...वखैल मत बोलो-वक़ील साब?" क्रोध से जीजी का मुख तमतमा आया। न्यायालय की गरिमा का ध्यान नहीं रहा?

"किसी नारी का अपमान करने का अधिकार आपको नहीं है वक़ील साब?" कोर्ट स्तब्ध रह गयी। शान्ति पसर गयी।

"जिस नारी ने अपने परिवार, जाति, समाज द्वारा किये गये अपमान, निन्दा का ज़हर पी कर भी मेरे भाईजी की एक ब्याहता से अधिक निःस्वार्थ भाव से देखभाल, और सेवा की उसे रखैल कहने का अधिकार किसी को भी नहीं है? सात फेरे किसी नारी की देह को तो पुरुष से बाँध सकते हैं? मन और आत्मा को नहीं? असली फेरे तो आत्मा लेती है। यदि उसी से नहीं बँधे तो सात फेरों का क्या मतलब? इसे मुझ से अधिक आप अच्छी तरह से जानते हैं वक़ील साब?"

कोर्ट में सन्नाटा छा गया।

पारू जीजी के प्रहार ने शर्माजी को तिलमिला दिया। जीजी ने मर्म पर चोट की थी। शर्माजी की चचेरी बहन शादी के कुछ साल बाद ही अपने पति को छोड़ अपने प्रेमी के साथ उसके गाँव रहने चली गयी थी। अभी भी वहीं थी। प्रेमी की मौत के बाद उसकी जायदाद में चचेरी बहन को हिस्सा दिलाने हेतु शर्माजी ने ज़मीन-आसमान एक कर दिया था। उपस्थितों में से जो इस बारे में जानते थे जीजी के दुस्साहस पर दंग रह गये।

पारू जीजी बचपन से ही जाँबाज़ थी। गलत बात, व्यवहार, अन्याय और झूठ सहन करना उनके बस की बात नहीं थी। लाग-लपेट, चिकनी-चुपड़ी उन्हें

आती नहीं थी। सच्ची बात को बेहिचक सब के सामने बोल देती थीं। इसी कारण से उनकी छवि अपनो-परायों के बीच लड़ने-झगड़ने वाली जीजी की थी। सभी उनसे डरते और सँभल कर बात करते थे। गलत बात के लिए अपने भाईजी से भी लड़ बैठतीं। परन्तु मन से अत्यन्त भोली, स्वच्छ और निर्मल थीं। विनायक काका अपनी लाड़ली से डरते थे।

विनायक काका के जीवन में भी कई उतार-च्ढ़ाव आये थे। खण्डवा के पास के अरूद गाँव के रहने वाले थे। उनके पिता रामचन्द्रराव पटवारी थे और पटवारी माने सारे हल्के का राजा। अंग्रेज़ सरकार की आँख, कान ही नहीं दिमाग़ भी। रामचन्द्र राव को मालूम था कि अरूद ही नहीं आस-पास के कितने गाँवों में पीवत माने कुवों की सिंचाई वाली कितनी ज़मीन किसके पास है? उन्होंने अच्छी खेती-बाड़ी कर ली। विनायक को पढ़ने खण्डवा भेज दिया। चालीस के दशक में खण्डवा के आस-पास के गाँवों के ब्राह्मण परिवार जिनमें पुजारी और पटवारियों की संख्या अधिक थी, अपने बच्चों को डॉक्टर, इंजीनियर और साहब-सूबा नहीं तो कम से कम कचहरी में बाबू बनाने के महत्त्वाकांक्षी इरादे से खण्डवा पढ़ने भेजते थे। विनायक भी उन्हीं में से एक था।

मैट्रिक में पहुँचे ही थे कि वज्रपात हुआ। गाँव में हैजा फैल जाने से पहले पिता रामचन्द्रराव और बाद में माँ भी चल बसीं। रिश्तेदारों ने षड्यन्त्रपूर्वक जायदाद हथिया ली। अनुभवहीन विनायक कुछ नहीं कर पाया। बाध्य होकर पढ़ाई छोड़नी पड़ी। मैट्रिक की परीक्षा नहीं दे सका। ज़िन्दगी के संघर्ष ने बहुत कुछ खास कर आदमी को पहचानना सिखा दिया। खण्डवा के कुछ शुभचिन्तक जाति बन्धुओं की मदद से देवधर वक़ील साहब के मुंशी बन गये। होशियार तो थे ही। जल्द ही वकालत और कचहरी के दाँव-पेंच में माहिर हो गये। देवधर वक़ील साहब से उनकी बढ़िया जुगलबन्दी जम गयी। देवधर साहब उनका पूरा ध्यान रखते। अच्छी आमदनी होने लगी। शीघ्र ही हरीगंज में दो मंज़िला मकान ख़रीद लिया। किराये की खोली से अपने घर में आ गये। खेती-बाड़ी ख़रीद विवाह कर लिया।

पार्वती घर में सुख समृद्धि लेकर आयी। कुछ साल बाद पारू का भाई आया। काका प्रसन्नता से भर गये। परन्तु वह अल्प जीवी सिद्ध हुआ। पहले पारू जीजी की माँ का अल्प बीमारी के बाद देहान्त हुआ। छोटे भाई की देखभाल का भार अनुभवहीन जीजी पर आ पड़ा। उसके पोतड़े धोतीं, मालिश करतीं कन्धे पर सुला रात भर जागतीं। बोतल से दूध पिलातीं। कन्धे पर सुला लोरी गा स्वयं जाग कर उसे सुलाती। ऊपर का दूध बच्चे को हजम न होने से डायरिया हो गया। डी-हाइड्रेशन में चल बसा। जीजी को गहरा आघात लगा। मगर ईश्वरी इच्छा

के सामने असहाय थीं। विनायक काका का सारा लाड़-प्यार इकलौती पारू पर केन्द्रित हो गया। परिस्थितियों ने उम्र से पहले जीजी को परिपक्व बना दिया।

देखने-सुनने में जीजी साधारण थी। गोल मुखाकृति। काली साँवली भरी देह। मोटी होने से ठिगनी लगती। चौड़ा कपाल और बड़ी-बड़ी आँखें। आठवीं कक्षा की पढ़ाई पूरी करने के पहले ही विनायक काका ने जीजी की शादी राजाराम जी से कर दी। जीजी की तुलना में जीजाजी सुदर्शन व्यक्तित्व के स्वामी थे। कच्चे दूध-सा गोरा गुलाबी रंग। इकहरा बदन और सुतवां नाक। मैट्रिक पास माने बेदाग़ हीरा। जीजी की ज़िन्दगी के आँगन में सपनों का राजकुमार आ खड़ा हुआ। आकाश के चाँद ने उनके जीवनांगन में उतर शुभ चाँदनी फैला दी।

जीजी भाग्यवान तो थी ही। पिता के यहाँ सारे सुख-सुविधाएँ भोगी। पति का घर भी किसी बात में कम न था। राजारामजी की खण्डवा के पास के बडगाँव में पैतृक खेती थी। मैट्रिक पास होने से तत्काल कचहरी में बाबू बन गये। जीजी मायके-ससुराल दोनों जगह की राजरानी थी। जीजाजी जब तक खण्डवा रहे जीजी पिता और पति दोनों के घर सफलतापूर्वक सँभालती रही। इसी बीच दो बच्चों की माँ बन गयीं। ज़िन्दगी सुखपूर्वक आराम से चल रही थी। परेशानी तो तब पैदा हुई जब पदोन्नती पर बड़े बाबू बनकर जीजाजी को नागपुर जाना पड़ा। जब तक सरकारी क्वार्टर नहीं मिला जीजी बच्चों के साथ मायके रहीं। क्वार्टर मिलते ही बाध्य हो नागपुर जाना पड़ा।

कुछ साल बाद जीजी की ज़िन्दगी में अचानक पहला तूफान आया। जीजी जब तक खण्डवा में रही विनायक काका की घर-गृहस्थी व्यवस्थित चलती रही। उनके नागपुर चले जाने के बाद घर ही नहीं उनकी ज़िन्दगी की गाड़ी भी अव्यवस्थित हो गयी। सूना घर काटने लगा। होटल का खाना तबियत बिगाड़ देता। शीघ्र अनुभव हो गया कि बिन नारी घर भूत का डेरा।

घर सँभालने के लिए अपने गाँव भागमढ़ से विधवा सावित्री बाई को ले आये। सावित्री उनके बटाईदार नाथू गूजर की बहन थी। घर-गृहस्थी घर व्यवस्थित रूप से चलने लगे। धीरे-धीरे घर-गृहस्थी के साथ खुद को भी कब सावित्री के हवाले कर दिया पता ही नहीं चला। पता चलने पर देर हो चुकी थी।

खण्डवा जैसे कस्बाई शहर में ऐसी बात का छुपना सम्भव नहीं था। जाति, समाज और मुहल्ला ही नहीं पूरा शहर नमक-मिर्च लगा चटखारे ले चर्चा करने लगा। विनायक काका जिधर से निकलते व्यंग्य निग़ाहें और मुस्काने स्वागत करतीं। कुछ शुभचिन्तकों ने नागपुर पारू जीजी को खबर भिजवा दी। लज्जा, अपमान और क्रोध से जीजी का मुख काला पड़ गया। जीजाजी से नज़रें मिलाने

का साहस नहीं हुआ। अपने भाईजी से यह उम्मीद नहीं थी। शेरनी-सी दहाड़ी, ''भाईजी ख कई सरम लाज रही गईज की नहीं? नाना बंणी गयाज/पचास का होण आया। न गूजरनी ख घर मं बठाड़ी ली? हऊ खण्डवा जायी रहीज।''

शिक़वा शिक़ायत किये बिना जीजाजी ने प्रबन्ध कर दिया।

घमघमाती जीजी खण्डवा पहुँची। बेटी को अचानक आया हुआ देख विनायक काका न केवल घबरा गये अपराध-बोध से भर उठे। भाग खड़े हुए। सावित्री बाई भी सिरपिटा गयी। जीजी के स्वभाव की जानकारी उसे थी। डर के मारे थर-थर काँपने लगी। अपराध-बोध उसे भी सालने लगा। जीजी के पाँव पकड़ लिये।

''गलती हुई गयी म्हारा-सी जीजी बाई? बहुत बड़ी गलती। कबूल। सौ बार कबूल। पण एका लेण काई हँऊ अकेली ज़िम्मेदार छे? तुम मख घर सी निकाल बाहर करोगा तो कहाँ जाऊँगा? नत्थू भाई का घर न गाँव का दरवाज़ा सदा का लेण म्हारा वास्त बन्द हुई गयाज। यहाँ का दरवाज़ा भी तुम न बन्द करी दिया तो माली कुवा म डूबी मरन का अलावा दूसरो रस्तो नी?'' सावित्री जार-जार रोने लगी।

मालीकुवा गृह कलह से पीड़ितों, विशेषकर महिलाओं द्वारा आत्महत्या के लिए प्रसिद्ध है। साल दो साल में एकाध बलि अवश्य लेता है। खण्डवा के दूर-दराज मुहल्लों से भी लोग मरने वहाँ आते हैं। इसीलिए हत्यारा कुवा कहलाता है।

भय से जीजी सिहर उठीं। सावित्री की दयनीय त्रासद हालत ने हिला दिया। नारी पुरुष द्वारा सम्मिलित रूप से किये गये हर कृत्य में, पुरुष शासित समाज, मर्द को बेकसूर मान साफ़ बरी कर देता है। सारा अपराध नारी पर थोप कठोर से कठोर सज़ा देता है। पाषाण प्रतिमा-सी जीजी बड़ी देर चुपचाप बैठी रही। दुःखावेग से आँखें भर आयीं। प्यार ममता से सावित्री की पीठ सहलाने लगी। स्नेह से भरपूर स्पर्श ने सावित्री को क्षमा का अहसास करा दिया। रूदन का वेग दुगना हो गया। जीजी ने खींच गोद में ले लिया। रोने का वेग कम होने पर पानी पिलाया। जितने दिन मायके रही कुछ न बोलीं। जीजी की कठोर मुख मुद्रा देख रिश्तेदारों, अड़ोसी-पड़ोसियों की हिम्मत इस विषय पर जीजी से चर्चा करने की नहीं हुई।

दूसरा आघात तब लगा जब पता चला कि गर्भवती सावित्री को अकेला छोड़ भाईजी ओंकारेश्वर भाग गये हैं। वे तिलमिला गयीं। पति से अनुमति ले खण्डवा आयीं। देबू के जन्म तक सावित्री की बगल में चट्टान-सी खड़ी रही। देबू के आने पर लगा उनका मृत भाई राखी बँधवाने आ गया है। वात्सल्य-ममता से भर गयी। बच्चे को सँभालने के साथ सावित्री के स्वास्थ्य का भी पूरा ध्यान रखने लगीं।

ईश्वर को कुछ और ही मंजूर था। सावित्री प्रसूति ज्वर से पीड़ित रहने लगी। जीजी पहले तो घबराईं, पर शीघ्र सँभली। प्रसिद्ध लेडी डाक्टर मोइणकर को दिखाया। इलाज असर नहीं कर रहा था। प्रसूति माने जीवन-मरण का प्रश्न। संकट की इस घड़ी में नारी को पुरुष के साथ और संबल की सर्वाधिक आवश्यकता पड़ती है। उस समय विनायक काका भाग खड़े हुए।

वह दुःख सावित्री को अन्दर ही अन्दर खाये जा रहा था। सावित्री टूट गयी। समझ गयी कि वह बचने वाली नहीं है। अपने बेटे को जीजी की गोद में डाल गिड़गिड़ाई—"अपणा भाई जी का बाराम म्हारा सी ज़्यादा तुम जाणोज जीजी बाई? आज सी बिन माय को इ बालक तुम्हारों। बड़ी बइण कहो...कि माय कहो? अब तुमज सब कुछ छे। म्हारा सब कसूर माफ़ कर जो।"

"असी बात मत बोलो?" जीजी ने बड़े स्नेह से रोते हुए सावित्री का हाथ पकड़ लिया, "बच्चा की तरफ सी बेफिकर रहो? अपनी संतान सी जादा राखूँगा। इम्हारों भाई नी बेटो आय। चिन्ता मत... ।" गला भर आने से अधिक बोल नहीं पायी। भाव विगलित थीं।

सावित्री निश्चिंत हो गयी। पीला मुख परम सन्तोष की आभा से दीप्त हो उठा। शान्ति से प्राण त्यागे। सावित्री का क्रिया-कर्म पूरी धार्मिक विधि-विधान से निपटा देबू को जीजी नागपुर ले गयी। जीजाजी ने कोई आपत्ति नही ली। देबू को वे प्राणों से अधिक प्यार करतीं। जब पता चला कि मरने के पूर्व भाईजी ने अपनी सारी चल-अचल जायदाद उनके और उनके बच्चों के नाम कर दी है तो भड़क गयीं। अन्याय के ख़िलाफ़ लड़ने की ठान ली। भाईजी की वसीयत को चुनौती देने अदालत आ पहुँचीं।

"पार्वती बहन।" शर्मा वक़ील ने पैंतरा बदला।

"बोलो।" जीजी का रुख़ कड़ा था।

"आप इस बच्चे...मेरा मतलब है अपने भाई को अपने पिता की चल-अचल जायदाद में हिस्सा दिलाना चाहती हैं?

"हाँ"।

"ऐसा है कि सारी जायदाद के चार हिस्से कर लेते हैं। एक आपका दो आपके दोनों बच्चों का। बचा चौथा हिस्सा आपके इस भाई का? अब तो खुश?" शर्मा ने वक़ीलों वाला दाँव चला।

एक पल के लिए जीजी को प्रस्ताव में कुछ आपत्तिजनक नहीं लगा। वे हाँ कहने वाली थी कि विरासत में अपने भाईजी से प्राप्त कानूनी दाँव-पेंच की भावना जाग उठी। भाईजी कहा करते थे, "कानूनी काम में जल्दबाज़ी नहीं करनी चाहिए।

नुक़सान उठाना पड़ सकता है ठंडे दिमाग़ से सोच-विचार कर, हानि-लाभ का हिसाब बिठा जवाब देना चाहिए। खास कर अदालत में। क्योंकि आप वहाँ जो बोलते हैं जज साहब तत्काल नोट कर लेते हैं। पारू जीजी चुपचाप खड़ी रहीं।

"आपने उत्तर नहीं दिया पार्वती बाई?"

जीजी शान्तचित्त सोच रही थीं।

"मंजूर है ना ये प्रस्ताव?"

"नहीं।" जीजी कठोर हो गयीं। उत्तर रूखा था।

"क्यों?"

"देखिए वक़ील साब। मेरे पतिदेव ने अपनी कमाई में बढ़िया दो मंज़िला मकान बना लिया है। गाँव में खेती बाड़ी, घर-खलियान सब है। मेरे बच्चों के लिए पर्याप्त है ये। हमें भाईजी की जायदाद की कोई ज़रूरत नहीं? उनकी सारी सम्पति का असली वारिस मेरा भाई देबू ही रहेगा। इसके अलावा कुछ मंज़ूर नहीं?"

अदालत न केवल स्तब्ध रह गयी। उसे झुकना भी पड़ा।

"अब तू बता नाना। मन एम काईं गलती करी? अरे हँऊ भी एक माय छे। थोड़ी-सी जायदाद का लालच म कोई को हक मारी न सावित्री माय ख दियो वचन कसो तोड़ती? तोड़ती तो पहल मखज म्हारी आत्मा माफ़ नहीं करती। भगवान मख, म्हारा बच्चा न उनकी संतान ख काई सज़ा दे तो मालूम नी? सोची न डरी जाऊँज? बिन माय-बाप का देबू पर अन्याय कसो होण देती? म्हारा नी रहणा का बाद म्हारा बच्चा न का साथ असो कोई करती तो?" कुछ पल रुकी, "भगवान न म्हारी लाज राखी। मख सद्‌बुद्धि दी।" आँखें बन्द कर अज्ञात निर्गुण ईश्वर को प्रणाम किया।

और मैं साक्षात उपस्थित सगुण देवी की महानता पर नतमस्तक था। पर एक सवाल मुझे परेशान किये था। उसे जीजी से पूछने की हिम्मत नहीं हो रही थी। मेरे असमंजस को जीजी ताड़ गयी। असमंजस से उबारा।

"नाना। थारा जीजाजी से अलग देबू का साथ क्यों रही रहीज? ऐ को उत्तर तुख चायजे नी?" जीजी ने स्पष्ट पूछा।

"हाँ जीजी? ऐसी क्या बात हो गयी? आप अपना परिवार छोड़ देबू के साथ खण्डवा भाईजी के मकान में रहने आ गयीं?"

"देख नाना। देबू की सारी जायदाद इधर छे। खण्डवा म मकान न खेती-बाड़ी भामगढ म छे। थारा जीजाजी अभी रिटायर नी हुया। नौकरी म नागुपूर छे। देबू जब तक जायदाद सँभालण लायक नी होतो मखज सब कुछ करणू पडगना। न दूसरी बात...?" जीजी ख़ामोश हो गयीं। मुख गम्भीर हो आया।

उनकी गम्भीरता ने उत्सुकता बढ़ा दी। कुछ पल अबोला तैरता रहा। अबोला उन्होंने ने ही तोड़ा।

"नाना। मुकदमा का दौरान मख इ प्रश्न परेशान करतो रहयो कि शर्मा वक़ील म्हारा बच्चा न तरफ सी क्यों मुकदमों लड़ी रहयोज?" इस प्रश्न का उत्तर तो शर्मा वक़ील ही दे सकता था। खुले तौर पर जीजी के बच्चों की ओर से वह पैरवी कर रहा था। मगर पर्दे के पीछे कौन था? सन्देह का कीड़ा जीजी के मन को कुरेद रहा था। निडर जीजी शर्मा के घर जा धमकीं। बैठक में जाने की ज़रूरत नहीं पड़ी। दरवाज़े पर जीजाजी के सेंडल दिख गये। जीजी का मुख विवर्ण हो आया। देह-मन में सब कुछ दरक गया। उल्टे पाँव चुपचाप लौट आयीं।

"देख नाना! हमारी शादी ख काफ़ी बरस हुई गया। इतना साल साथ रहण का बाद भी थारा जीजाजी म्हारा मन ख नी समझी पाया? एकों रंज ता ज़िन्दगी रहेगा।"

अति संवेदनशील जीजी से और कुछ पूछना बाकी नहीं रह गया।

झूठ की बैसाखियाँ

झूठ के पाँव नहीं होते। इसीलिए अधिक दूर तक और अधिक देर तक चल नहीं पाता। मगर आज तो झूठ के हज़ारों पाँव हैं। तो न केवल वह चल रहा है; वरन देर तक और दूर तक दौड़ भी रहा है उसे पाँव देने की कृपा धर्मराज युधिष्ठर ने कुरुक्षेत्र में की थी। गुरु द्रोणाचार्य ने जब कौरव सेना की कमान सँभाली और अपने रण-कौशल से पाण्डवों को त्रस्त कर दिया। तब कृष्ण ने झूठ का सहारा लिया। युद्ध में भीमसेन ने अश्वत्थामा नामक हाथी को मार डाला। द्रोणाचार्य को बताया गया कि उनका एकमात्र पुत्र अश्वत्थामा मारा गया। इसकी पुष्टि गुरु द्रोणाचार्य ने सदा सत्य बोलने वाले धर्मराज युधिष्ठर से चाही। तब युधिष्ठिर ने 'अश्वत्थामा हतो' अश्वत्थामा मारा गया तो ज़ोर से बोला, परन्तु 'नरो वा कुंजर वा' नर या हाथी धीरे से फुसफुसाये। उसी दिन से झूठ को पाँव मिल गये। द्वापर युग से ही सच में झूठ की मिलावट होने लगी। आज भी अदालतों में अधिकांश गवाहियाँ गीता की सौगन्ध खाने के बाद भी झूठ की बैसाखियों पर टिकी हैं।

ऐसा ही कुछ उनके साथ भी घटा। झूठ का मुग़ालता न केवल दूसरों को देते हैं, खुद भी पाले हैं। झूठ के चक्रव्यूह से निकलने को मन छटपटाता है, किन्तु निकल नहीं पाते। अपने बुने जाल में खुद ही फँस कर रह गये हैं। डर सताता रहता है, यदि सच्चाई का सूरज उगा तो झूठ लड़खड़ा कर गिर पड़ेगा। सार्वजनिक लज्जा का सामना अलग से करना पड़ेगा। इसके लिए खुद ही जिम्मेदार नहीं हैं क्या? लेकिन संतान की इज्ज़त की ख़ातिर माँ-बाप को न चाहते हुए भी वो करना पड़ता है जिससे वे घृणा करते हैं।

हालाँकि अब सारा वातावरण और परिस्थितियाँ बदल गयी हैं। बेटों का माँ-बाप से अलग रहना अनहोनी नहीं मानी जाती। कुछ चतुर बेटे आँख की शरम रखने के लिए ट्रांसफ़र कराकर दूसरे शहर चले जाते हैं। इसमें उनकी इज्ज़त तो बची रहती है, माँ-बाप की इज्ज़त भी दबी-ढँकी रहती है। मुट्ठी बँधी रहने से लाख की बनी रहती है। पारिवारिक-सामाजिक इज्ज़त को

बरकरार रखने के लिए तीज-त्योहार और छुट्टियों पर घर आते-जाते रहते हैं। कभी-कभार दया कर माँ-बाप को पैसे भी भेज देते हैं। परन्तु उनका बेटा इसे कोई महत्त्व नहीं देता।

जो स्थानांतरण नहीं करा पाते अलग होने के लिए घर से ऑफिस की दूरी, भाग-दौड़ की थकन से बचने के बहाने ऑफिस के पास के सरकारी क्वार्टर में रहने चले जाते हैं। माँ-बाप को पुराने घर की देखभाल, साज-सँभाल हेतु छोड़ जाते हैं। क्योंकि उनका उस पर अधिक मोह रहता है। शहर की भीड़-भाड़, मकान के ओटले के नीचे बहती, दुर्गंध फैलाने वाली नाली और मुख्य घर से दूर आँगन पार के बाथरूम-टॉयलेट से उकताये नये ज़माने के बेटे-बहू गली के मकान को बेंचकर शहर के बाहर किसी अच्छी कालोनी की साफ-सुथरी हवा में नये सिरे से अटैच्ड टॉयलेट-बाथ वाला दो-तीन बैडरूम का छोटा-सा बगला बना रहना पसन्द करते हैं। उनका बड़ा बेटा भी यही चाहता था।

अनेक बार उन्होंने सोचा बेटों को पालने में उनसे कहाँ चूक हो गयी? कौन-सी गलती कर गये? जिससे ऐसा हुआ? शिक्षक होने से बड़े सोच-समझकर अपनी और अपने परिवार की ज़िन्दगी को पूरे योजनाबद्ध तरीके से ढाला था। इस बात का उन्हें सन्तोष रहा कि अपने अम्मा-बाबू जी के प्रति ईमानदारी से अपने कर्तव्य का पालन किया। अपने बेटे जीवनलाल की कर्तव्यपरायणता से सन्तुष्ट अम्मा-बाबूजी निश्चिंत होकर इस दुनिया से विदा हुए।

जीवनलाल अपनी संतान के प्रति भी सजग थे। शिव-पार्वती की कृपा से वे जो चाहते थे वही हुआ। जया ने बेटे को जन्म दिया तो प्रसन्नता से उनकी आँखें भर आयीं थी। प्रभु का धन्यवाद किया। बड़े प्यार से बेटे का नाम रखा वीरेन। बड़े परिवार के कारण जो आर्थिक परेशानियाँ भोगनी पड़ती हैं इससे वे परिचित थे। समझदार और होशियार दूसरों की ग़लतियों से सबक सीखते हैं। चचेरा भाई अंबालाल बेटे के चक्कर में तीन बेटियों का बाप बना, तब जाकर बेटा हुआ। पत्नी, माँ-बाप, खुद और चार बच्चे? जिन आर्थिक कठिनाइयों से वह गुजर रहा था, इसने जीवनलाल को सावधान कर दिया। सो आरम्भ से ही सजग थे।

जब तक उनका वीरेन पाँच साल का नहीं हो गया जीवनलाल सावधान रहे। बहन न होने से राखी, भाई दूज पर उसके सूनेपन का अहसास सालता था। चचेरी बहन प्रभा सूनेपन को पूरा करने की कोशिश करती थी। परन्तु अपना अपना ही होता है। पारिवारिक परेशानियों के चलते कभी-कभी प्रभा नहीं भी आ पाती थी। इसलिए प्रभू से बेटी की प्रार्थना की। वरदायक भगवान शंकर ने बेटी के रूप में उन्हें इच्छित वरदान दे दिया। मोहिनी के आ जाने से जीवनलाल

का परिवार भरा-पूरा हो गया। वे अब पूरी तरह से सन्तुष्ट थे। तनख़्वाह और ट्यूशन मिलाकर घर का ख़र्च मज़े से चल जाता था। कुछ बचा भी लेते थे। जब जीवन बीमा निगम ने लड़कियों के विवाह आदि के लिए राजलक्ष्मी पॉलिसी जारी की तो उन्होंने मोहिनी के लिए पॉलिसी ले ली। उसकी शादी के ख़र्च की चिन्ता से मुक्त हो गये।

ज़िन्दगी की गाड़ी मज़े में चल रही थी। परिवार नियोजन के प्रति सावधान जीवनलाल जाने कब कैसे गलती कर बैठे? जया तीसरी बार गर्भवती हो गयी। परेशान हो गये। रात की नींद उड़ गयी। अपनी मूर्खता पर झुँझलाये। तब बड़ी हिम्मत कर जया से कहा, "एबॉर्शन करा ले तो कैसा रहे?"

"एबार्शन में कभी-कभी प्रसव से ज़्यादा तकलीफ़ होती है कहीं ब्लीडिंग अधिक हो गया तो जान पर बन सकती है? मैं एबार्शन नहीं कराऊँगी? तुम्हें यहीं चिन्ता है ना कि कहीं एक और बेटी हो गयी तो क्या होगा? और कहीं बेटा हो गया तो? माँ पार्वती सब ठीक करेंगी। न हो दो एक ट्यूशन और पकड़ लेना?" जया ने आपत्ति और सुझाव पेश किये।

दोनों जानते थे दो-चार क्या पाँच-सात ट्यूशन आराम से मिल जायेंगी। आजकल के माँ-बाप पैसा कमाने में इतने व्यस्त हैं कि उन्हें अपने बच्चों को देखने की फुर्सत ही नहीं है। वे तो उन पर पैसा ख़र्च कर अपने कर्तव्य की इतिश्री कर लेते हैं।

डॉक्टर रेणू मसानी ने भी एबॉर्शन के विरुद्ध राय दी, "देखिए मास्टर साहब, मैं तो अनुमति नहीं दूँगी। आपकी पत्नी दुबली-पतली हैं। वैसे ही ऐनेमिक है। खून की कमी है। रिस्क मत लीजिए। फिर कहाँ आपका परिवार बहुत बड़ा है तीन बच्चे तो चल जायेंगे?"

लगा नियति ने पूरा पक्का षडयन्त्र उनके ख़िलाफ़ रच दिया है। थक-हार कर जीवनलाल ने अपने को भाग्य के भरोसे छोड़ दिया। लेकिन रात-दिन, सोते-जागते, उठते-बैठते भोले भण्डारी शंकर भगवान से बेटे का वरदान देने की प्रार्थना करने लगे। अगले नौ महीने उन्होंने जिस दुश्चिंता और सांसत में काटे या तो वे स्वयं जानते थे या उनके शंकर भगवान? रह-रह कर अम्बालाल के पूरे परिवार की परेशानियाँ निग़ाह में घूम जाती। शिव...शिव...शिव...ये क्या मूर्खता कर बैठे? थोड़ी सावधानी बरतते तो ये परेशानी तो नहीं उठानी पड़ती? हे प्रभु कृपा करना। लाज रखना। शिव का स्मरण करते-करते समय काटा। मन को बेटी के लिए भी तैयार करने लगे।

लोक कथा कहती है, शिव-पार्वती उस शाम जब घूमने निकले तो अपने

भक्त जीवनलाल को परेशान पाया। दयामयी माँ पार्वती ने निवेदन किया "प्रभु अपने इस भक्त पर ज़रूर कृपा करें?"

"देवी जब भी आप हमें घूमने ले चलती हैं, तो किसी न किसी का कष्ट दूर करने के लिए ज़िद करती रहती हैं?" शिवजी ने उलाहना दिया।

"भगवान ये तो आपका एकनिष्ठ भक्त है। इसका कष्ट तो दूर कर ही दीजिए।" पार्वतीजी ने आग्रह किया।

"जैसी आपकी इच्छा।"

जीवनलाल उस समय बेटे की कामना कर रहे थे।

"तथास्तु!" शिवजी ने वरदान दे दिया।

महँगाई बढ़ने पर सरकार समय-समय पर महँगाई भत्ता बढ़ा देती है। हालाँकि बढ़ते भाव रूपी महँगाई के सामने ऊँट के मुँह में जीरा सिद्ध होता है वेतन में भी परिवर्तन हो जाने से अब प्राइमरी मास्टर लाचार, बेचारा, गरीब नहीं रह गया है। थोड़ी बहुत कमी को वे ट्यूशन से पूरा कर लेता है।

सुरेन के जन्म ने उन्हें चिन्तामुक्त कर दिया। वीरेन-सुरेन को उन्होंने बढ़िया शिक्षा दिलायी। मोहिनी को भी पढ़ाया पर घर-गृहस्थी के काम में ज़्यादा पक्का किया। उनके पिताजी तो मामूली मिल मजदूर थे। अतः उन्हें मास्टर बनाकर ही खुश हो गये। किन्तु परिवार, जाति, समाज में अपनी और अपने परिवार की पहचान कायम करने के लिए जीवनलाल ने अपने बेटों को अफ़सर बनाने का तय कर लिया।

वीरेन पढ़ने में अधिक होशियार तो नहीं था पर बेवक़ूफ़ भी नहीं था। बी.ए. की डिग्री द्वितीय श्रेणी में आराम से हासिल कर ली। स्थानीय नागरिक को-ऑपरेटिव बैंक में उसे तत्काल नौकरी मिल गयी। उस बैंक में जीवनलाल के कुछ छात्र प्रभावशाली पद पर थे। जब उन्हें पता चला कि वीरेन जीवनलाल मास्टर साहब का बेटा है तो नौकरी मिलने में वीरेन को दिक्कत नहीं हुई।

जीवनलाल और वीरेन ने मिलकर सबसे पहले मोहिनी की शादी की। वह पढ़ने में बहुत होशियार थी। परन्तु उसे डॉक्टर, इंजीनियर बनाने की उनकी योजना नहीं थी। न ही हैसियत थी। इतनी पढ़ी-लिखी लड़की के लिए लड़का भी उसी स्तर का ढूँढ़ना पड़ता। फिर एक बड़ी रक़म मोहिनी पर ख़र्च करने पर उसका लाभ उसकी ससुराल वालों को मिलता। यह उन्हें मंज़ूर नहीं था। ऊपर से भारी भरक़म रक़म की दहेज हेतु व्यवस्था? सो अपनी चादर के अनुरूप ही उन्होंने पैर फैलाये। राजलक्ष्मी बीमा पॉलिसी की रक़म मिलते ही शादी की व्यवस्था उन्होंने कर डाली। मोहिनी देखने-सुनने में आकर्षक थी। सो अधिक

भाग-दौड़ नहीं करनी पड़ी। उनके एक सहयोगी ने अपने बैंक ऑफ़िसर बेटे के लिए मोहिनी को पसन्द कर लिया।

जीवनलाल का अगला पड़ाव सुरेन था। परन्तु पत्नी जया की इच्छा बहू की थी। बेटी के चले जाने से घर सूना हो गया था। फिर बहू के आ जाने से उन्हें भी घर-गृहस्थी के झंझटों से थोड़ी बहुत राहत मिल जायेगी। जीवनलाल पत्नी की भावनाओं की कद्र करते थे। उनकी योजनाओं की सफलता के पीछे वे ही थीं। घरेलू मोर्चा उन्होंने बहुत बढ़िया तरीके से सँभाल रखा था। उन्हें भी घर गृहस्थी के काम से आराम मिलना चाहिए। सो उन्होंने अच्छे परिवार की लड़की देख वीरेन का विवाह कर दिया।

जीवनलाल वीरेन को तो अधिक पढ़ा नहीं पाये थे। परन्तु सुरेन के भविष्य के प्रति सजग थे। पढ़ने में भी सुरेन, वीरेन से अधिक तेज था। उसने प्रथम श्रेणी में एम.एस.सी. किया और एम.फिल. की डिग्री लेते ही स्थानीय सरकारी कॉलेज में प्रोफ़ेसर बन गया। अब एक निम्न मध्यमवर्गीय परिवार की सारी खुशियाँ उनके झोले में थी। उन्हें पूरा विश्वास था कि उनके बेटे शीघ्र ही उन्हें उच्च मध्यम वर्ग में प्रवेश करा देंगे। असम्भव को उन्होने सम्भव कर दिखाया था। आज के ज़माने में जबकि परिवार बिखर रहे थे, उनका परिवार एक ही छत के नीचे रह रहा था।

जीवनलाल की ज़िन्दगी की गाड़ी आराम से दौड़ रही थी। मानो किसी जिन्न को उन्होंने बस में कर लिया था। जो उनकी इच्छाओं के इशारे पर नाच रहा था। एक साधारण से प्राइमरी स्कूल मास्टर की सफलताएँ रिश्तेदारों, कुछ जाति बन्धुओं, मित्रों और सहयोगियों के लिए ईर्ष्या-द्वेष का कारण बनती जा रही थीं। खासकर चचेरे भाई अम्बालाल के लिए। ईर्ष्यालुओं की बद्दुआएँ मानो काम कर गयी। जिन्न बोतल तोड़कर भाग निकला। शिव-पार्वती ने भी पीठ फेर ली।

प्रोफ़ेसर बेटे सुरेन के लिए आये अच्छे रिश्तों में से एक छाँटने में लगे ही थे कि दुबली-पतली एलेमिक जया को ब्लड प्रेशर रहने लगा। एक रात जो सोई तो वह नींद चिर निद्रा में बदल गयी। ज़िन्दगी का चक्र उस दिन से उल्टा घूमने लगा। जिसके बारे में सपने में भी कल्पना नहीं की थी वही घटने लगा। जया के जाते ही वह बैठक में सिमट कर रह गये। घर पर बहू अलका का राज कायम हो गया। घर-गृहस्थी की मालकिन वह बन बैठी। घर-स्वामी के न रहने पर बड़े बेटे को तेरहवीं के दिन पगड़ी बाँध कर घर-परिवार का मुखिया, समाज और जातिबन्धु मान लेते हैं। परन्तु बड़ी बहू चुपके-से घर-गृहस्थी की मालकिन स्वतः बन बैठती है।

जया बिना कहे भी उनकी सुख-सुविधाओं का ध्यान रखती थी। हर चीज़ समय पर हाथ में मिल जाती थी। जया जानती थी कि उन्हें भूख सहन नहीं होती। सो कुछ न कुछ नाश्ता पहले से बनाये रखती। हर तीज-त्योहार, व्रत-उपवास के अनुरूप व्यवस्था कर लेती। किसी रिश्तेदार को क्या देना लेना है इसकी जानकारी भी रखती थी। इच्छा होने पर कभी-कभी रसोईघर में जाकर अपनी पसन्द की चाय भी बना लेते थे। उस आधार स्तम्भ के ढह जाने से असहाय अनुभव करने लगे। अहसास हुआ कि पत्नी व पैसे की ज़रूरत वृद्धावस्था में अधिक होती है बहू से कोई वस्तु माँगने में संकोच का अनुभव होता। जया उनके नहाने तक का प्रबन्ध कर देती थी। बहू के राज में यह अब सम्भव नहीं था।

कुछ दिनों से सुरेन के व्यवहार में बदलाव का अनुभव कर रहे थे। उनसे बिना पूछे और बताये स्कूटर ख़रीद लाया। बड़े भाई वीरेन को भी कुछ नहीं बताया। जब भी वे डिप्टी कलेक्टर राजेन्द्र मिश्रा की कॉलेज में पढ़ने वाली बेटी से सम्बन्ध पक्का करने की बात उससे करते तो टाल जाता, "अभी जल्दी क्या है पिताजी? मुझे पी.एच.डी. तो कर लेने दीजिए? एक बार शादी-ब्याह, घर-गृहस्थी के चक्कर में पड़ गया तो थिसिस का काम रह जायेगा?" उसकी बात सही होने से थोड़े दिनों के लिए चुप रहना ही उचित समझा।

तभी उन्हें पता चला कि सुरेन का अपने साथ काम करने वाली प्रोफ़ेसर शबाना से चक्कर चल रहा हैं पहले तो उन्हें विश्वास ही नहीं हुआ। परन्तु अचानक एक दिन उन्होंने ख़ुद शबाना को सुरेन के स्कूटर पर देखा तो घबरा गये। चिन्तित और उदास हो गये। उस रात सो नहीं सके। तनाव-ग्रस्त रहने लगे। जया होती तो उससे अपना दुःख बाँट लेते। अब सब कुछ अकेले झेलना-भोगना था। बेटा आर्थिक दृष्टि से स्वतन्त्र था। अधिक कुछ कहने-सुनने पर विद्रोह कर अलग हो सकता था। तब जिस सार्वजनिक ज़िल्लात, अपमान और आलोचना का सामना करना पड़ेगा उसकी कल्पना ने सिहरा दिया। क्या करे कुछ समझ नहीं पड़ रहा था?

सब कुछ उल्टा-पुल्टा होने लगा। लगा योजनाकार की योजनाएँ गड़बड़ाने लगी हैं। जिस काम को भी योजनाबद्ध तरीके से करने लगते वही असफल हो जाता। रिटायर हो गये थे इसलिए अधिकांश समय घर पर ही रहना पड़ता था। भाप वाली केतली का ढक्कन खुल जाने की तरह, जया के जाते ही बहू अलका की भावनाएँ भाप की मानिन्द बाहर आने लगीं। अब चाय-नाश्ता खाने आदि सभी में परिवर्तन हो गया। अलका का मायका भी शहर में था। चाहे जब बिना पूछे, बिना बताये चली जाती थी। उसके भाई-भाभी, बहनों का

आना-जाना, राय-मशविरा आरम्भ हो गया। खाना-पीना बढ़ गया। मायके और पति में व्यस्त रहने लगी। उन्हें लगा वे परिवार में फालतू और अनचाहे हो गये हैं। इसने उन्हें परेशान कर दिया। अपना घर पराया लगने लगा। सुरेन ही अब उनकी आशा थी।

तभी एक हादसा हो गया। सुरेन और शबाना का एक साथ खण्डवा ट्रान्सफ़र हो गया। भौंचक्के रह गये। कमाऊ और वयस्क बेटे को क्या बोलते? डाँटने-फटकारने पर मामला और बिगड़ जाता। सदा के लिए रिश्ता तोड़ लेता। फिर खबर आयी दोनों ने शादी कर ली। सार्वजनिक लज्जा के डर से कई दिन घर से बाहर नहीं निकले। वीरेन-अलका से भी मुँह चुराने लगे। लगता उनकी आँखें व्यंग्य से भरी हुई हैं। अपने को सुरेन के कुकृत्य के लिए अपराधी मान बैठे। लगा लड़का हाथ से निकल गया। लाचार चुपचाप समय काटने लगे। टुकुर-टुकुर देखा करते। लगा जया क्या गयी, घर पर से नियन्त्रण खत्म हो गया।

"पिताजी सुरेन ने तो घर से सम्बन्ध ही तोड़ लिया? आपको भी भूल गया। पता चला है वही खण्डवा में प्लॉट वगैरह ले लिया हैं बंगला बनाने की सोच रहा हैं आपके प्रति भी उसकी कोई ज़िम्मेदारी है कि नहीं? या मैंने ही सबका ठेका ले रखा है? दोनों मियाँ-बीबी कमाते हैं। आपको अपने साथ नहीं रखे तो कोई बात नहीं? कम से कम आपके ख़र्चे के लिए कुछ न कुछ भेजना चाहिए कि नहीं?" उनकी इच्छानुसार चलने वाले वीरेन से उलाहना सुन दंग रह गये। लगा शरीर का एक हाथ दूसरे की शिक़ायत कर रहा है। शायद पति-पत्नी स्वतन्त्र ज़िन्दगी जीना चाहते हैं। चलूँ कुछ दिन सुरेन के यहाँ रह आऊँ। वहाँ जाने पर कैसा क्या स्वागत होगा? सोच में पड़ गये।

"ठीक है। थोड़े दिनों के लिए उसके यहाँ हो आता हूँ। बात भी कर आऊँगा।" तत्काल जाने के लिए उठ खड़े हुए।

बिन बताये, बिन बुलाये जब जीवनलाल सुरेन के यहाँ पहुँचे तो घर पर ताला था। दोनों पति-पत्नी कॉलेज गये थे। खण्डवा शहर के बाहर कालोनी में एक साफ-सुथरा छोटा-सा बंगला लिया था। सामने लॉन था। दरवाज़े खिड़कियों पर सुन्दर पर्दे टंगे थे। गमलों, क्यारियों में फूलों के पौधे मुस्करा रहे थे। शान्त वातावरण। कुछ दूर पर उनके आराध्य भगवान शिव का मन्दिर और माँ पार्वती नवचण्डी देवी का भव्य देवालय थे। लगा कुछ दिन आराम से रहेंगे। लॉन में झूला और गार्डन चेयर्स पड़ी थी। मन प्रसन्न हो गया। बेटे ने उच्च मध्यम वर्ग में जगह बना ली है पर मन में नयी बहू को लेकर कई शंकाएँ-कुशंकाएँ थीं। उसके हाथ का खा सकेंगे? आजकल इस सबको कौन देखता है? कौन परवाह करता

है? प्रेम-विवाह, अन्तर्जातीय विवाह, अन्तर धार्मिक ही नहीं अब तो विदेशियों से भी शादी-ब्याह किये जाने लगे हैं। चार दिन इसकी चर्चा होती है फिर सब भूल-भाल जाते हैं। मन को समझौता करने के लिए तैयार करने लगे।

अड़ोस-पड़ोस के दरवाज़ों पर भी पर्दे होने से पता नहीं चल पा रहा था कि दरवाज़े खुले हैं या बन्द? अतः चुपचाप लॉन में पड़ी कुर्सी पर बैठे बेटे बहू की राह देखने लगे। मकान मालिक शायद यहाँ नहीं रहता? चलो उसका भी झंझट नहीं? हज़ार-पन्द्रह सौ से क्या कम किराया होगा? दोनों मियाँ बीबी मिलकर बारह-पन्द्रह हज़ार रुपया महीना तो कमा ही लेते होंगे? ट्यूशन की आमदनी ऊपर से। सुरेन से कहूँगा कि पी.एम.टी., पी.ई.टी. की कोचिंग क्लासेस खोल ले। अच्छी आमदनी होगी। उसे समझाऊँगा कि हज़ार पन्द्रह सौ किराया भरने पर भी मकान अपना नहीं? ऊपर से मकान मालिक की हर साल किराया बढ़ाने की चिकचिक? इससे तो अच्छा यही है कि उसने जो प्लॉट लिया है उस पर जीवन बीमा निगम, बैंक आदि से कर्ज़ लेकर बंगला बना ले। किराये की रक़म में कुछ और मिला लोन की क़िश्त भर देंगे।

बंगला काफ़ी खुला है। सामने, अगल-बगल और पिछवाड़े लगता है काफ़ी ज़मीन छोड़ी गयी हैं न होगा सुरेन से कहूँगा इसे ही ख़रीद ले। इंतज़ार में बीतता समय भारी लग रहा था। जाने कब आये? आने से पहले खबर कर देता तो ठीक रहता। कम-से-कम बहू तो घर पर मिलती? समय काटने के लिए घूम-घूम कर घर कर मुआयना करने लगे। पिछवाड़े के आँगन में रसोई का कचरा पड़ा था। आलू-प्याज के छिलके, सब्ज़ियों, ब्रेड के टुकड़े और अण्डे के छिलके। माथा ठनका। जिन्होंने अण्डा खाना तो क्या देखा तक नहीं था, जिसकी चर्चा से ही मन वितृष्णा से भर जाता था। उन्हीं के बेटे-बहू सुबह नाश्ते में ब्रेड अण्डा लेते हैं? सिहर उठे...शिव...शिव...शिव...पानी भी कैसे पियेंगे इस घर में? अण्डे तक ही सीमित है या नॉनवेज भी....? आगे की सोच ही नहीं सके? तत्काल पलटे सूटकेस उठा घर के बाहर चल दिये? सीधे बस-स्टैंड पहुँचे।

जायेंगे कहाँ? आज के आज वीरेन के पास पहुँचने पर क्या जवाब देंगे? ‘‘बस कर ली बेटे बहू ने सेवा? एक दिन भी रखना भारी पड़ गया? दोनों कमाने वाले इतने गरीब हैं कि एक बाप को भी आठ-पन्द्रह दिन नहीं रख सके? फिर वो आपके लिए पैसा क्या भेजेंगे? ये तो हम ही है जो अपनी थोड़ी-सी तनख़्वाह में भी जैसा बनता है आपकी सेवा कर रहे हैं। सुरेन पर आप बड़ा गर्व करते थे? देख लिया कितने छोटे दिल के हैं ये बड़े लोग। सुन लीजिए, पिताजी आपकी सेवा चाकरी हम कर रहे हैं तो इस घर में हिस्सा माँगने का अधिकार सुरेन ने

खो दिया है।" लगा वीरेन चीख़-चीख़ कर उनसे झगड़ रहा है और अधिक सोच नहीं सके। हताश पास पड़ी बेंच पर बैठ गये।

कुछ दिन मोहिनी बिटिया के यहाँ रह आये? तभी अपने बाबूजी की सीख याद आयी "देख बेटा कुछ भी कर लेना बेटी-दामाद के घर रहने मत जाना? कुछ दिन तो अच्छे से रखेंगे। फिर इज़्ज़त दो कौड़ी की हो जायेगी। मेरे दादा कहा करते थे। 'सास के घर जमाई कुत्ता/बहन के घर भाई कुत्ता–सब कुत्तों का वो सरदार जो ससुर रहे जमाई के द्वार' सिहर उठे। फिर सुरेन के घर न जाने की बात खुल जाने का भी डर था। कहाँ जायें? क्या करें जिससे इज़्ज़त बची रहे?

"ओंकारेश्वर...ओंकारेश्वर..." बस कंडक्टर ने आवाज़ लगाई, "कहाँ जाना है बाबा?" उनके पास आकर कंडक्टर ने पूछा, "चलिए बैठिए। बस जाने को ही है।"

बस में जा बैठे। तीन घंटे बाद ओंकारेश्वर पहुँचे। तीर्थ यात्रियों की भीड़... नर्मदा मैया...की...जय...हर...हर...महादेव...जय...बम्ब...भोले....नर्मदे...हर...हर ...हर...ओम नमः ...शिवाय...भक्ति-भाव से ओत-प्रोत उद्रगारो, जय घोष, जय शिव का मन्त्र जाप। पतित पावनी नर्मदा माँ के दर्शन से आत्मा तृप्त हो गयी। विन्ध्याचल पर्वत की परियात्र पहाड़ी पर बने शिव मन्दिर में स्थापित ज्योर्तिलिंग के दर्शन हेतु आती-जाती नावों पर सवार तीर्थ यात्रियों के भक्ति-भाव और श्रद्धा से दमकते मुखों से मन की विकलता शान्त हो गयी।

घाट के पंडे को पेटी सौंप भक्ति-भाव से नर्मदा मैया में स्नान कर उनका पूजन किया। पंडे के साथ मन्दिर में पहुंच शिवलिंग के दर्शन कर रुद्राभिषेक किया और धर्मशाला में कमरा ले ठहर गये। अब आठ-दस दिन यही रहूँगा। परिवार और दुनिया के प्रपंचों से दूर भगवद् भजन करूँगा। प्रतिदिन नर्मदा स्नान, ममलेश्वर में शिव पूजन, कथा-पुराण श्रवण, विभिन्न देवालयों के दर्शन में पन्द्रह बीस दिन पक्षी की तरह कहाँ उड़ गये, पता ही नहीं चला। उस दिन भक्ति-भाव में डूबे मन्दिर से निकल रहे थे तभी किसी ने टोका "अरे जीवन मास्साब यहाँ कहाँ? कब आये?"

उज्जैन के परिचित मित्र श्याम बाबू पूछ रहे थे। एक पल के लिए सकपका गये। मगर तत्काल सँभले।

"अरे श्याम भाई! आप कब आये?" चतुर सावधानी से उन्होंने प्रति प्रश्न किया। पहले उनके गले लगे। उनका उत्तर सुनने के बाद तदनुसार उत्तर देना चाहते थे।

"आज ही आया हूँ। अम्मा-पिताजी की बड़ी इच्छा भगवान ओंकारेश्वर के

दर्शन और नर्मदा स्नान की थी। दो दिन की छुट्टी आ गयी और पैसों का जुगाड़ भी हो गया। सो चला आया।" श्याम भाई ने उत्तर दिया, "आपने बताया नहीं कब आये?" उसने फिर जानना चाहा।

"मैं भी कल ही आया हूँ। जरा खण्डवा छोटे बेटे के पास गया था। वहाँ बेटा-बहू दोनों प्रोफ़ेसर हैं। भाई मान नहीं रहे थे। बड़े आग्रह से बुला रहे थे। शिक़ायत करते थे, 'पिताजी हमसे क्या नाराज़गी है? हमें भी सेवा का मौक़ा दीजिए। बड़े भैया के पास तो रहेंगे ही? हमारे पास भी रहें।' पन्द्रह बीस दिन फूल की तरह से रखा। बेटा वीरेन भी बुलाने के लिए बार-बार सन्देश भेज रहा था। 'सुरेन के पास जाकर आप तो हमें भूल ही गये? आपकी बहू याद कर रही है।' सोचा वीरेन के पास जाने के पहले नर्मदा मैया में स्नान कर भगवान शिव का रुद्राभिषेक करता चलूँ। सुरेन उसकी बहू ने तत्काल अपने मित्र की कार की व्यवस्था कर ओंकारेश्वर भिजवा दिया। अब एकाध दिन में वीरेन के पास चला जाऊँगा।" लगा सफ़ायी दे रहे हैं।

"बड़े भाग्यवान हो यार मास्साब जो आज के ज़माने में ऐसे सेवा भावी बेटे-बहू मिल गये।" श्याम बाबू ने प्रशंसा की।

"सब ईश्वर की कृपा और आप जैसे मित्रों का आशीर्वाद है। अच्छा चलता हूँ।" सांसरिक प्रपंच में उलझते ही सारा भक्ति-भाव कर्पूर-सा उड़ गया। लगा आजकल माँ-बाप, परिवार और बच्चों की इज़्ज़त रखने का दायित्व सन्तान की बजाय माँ-बाप पर ही है। बच्चों के ख़िलाफ़ सच बोलने का मतलब ख़ुद को नंगा करना है। एक गहरी साँस ली। सामान उठाने धर्मशाला चल दिये।

मैं भी एक औरत हूँ

कहानी पाठ एवं उस पर परिचर्चा हेतु खण्डवा आया। अतिथि बन अपने जन्म नगर आना पड़ा। पढ़ाई के लिए इंदौर आया था। यहीं प्रोफेसर बना। गृहस्थी बसा, यहीं बस गया। लेकिन जन्मभूमि के प्यार को भुला न सका। खण्डवा से सम्बन्ध बनाये रखने के लिए पैतृक मकान बेचा नहीं। किसी न किसी बहाने खण्डवा आना-जाना करता रहता। कार्यक्रम प्रसिद्ध माणिक्य स्मारक वाचनालय में था। दादा माखनलाल जी चतुर्वेदी के कारण वाचनालय नगर की साहित्यिक-सांस्कृतिक गतिविधियों का केन्द्र बना। हिन्दी साहित्य के सितारों–दिनकर जी, महादेवी जी वर्मा, बच्चन जी, डॉ. शिवमंगल सिंह 'सुमन', कुलपति डॉ. राम प्रसाद त्रिपाठी, डॉ. धर्मवीर भारती आदि अनेक कवियों, इतिहासकारों ने खण्डवा को कृतार्थ किया। वाचनालय किशोर कुमार के गीतों का गवाह है। अशोक कुमार एवं किशोर कुमार के कारण खण्डवा को अखिल भारतीय छवि-कीर्ति मिली।

सफल कार्यक्रम के बाद मित्रों ने घेर लिया।

"मेरी एक जिज्ञासा है" यह विमला थी। खण्डवा के कुछ जाने-पहचाने, अनजाने व्यक्तियों को लेकर, आपने उल्लेखनीय कहानियाँ लिखी। "ठहरी हुई ज़िन्दगी" की तारा जीजी, "दूसरा देवदास" का जग्गू दादा, "मुहर्रम का शेर" का जर्मन, "मैं भी एक माँ हूँ" की पारू जीजी। हम भी इनसे परिचित हैं। हमें तो इनमें कोई खासियत दिखाई नहीं दी।

"खण्डवा के इन पात्रों पर कहानी लिखने की प्रेरणा आपको कहाँ से मिली?" विमला के प्रश्न का उत्तर देता, उसके पहले मंगला पूछ बैठी।

सुनो विमला-मंगला! रात काफ़ी बीत चुकी है। शरद भाई इस पर विस्तार से चर्चा करना चाहेगें? उचित होगा कल सुबह या दोपहर बाद हमारे स्टूडियो में गोष्ठी रख लेते हैं, प्रफुल्ल नागड़ा का सुझाव सर्वसम्मति से मान्य हुआ।

दूसरे दिन दोपहर बाद प्रफुल्ल भाई के स्टुडियो में एकत्र हुए। साहित्य प्रेमियों-मर्मज्ञों की अच्छी, खासी भीड़ थी। महावीर गुप्ता व अशोक गाते भी आए थे।

“मंगला-विमला के प्रश्न एक-दूसरे के पूरक हैं। जब मैं खण्डवा में था, मुझे भी ये चेहरे सामान्य लगे। इनकी विशेषताओं से अपरिचित था। जॉन स्टीन बेक ने इनकी विशेषताओं से परिचित कराया।”

जॉन स्टीन बेक के नाम ने उन्हें चौंकाया। “ये जॉन स्टीन बेक कौन हैं? खण्डवा में तो इस नाम का कोई नहीं है?” सभी की उत्सुकता को प्रफुल्ल भाई ने वाणी दी।

“अमेरिकन साहित्य के सशक्त हस्ताक्षर है जॉन स्टीन बेक। उनका प्रसिद्ध उपन्यास “वैली ऑफ टीअर्स” (आँसुओं की घाटी) सन् 1952 में पढ़ने को मिला। पहाड़ियों के बीच बसे एक गाँव के हर घर-परिवार की त्रासद कहानी थी उसमें। पढ़ने के बाद भूल गया, लेकिन अनजाने में अवचेतन मन को गहरे तक प्रभावित किया था। इससे मैं अनभिज्ञ था। चार दशक बाद तारा जीजी की व्यथा-कथा “ठहरी हुई ज़िन्दगी” लिखने बैठा तो अवचेतन में सुशुप्त प्रभाव सक्रिय हो गया। एक तथ्य रेखांकित करना चाहूँगा। खण्डवा ही नहीं, हर शहर, कस्बे और गाँव में, हमारे आस-पास ऐसे व्यक्ति हैं, जो ज़िन्दगी से हट कर ज़िन्दगी जीते हैं। कथा-नायक/नायिका बनने की क्षमता है इनमें।”

“कहानी क्या है?” मेरे द्वारा सहसा किये गये सवाल से वे हतप्रभ रह गये। “कहानी! कहानी है, ज़िन्दगी का आईना।” विमला का उत्तर पाठ्य-पुस्तकीय था। “परिभाषा पुरानी पड़ चुकी है। कहानी/उपन्यास ज़िन्दगी की सच्चाई, साहित्य के काल्पनिक यथार्थ, लेखकीय सम्वेदना तथा अध्ययन और अनुभव की परिपक्वता की अभिव्यक्ति है।” कई जोड़ा आँखें मुझ पर टिकी थी, “दर्पण मात्र बाह्य छाँवे को जस का तस प्रतिबिम्बित करता है, जबकि लेखकीय सम्वेदना पात्र का मनोविश्लेषण, अन्तर्द्वन्द्व और मनोभावों को भी समेटती है।”

“लेखक जीवन को पढ़ता है, जीवन यात्रा के दौरान अनेकों से मिलता है। इनका व्यक्तित्व, व्यवहार, जीवन-शैली, अवचेतन में जगह बनाते चलते हैं। समय आने पर लेखक उन्हें कथा-पात्रों में ढालता है। कभी-कभी कहानी बुनने की प्रक्रिया वर्षों अन्दर ही अन्दर चलती है।

अचानक एक दिन पात्र अपनी कथा लिखने हेतु बाध्य कर देता है। दिमाग़ में कथा के पकने, कागज पर उतरने और अन्तिम पड़ाव पर पहुँचने में काफ़ी वक़्त लगता हैं। कुछ पृष्ठ लिखने के बाद कहानी कभी-कभी रुक जाती है, लम्बे समय तक रुकी रहती है। अवधि साल दो साल भी हो सकती है, चाह कर भी नहीं लिख पाते, कभी एक ही बैठक में कहानी पूरी लिख जाती है। अध्ययन-अनुभव की परिपक्वता पर लिखी गयी रचना ज़िन्दगी का प्रतिबिम्ब होती है, उसका प्रतिनिधित्व करती है।”

"नया क्या लिख रहे हैं?" महावीर गुप्ता ने जानना चाहा।

"खण्डवा के एक चर्चित व्यक्ति पर काम कर रहा हूँ।"

"कौन भाग्यवान है वो?" मंगला उत्सुक थी।

"आप सभी उनसे परिचित हैं, वे हैं बाला दादा। बाला पहलवान।"

"बाला...दा...दा...बाला...पहल...बान?" स्वर समवेत था।

"उनमें ऐसी क्या ख़ासियत है? हम तो उन्हें हमेशा से देखते रहे हैं, पहलवान हैं, गौली होने से दूध का धन्धा करते हैं, छैः फुटे ऊँचे, पूरे। कसरती, गठीला, फुर्तीला बदन, काला-साँवला चमकदार रंग, गोल चेहरा, छोटी मगर.....तेज़ आँखें, हमेशा मुस्कुराता चेहरा। यही नहीं, चौड़ी छाती, अखाड़े और पहलवानी के शौक़ीन। उनके चेलों ने कुश्ती में काफ़ी नाम कमाया। पहलवानों के उस्ताद ही नहीं, उनके ख़लीफ़ा है। इसके अलावा आपने उनमें ऐसा क्या देखा, जो कहानी लिख रहे हैं?" सवाल प्रफुल्ल भाई नागड़ा ने किया।

"उनमें ही नहीं, उनकी बेटी में भी देखा, जिसे आप नहीं देख पाये हैं।"

"उनकी बेटी ललिता में?"

"हाँ! इसे समझने के लिए आपको कहानी सुननी पड़ेगी। कहानी का खाका दिमाग़ में तैयार है, बस लिखना भर है। मगर आप लोगों को सुना सकता हूँ।"

"सुनाइये...अवश्य...सुनाइये।"

"आप लोग जानते हैं, बाला दादा बाबू हरिदास चटर्जी वक़ील साहेब की महलनुमा बाड़ी के पिछवाड़े के बड़े आँगन के एक कोने में रहते हैं। आपको मालूम नहीं, बुरहानपुर-खण्डवा से लेकर हरदा-होशंगाबाद तक का इलाका पहले ग्वालियर के सिंधिया के आधीन था। उनकी ओर से सरदार भुस्कुट्टे इस इलाके पर शासन कर रहे थे। कालान्तर में ईस्ट इण्डिया कम्पनी ने इसे सिंधिया महाराज से छीन लिया। खण्डवा, होशंगाबाद को सी.पी. एण्ड बरार प्रान्त का ज़िला बना दिया। अंग्रेज़ों ने चालाकी से खण्डवा का नक़्शा बदला। रेलवे लाइन के उस पार नया खण्डवा बसा, जहाँ सतपुड़ा की एक पहाड़ी पर कलेक्टोरेट, कचहरी, कोषालय, ज़िला सत्र न्यायालय, पुलिस अधीक्षक कार्यालय, वन विभाग, पुलिस लाइन आदि कायम किये। अंग्रेज़ अफ़सरों के बंगले, चर्च आदि भी स्थापित हुए। सर्किट हाउस, रेस्ट हाउस और सिविल लाइन्स क्लब कायम हुए। खण्डवा न्यायालय नागपुर उच्च न्यायालय के आधीन था।

ज़िला न्यायालय की स्थापना के साथ ही बाहर से नामचीन वक़ील खण्डवा आये। इनमें प्रसिद्ध फ़िल्म अभिनेता अशोक कुमार, किशोर कुमार के पिता वक़ील कुंजीलाल गाँगुली तथा वक़ील हरिदास चटर्जी प्रमुख थे। हरिदास चटर्जी कलकत्ता

के प्रसिद्ध कांग्रेसी नेता एवं वक़ील श्री विपिन चन्द्रजी पाल के सहायक के रूप में वक़ालत कर रहे थे। उन्हें लगा स्वतन्त्र रूप से काम करने के लिए नयी जगह तलाशनी होगी, वरना सारी ज़िन्दगी पाल दा की छत्रछाया में गुज़र जायेगी। तभी खण्डवा ज़िला न्यायालय का पता चला। यहाँ आ वक़ालत आरम्भ कर अच्छा पैसा कमाया। बड़ाबम पर एक एकड़ ज़मीन ख़रीदी। बड़ाबम की मुख्य सड़क की ओर कलकत्ता शैली की भव्य बंगाली बंगला-बाडी बनवायी। पिछवाड़े खाली ज़मीन छोड़ी।

इसी समय गौली यादगिरी आन्ध्रप्रदेश-महाराष्ट्र की सीमा से लगे गाँव से सपरिवार अपनी गाय-भैसों के साथ मालेगाँव आ बसे। मालेगाँव न जमने पर खण्डवा चले आये। हरिदास बाबू को शुद्ध दूध की ज़रूरत थी। उन्होंने इस हेतु यादगिरी को पिछवाड़े बसा लिया। तीन कमरे बना—यादगिरी दूध का धन्धा करने लगा, वह चल निकला।

बाला दादा इन्हीं के वंशज थे। दूध, घी, मक्खन की कमी नहीं थी। बचपन से दादा को पहलवानी का शौक़ लग गया। परदेसीपुरा निवासी कुश्ती प्रेमी अवध भैय्या मिश्र के साथ मिल कर हनुमानजी के देवालय और राम मन्दिर के बीच की जगह पर अखाड़ा स्थापित किया। अखाड़े में बढ़िया नरम लाल मिट्टी थी। आँगन में मुद्गर, नाल, मलखम्ब, डबल बार तथा दण्ड बैठक की व्यवस्था की गयी। बड़ाबम पर अखाड़े से कुछ दूर छगन हलवाई था, जहाँ सुबह-शाम गरम मीठा ताज़ा मलाईदार दूध एक आने पाव में मिलता था।

बाला दादा और अवध भैय्या के कारण बड़ाबम, परदेसीपुरा, मालीपुरा, ब्राह्मणपुरी ही नहीं, रामगंज-हरिगंज तक के लड़के कुश्ती-कला सीखने आते थे। इन्हीं में हरिगंज का ताराचन्द था। ताराचन्द के शारीरिक गठन, कुश्ती के प्रति लगन फुर्ती और चुस्ती को दादा की पारखी निग़ाहों ने भाँप लिया। यदि इसे बढ़िया प्रशिक्षण और खान-पान दिया गया तो उनका, अखाड़े और खण्डवा का नाम रोशन करेगा। अवध भैय्या उसे ज़ोर कराते, दादा दाँव-पेंच सिखाते, उससे कस कर मेहनत कराते, कसरत बाद खसखस-बादाम का दूध, घी तर हलवा, फलों का रस आदि पौष्टिक भोजन खिलाते। दादा जानते थे ताराचन्द गरीब घर से है। अतः उसके खान-पान की ज़िम्मेदारी उन्होंने उठा ली।

ताराचन्द कुश्ती कला में माहिर हो गया। उसे निखारने के लिए नागपंचमी पर दंगल आयोजित होने लगे। खण्डवा के अन्य अखाड़ों के पहलवान कुश्ती लड़ने बड़ाबम आते। बाला दादा और अवध भैय्या ने उसे ऐसा तैयार किया कि खण्डवा ही नहीं, सनावद, पंधाना, बुरहानपुर, हरसूद, भीकनगाँव, खरगोन तथा आस-पास के सभी पहलवानों को धूल चटा दी। दादा ने अब महाराष्ट्र के भुसावल, जलगाँव,

बुलढाना, शोलापुर, अमरावती के पहलवानों को आमन्त्रित किया। ताराचन्द ने उन्हें भी आसमान दिखा दिया। बाला दादा ताराचन्द को बेटे समान प्यार करते थे।

जब बाला दादा को विश्वास हो गया कि उनका पट्ठा बाहर के शहरों के दंगलों में भाग लेने योग्य हो गया है, तो उसे बाहर भेजने लगे। कभी-कभी वे भी उसके साथ जाते। न जा पाने की हालत में अपने दूसरे शार्गिर्द नागोबा को भेजने लगे। ताराचन्द ने अन्य शहरों में जीत हासिल कर दादा, भैय्या और खण्डवा का नाम रोशन किया। जीत में वहाँ जो रक़म मिलती, सीधे दादा के चरणों में समर्पित कर देता। प्रसन्नता से गद्गद् दादा आशीर्वाद समेत वापस तारू को लौटा देते।

कोल्हापुर के छत्रपति कुश्ती के बड़े शौक़ीन थे। वे ख़ुद भी अच्छे पहलवान थे। रियासत के ख़र्चे पर उन्होंने कई नामी पहलवानों को पाल रखा था। अपने जन्मदिन पर हर साल दंगल का आयोजन करते थे। मारूती माने उनका ख़ास और चहेता पहलवान था। पहलवानी में कोल्हापुर का बड़ा नाम था। वहाँ जोड़ लड़ना फ़ख्र की बात थी। गामा की कुश्ती भी उन्होंने आयोजित कराई थी। कुछ महीने गामा ने छत्रपति के संरक्षण में कोल्हापुर में निवास किया था। छत्रपति के जन्मदिन पर होने वाले दंगल में खण्डवा से ताराचन्द पहलवान को भी आमन्त्रित किया गया। अपने पट्ठे का उत्साह बढ़ाने इस बार बाला दादा भी कोल्हापुर गये, कुछ और शार्गिर्द भी साथ थे। ताराचन्द की जोड़ मारूती माने पहलवान के साथ तय हुई। बाला दादा की उपस्थिति ताराचन्द में अतिरिक्त उत्साह और ऊर्जा भर देती थी। माने पहलवान का महाराष्ट्र में ही नहीं, ख़ानदेश और गुजरात में भी दबदबा था। उसकी तैयारी और गठीला लहीम–शहीम बदन देख कर ही सामने वाला पहलवान बिना लड़े भाग खड़ा होता था।

अखाड़े के चारों ओर बड़ी भीड़ थी। चाँदी की सिंहासननुमा मखमली कुर्सी पर छत्रपति बैठे थे। अन्तर देकर थोड़ा पीछे उनके सचिव थे, मुसाहिब उन्हें घेरे थे। अखाड़े में उतरने के पहले मारूती पहलवान ने छत्रपति के चरण-स्पर्श किये। श्रीमन्त ने प्रसन्नतापूर्वक उसकी पीठ थपथपाई। छत्रपति के आशीष और अपनी ताक़त के घमण्ड के साथ आत्मविश्वास से भरे मारूती पहलवान ने ताल ठोंकी और अखाड़े में कूद पड़ा। झुक कर मिट्टी को प्रणाम कर भाल से लगाया।

"मानो...पेल...वान...जिन्दा...बाद...श्रीमन्त...छत्रपति...जिन्दाबाद..." के जयघोष के बीच माने ने हाथ उठा कुश्ती प्रेमियों के जयकारे को स्वीकारते हुए अखाड़े के तीन चक्कर लगाये, ताल ठोंक दो-तीन बैठकें लगायीं। माने पहलवान की तेज़ी और अपने पहलवान का हौंसला बढ़ाने वाली कोल्हापुरियों की नारेबाज़ी सामने वाले का मनोबल तोड़ने को पर्याप्त थी। सारी परिस्थिति ताराचन्द के ख़िलाफ थी।

इस सबसे बेखबर ताराचन्द ने दादा का इशारा पाते ही ओढ़ी चादर नागोबा को थमाई, दादा के चरण-स्पर्श किये। अखाड़े में कूदने के पहले दौड़कर श्रीमन्त छत्रपति को चरण-स्पर्श प्रणाम किया। ताराचन्द की विनम्रता से श्रीमन्त प्रसन्न हुए। पीठ थपथपाते हुए आशीर्वाद दिया, "यशस्वी भव...विजयी भव।" श्रीमन्त को प्रणाम करने के बाद ताल ठोंक ताराचन्द अखाड़े में कूदा। अखाड़े की मिट्टी को प्रणाम कर सिर को लगाया। दादा के शाग़िर्दों ने भी नारा लगाया–"...बज... रंग...बली...की...जय...बाला...दादा...की...जय...तारू...पेलवान...जिन्दाबाद...।" पूरे आत्मविश्वास के साथ तारू अखाड़े में उतरा था।

कोल्हापुरियों को लगा माने शेर के सामने खण्डवा का मेमना कहाँ लगा? मारूती राव तो जीता-जिताया है, औपचारिकता भर पूरी करनी है। दोनों पहलवान हाथ फैला कर घूमने लगे। ताल और बगलें ठोंक-ठोंक कर माने पहलवान ताराचन्द को ललकारने लगा। ताराचन्द की सतर्क निग़ाहें माने पहलवान की हर चाल पर थी। वह मौक़े की तलाश में था।

"...लपक...तारू...लपक..." ताराचन्द को सहसा दादा की ललकार सुनाई दी। तभी न जाने क्या हुआ कि मौक़ा ताड़ चीता जिस प्रकार से तेज़ी और फुर्ती से अपने शिकार पर टूट पड़ता है, ताराचन्द ने उड़ी मारी। साँस रोक सभी देखने लगे, बाला दादा की पारखी आँखें ताराचन्द के दाँव को भाँप गयी। साँस रोक देखने लगे, मारूती पहलवान कौन-सा तोड़ लगायेगा? माने कुछ समझता-सँभलता, उसके पहले तारू ने माने की मुश्कें बलिश्ठ भुजाओं में लौह शिकंजे के समान कसीं और जो टंगड़ी मारी कि माने पहलवान पलक झपकने के पहले ज़मीन पर था। पूरी ताक़त लगा माने पहलवान ने पलटने की क़ोशिश की। सतर्क तारू ने दोनों कन्धे पूरी ताक़त से दबा दिये। दोनों बाँहों के कल्ले फूल गये। देह की सारी ताक़त उसने बाहों में उतार दी। माने पहलवान ने पूरा ज़ोर पटकने के लिए लगा दिया, मगर असफल रहा। चित्त पड़े रहने को मजबूर हो गया, मेमने ने शेर को आसमान दिखा दिया।

"वाह...। मेरे...शेर...वाह!" बाला दादा दहाड़े। उसकी उस दहाड़ ने तारू में दुगुनी ताक़त और जोश भर दिया। शाग़िर्दों ने तालियाँ बजा नारा लगाया– "... बाला...दादा...जिन्दा...बाद...तारू पेल...वान...जिन्दा...बाद...बजरंग...बली... की...जय।" दादा की दहाड और खण्डवा वालों के गगन-भेदी नारों ने तारू की जीत पर मुहर लगा दी।

कोल्हापुरियों को कुश्ती के मिनटों में ख़त्म हो जाने की उम्मीद नहीं थी। उन्होंने सपने में भी नहीं सोचा था कि उनका गामा महाराष्ट्र भीम मारूती माने

एक छोकरे से हार जायेगा। वे मानते थे कि कुश्ती लम्बी चलेगी। माने दादा खण्डवा के छोकरे को इतनी देर तक ऐसे रगड़ेंगे कि वो पानी भी नहीं माँगेगा। पर हो गया सब उल्टा। माने की हार को पचा नहीं पाये।

"हम...ये...कुश्ती...नहीं...मानते...हमें...ये...मंजूर...नहीं...फिर से लड़ना पड़ेगा...।" माने समर्थक हल्ला मचाने लगे। वातावरण में तनाव छा गया, लोग लड़ने-मरने पर उतारू थे।

"चुप...व्हा...श्रीमन्त छत्रपति महाराज चा समोर काही तरी बोलण्या, निर्णय देण्या ची गरज नाही...चुपचाप बसा।" श्रीमन्त छत्रपति के संकेत पर उनके सचिव हनुमन्त राव पंवार के डाँटते ही हल्ला-गुल्ला-शोर शान्त हो गया।

अखाड़े के बीचों-बीच सिर झुकाये माने पहलवान खड़े थे। चेहरे पर मुर्दनी छाई थी। थोड़ी दूर-विश्वास और विजय के उल्लास से भरपूर ताराचन्द सगर्व खड़ा था। श्रीमन्त छत्रपति समझ गये कि उनका पट्‌ठा पराजित हो चुका हैं खण्डवा वाले छोकरे ने आसमान दिखा दिया है।

"ताराचन्द पहलवान पुरस्कार चा हकदार आहे। त्याला पुरस्कार घेण्या साठी अमचा समोर पेश करा। श्रीमन्त छत्रपति ने आदेश दिया।

"जो हुकुम श्रीमन्त! मुजरा करते हुए सचिव हनुमन्त राव ने हुजरों को हुक़्म दिया "गणपत! वामन।। ताराचन्द पहलवान को इनाम वास्ते श्रीमन्त के सामने पेश करो।"

"जो हुकुम मालक!" मुजरा कर ताराचन्द को लेने चल दिये।

इनाम की घोषणा होते ही खण्डवा पार्टी ख़ुशी से झूम उठी" हुर्रे...बजरंग बली की...जय...श्रीमन्त...छत्रपति...महाराज की...जय...बाला...दादा...की जय... तारू...पेलवान...जिन्दाबाद।"

तालियों की गड़गड़ाहट से मैदान गूँज उठा। कोल्हापुरकरों के चेहरे उतर गये। प्रसन्न ताराचन्द ने मारूती माने के चरण छू प्रणाम किया। माने को इसकी उम्मीद नहीं थी, अचकचा गया। शीघ्र सँभल ताराचन्द को गले लगा लिया। बधाई में पीठ थपथपाई। दादा के पास पहुँच उनके चरण-स्पर्श किये। दादा ने गले लगाया। जल्दी से कपड़े पहन हुजरों के साथ छत्रपति के पास पहुँचा, झुककर तीन बार मुजरा किया। तिलक लगा श्रीमन्त ने शॉल श्रीफल के साथ चाँदी की छोटी गदा और ग्यारह हज़ार रुपये की राशि पुरस्कार में दी। तारू ने पुनः मुजरा कर चरण छुये। इस बार कोल्हापुरकरों ने भी जयकारे के साथ अभिनन्दन किया। सभी को अभिवादन कर तारू ने दादा के पास पहुँच पुरस्कार की सारी वस्तुएँ उनके चरणों में अर्पित कर दीं। प्रसन्नता से गद्‌गद्‌ दादा की आँखें भर आयी।

इधर श्रीमन्त और हनुमन्त राव में चुपके से चर्चा हुई। चर्चा बाद हनुमन्तराव ने ताराचन्द को कहा, "ताराचन्द पहलवान! श्रीमन्त आपकी कुश्ती-कला से प्रसन्न हुए। श्रीमन्त कृपापूर्वक आपको दरबार की नौकरी में रखना चाहते हैं। पाँच सौ रुपये माहवार के अलावा रहने-खाने का ख़र्चा भी श्रीमन्त देगें। कबूल है?"

ताराचन्द सोच में पड़ गया। दादा का चेहरा उतर गया। दादा के बुझे मुख को देखते ही तारू ने तत्काल उत्तर दिया, "श्रीमन्त की महती कृपा के लिए गुलाम आभारी है। श्रीमन्त महाराज गुलाम को क्षमा करें। मैं अपने पिता समान ख़लीफ़ा बाला दादा और जन्मभूमि खण्डवा नहीं छोड़ सकता।" सिर झुका तारू ने हाथ जोड़ माफ़ी माँग ली। दादा का सीना गर्व से फूल गया।

खण्डवा स्टेशन पर अवध भैय्या और प्रशंसकों ने बैंड-बाजों, ढोल-ढमाकों, फूलमालाओं से भव्य स्वागत किया। सारे शहर में जुलूस घूमा, जगह-जगह दादा-तारू को मालाओं से लादा गया। गुलाल उड़ने से सड़कें लाल हो गयीं, सारा शहर खुशी से झूम उठा।

दिल्ली की बिरला व्यायामशाला के गुरू हनुमान ने 'हिन्द केसरी' दंगल आयोजित किया। बाला दादा ने ताराचन्द को नागोबा और दो-तीन शागिर्दों के साथ दिल्ली भिजवाया। एक भैंस बीमार थी, इसी कारण वे जा नहीं सके। हिन्द केसरी का ख़िताब तो तारू नहीं जीत सका, लेकिन हनुमान गुरू का दिल ज़रूर जीत लिया। दूसरे नम्बर पर वह आया। इनाम में यहाँ पाँच हज़ार मिले। हनुमान गुरू ने साफा भी बाँधा। वे चाहते थे कि ताराचन्द उनकी शागिर्दी में आ जाये। उन्होंने उसे रहने-भोजन की व्यवस्था के साथ सात सौ रुपये मासिक की शिष्यवृत्ति का प्रस्ताव दिया। कुश्ती हेतु विदेश भिजवाने का आश्वासन अलग था। बाला दादा की ख़ातिर ताराचन्द ने नम्रतापूर्वक अस्वीकार कर दिया, दादा का दिल भर आया, अपने चेले पर उन्हें नाज़ था।

कुल पल मैं रुका। पूरे मनोयोग से सब सुन रहे थे। मेरी चुप्पी ने बेचैन कर दिया।

"आगे क्या हुआ?" महावीर गुप्ता था।

"उसके बाद कहानी में मोड़ आता है, असली कहानी अब शुरू होती है।"

"अभी तक आप क्या सुना रहे थे?"

"कहानी! मोड़ के पहले की पूर्व पीठिका।"

"चलिए, सुनाइये! आगे क्या हुआ?"

अप्रत्याशित कदम उठाते हुए दादा ने अपनी इकलौती लाड़ली बेटी ललिता का विवाह ताराचन्द से कर दिया। उसे घर जमाई बना बेटे की कमी पूरी कर

ली। अपनी सोच को सफलतापूर्वक क्रियान्वित कर लेने पर व्यक्ति को लगता है, ज़िन्दगी में वो सफल हो गया। मगर नियति कुछ और ही निर्धारित किये होती हैं ललिता से ताराचन्द के विवाह से नागोबा जल-भुन गया। कुश्ती में ताराचन्द से उन्नीस हुआ तो क्या? दादा का जाति-बन्धु और रिश्तेदार था। उसे पूरी उम्मीद थी दादा उसे ही दामाद बनायेगे। ऐसा न होने पर दादा से मन ही मन दुश्मनी पाल ली, आस्तीन का साँप बन गया।

शादी के बाद ताराचन्द की ज़िन्दगी में बड़ा परिवर्तन आया। मन अखाड़े से उखड़ने लगा। इसे वैवाहिक जीवन की खुमारी मान मुस्करा कर दादा ने नज़रअन्दाज कर दिया। अन्य शागिर्दों पर ध्यान देने लगे। इसका फ़ायदा नागोबा ने उठाया। अपना अधिक समय तारू के साथ बिताने लगा। तारू के दिमाग़ में उसने भर दिया कि दादा की इज्ज़त और खण्डवा में उनका दबदबा उसी के कारण है।

कोल्हापुर-दिल्ली की विजय ने उसे घमण्डी बना दिया था। नागोबा ने उसे याद दिलाया कि कोल्हापुर और दिल्ली में इनाम की जो रक़म मिली उसे दादा ने हथिया लिया। भोला-भाला पहलवान नागोबा के चक्कर में आ गया। दोनों में गाढ़ी छनने लगी। नागोबा ने चालाकी से उसे शराब और जुए का चस्का लगा दिया। पहले तो अपने पास से ख़र्च कर पिलाई, बाद में तारू स्वयं ख़र्च करने लगा। ललिता ने उसकी नशाखोरी पर ध्यान नहीं दिया, क्योंकि मर्द तो ये सब करते ही रहते हैं। दंगलों में भाग लेने पर तारू अच्छी आमदनी कर लेता था। दंगल आयोजित करने वाला ठेकेदार लाभ में भी बाला दादा के कारण कुछ हिस्सा देता था, परन्तु शराबखोरी के चलते दंगलों में भाग लेना कम होता चला गया। शराब ललिता की सौत बन गयी।

शराब ने तारू का बदन तोड़ दिया। हालत ये हो गयी कि खाने-ख़र्चे के लिए वो दादा पर आश्रित हो गया। दिन भर घर पर या नागोबा के यहाँ पड़ा रहता। चौथी पास ललिता ही दूध का हिसाब रखती थी। माँगने पर ललिता चोरी-चुपके तारू को पैसा दे देती, दादा से डरती भी। तारू की नशाखोरी को दादा से छिपाने का प्रयत्न करती। तारू के क्रमिक पतन से ललिता का दिल विदीर्ण हो गया, लज्जा से गड़ गयी।

दुर्गुणों की दुर्गंध अधिक समय छिपती नहीं। ललिता के न बताने पर भी दादा के शुभचिन्तकों ने नमक-मिर्च लगाकर दादा को बता दिया। दादा स्तब्ध रह गये। जिसे बच्चे से ज़्यादा स्नेह दे पाला, अपरिचित को परिचय-पहचान दी, वही कलंक का कारण बन गया। उस दिन बड़बड़ाते हुए तारू ने शराब की बदबू उड़ाते पैसे के लिए झगड़ा किया, "साली! तेरे बाप का पैसा है, जो देने से मना करती है?

मैंने तेरे बाप को बड़ी रक़म जीत कर दी हैं उसी में से माँग रहा हूँ।" दूसरे कमरे में दादा चुपचाप सुन रहे थे। उनका दिल तार-तार हो गया। गुस्सा तो इतना आया कि तत्काल उसे ठीक कर दें, मगर गुस्से को बमुश्किल पी गये। लाड़ली बेटी पर हर दिन होने वाले अत्याचारों, पत्नी लक्ष्मी की मौन-पीड़ा और कलह के कारण दादा तनाव में रहने लगे। मन न घर में लगता था न अखाड़े में। शागिर्दों की भीड़ में भी अकेलापन सालता, ललिता की चिन्ता सताती। अभिमन्यु के समान चक्रव्यूह में फँसे दादा को मार्ग नहीं सूझ रहा था। अखाड़े से लौटे ही थे कि तारू की गन्दी-गन्दी गालियों और ललिता के रुदन ने सब्र का बाँध तोड़ दिया। दौड़ कर कमरे में पहुँचे। लात-घूँसों से ललिता पिट रही थी, कपड़े अस्त-व्यस्त थे।

"ख़बरदार! अब जो हाथ उठाया तो?" दादा दहाड़े।

तारू का उठा हाथ रुक गया। पलटा, सामने दादा थे। शराब सिर में चढ़ बोली, "हमारे बीच बोलने वाला तू कौन रे? ह...हट...जा...भ...भाग...?"

"फिर हाथ उठाया तो ठीक नहीं होगा।"

"क्या...क्या...कर...लेगा....तू....?" हाथ उठा दादा को मारने आगे बढ़ा।

ललिता भयभीत हिरणी-सी कोने में जा खड़ी हुई।

दादा ने हाथ पकड़ लिया, संयम की सीमा टूट गयी, कसकर लात मारी। लड़खड़ाकर गिरा। सिर दीवार से ज़ोर-से टकराया, अन्दर ब्रेन हेमरेज हुआ, गिरा और मर गया।

मैं ख़ामोश हो गया। उत्सुकता चरम पर थी।

"फिर क्या हुआ?" तीन-चार स्वरों ने एक-साथ सवाल दागा।

"हुआ क्या? नागोबा ने तारू के पिता मोतीचन्द को भड़का दादा पर हत्या का का केस दायर करा दिया। दादा गिरफ्तार हुए। अवध भैय्या, शाग़िर्द ही नहीं, आधा खण्डवा जमानत देने को तैयार था। मुकदमा चला। ललिता एकमात्र प्रत्यक्ष गवाह थी। उसी की गवाही पर दादा छूटे।"

"उसने क्या गवाही दी?"

यही सवाल मैंने भी उससे पूछा था, "ललिता! तुमने सत्य घटना से जज साहब को अवगत क्यों नहीं कराया?"

"मैं भी एक औरत हूँ भैय्या! सच बोलती तो अप्पा को आजन्म की जेल होती। सज़ा तो मेरी भोली-भाली अम्मा को भी भोगनी पड़ती। मैं तो आधा सच बोली, "जज साहब! मेरी पिटाई कर रहे मेरे घरवाले को अप्पा ने पूरी ताक़त से अलग किया। नशे में धुत वो लड़खड़ा कर गिरा। गिरते वक़्त उसका सिर दीवार से टकराया। अप्पा निर्दोष हैं।"

धोखेबाज़

'हमारे पूज्य पिता श्री चुन्नीलालजी बाथम की बरसी के मांगलिक श्राद्ध के ब्राह्मण भोज के अवसर पर आप सादर आमन्त्रित हैं। ब्राह्मणों द्वारा बनाया भोजन शुद्ध, सात्विक एवं शाकाहारी होगा। साग्रह नम्र निवेदन है पधारकर अनुग्रहीत करें।'

निमन्त्रण पत्र ने यादों के गलियारों से निकाल चुन्नी को ला खड़ा किया। 'छोटे साब। आ गया।' गठीला कसरती ठिंगना बदन। गेहुआँ रंग। छोटे से गोल चेहरे पर सुतवां नाक। मूँछों से सजे पतले होंठ। छोटी-छोटी सतर्क तेज़ आखें। चेहरे पर सदा खिली रहने वाली मुस्कान। गले में काला गंडा। बाँयीं बाँह की उभरी मछली पर काले धागे में बँधा ताबीज़। सिर पर गाँधी टोपी। खादी की बाला बंडी और घुटनों तक धोती। पाँव में कोल्हापुरी चप्पल। हँसता-मुस्कराता, मृदु व्यवहार से सब का दिल जीतने वाला व्यक्तित्व। कपड़ों की धुलाई, प्रेस, रँगाई में उस्ताद। हर ग्राहक की पसन्दानुसार समय पर काम कर देने वाले। ग्राहक को अन्नदाता मान उनसे व्यावसायिक की बजाय पारिवारिक रिश्ते निभाने वाले चुन्नी था हर दिल अजीज। इसी के बल पर धन्धा ख़ूब फला-फूला। लाण्ड्री के मालिक बन गये। लेकिन कपड़े धोना-प्रेस करना बन्द नहीं किया।

पहलवानी के शौक़ीन। काम धन्धे से समय चुरा बड़ाबम के अवध भैय्या के अखाड़े में कसरत, ज़ोर करने, कुश्ती लड़ने पहुँच जाते। हरफन-मौला। चाहने वालों, परिचितों के चुन्नी पेलवान, मुहल्ले के चुन्नी काका। हर तीज-त्योहार-पर्व पर मौज मस्ती। मगर पसंदीदा थी होली। रंगों का त्योहार। कोई बन्धन-वर्जना नहीं। छोटे-बड़े, अमीर-गरीब सब कुछ भूल एक हो जाते हैं। पीकर चुन्नी ख़ूब मस्ती करता। बोतल सिर-कन्धे पर रख कबीर गाता नाचता।

मस्ती के पीछे थी बचपन में भोगी, पीड़ा, दुःख, अपमान और जलालत। उसे भूलने की क़ोशिश थी। पिता मदनलाल खण्डवा के पास भामगढ़ गाँव में रहते थे। खेती के साथ गाँव के सेठों के कपड़े धो प्रेस करने का काम भी करते। माँ थी नहीं। बाप ही पाल-पोसकर बड़ा कर रहे थे। चुन्नी की ख़ातिर दूसरी

शादी नहीं की। धुलाई का सामान ख़रीदने चुन्नी को ले अकसर खण्डवा आना जाना करते। रिश्तेदार अम्बालाल के घर उसे छोड़ सौदा ख़रीदने बुधवारा-बम्बई बाज़ार जाते। बालपन मज़े में बीत रहा था। अचानक जलजला आया। एक रात मदनलाल सोता का सोता रह गया। डरे-सहमे नासमझ चुन्नी की समझ में कुछ नहीं आया। रिश्तेदार बाबूलाल की देख-रेख में यन्त्रवत बाप का क्रिया-कर्म किया। चालाक बाबूलाल ने धीरे-धीरे चतुराई से दुक़ान, मकान और खेती पर कब्ज़ा कर लिया। पटवारी से मिल जायदाद का नामांतरण अपने नाम करा लिया। बाबू के ख़िलाफ़ किसी ने उसकी मदद नहीं की। उसे निकाल बाहर किया। कुछ दिन गाँव में भटकने के बाद अम्बालाल के पास खण्डवा आ गया। उसे भी एक मददगार की ज़रूरत थी। खाने रहने की पगार पर सौदा महंगा नहीं था। ऊपर से अनाथ पर उपकार का छप्पर।

अल सुबह उठ घर-दुक़ान की साफ़ सफ़ाई करता। बासी रोटी सब्ज़ी चाय के नाश्ते के बाद मैले कपड़ों का गट्ठर धोने ले जाता। कपड़ों को प्रेस कर ग्राहकों को पहुँचाता। वापसी में मैले कपड़े ले आता। बाप ने गाँव की स्कूल में मिडिल तक पढ़ाया था। सो हिसाब भी कर लेता। घर दत्त मन्दिर के पीछे की गली में होने से बुधवारा-बम्बई बाज़ार पास थे। सब्ज़ी लाने, आटा पिसवाने का काम भी उसे दे दिया। पूरी ईमानदारी, लगन, परिश्रम और पारिवारिक सदस्य बन मन लगा कर काम करता। न कोताही, न कामचोरी और न शिकवा-शिक़ायत। निकाल देंगे तो कहाँ जाऊँगा?

बढ़ती उम्र ने ज़िन्दगी की कड़वी सच्चाईयों और व्यक्तियों के स्वार्थपरक व्यवहार की समझ की क्षमता पैदा कर दी। अपनी नौकर की हैसियत समझ में आने लगी। रही-सही कसर मुसीबत के समय हाथ खींच लेने वाले शुभचिन्तकों ने पूरी कर दी। गुरू ज्ञान दिया, 'कब तक अम्बालाल की गुलामी करेगा। अब बच्चा नहीं रहा? अपना धन्धा अलग से चालू कर। जो मदद लगेगी हम करेंगे।' उसकी मुलाकात रेलवे स्टेशन के सामने की पार्वती बाई की धर्मशाला के मैनेजर बिजू काका से करा दी। उनके कपड़े धोता ही था। उसके काम की लगन से वे खुश थे। धर्मशाला के बाहरी बरामदे में नाई, भोजनालय, होटल थी ही। धोबी की दुक़ान की कमी चुन्नी ने पूरी कर दी। बिजू काका ने पुरानी टेबल-कुर्सी दे दी। धर्मशाला के एक कमरे में रहने का इंतज़ाम भी कर दिया। चाय-नाश्ते-खाने के लिए अग्रवाल भोजनालय था ही। चुन्नी की गाड़ी चल निकली। अपने भीतर चतुर व्यापारी की खोज विकसित करने लगा। दुक़ान, आमदनी अब उसकी अपनी थी। किसी का मोहताज नौकर नहीं?

अपने काम की हवा अम्बालाल को लगने नहीं दी। पता चलने पर चुन्नी के विश्वासघात ने तिलमिला दिया। उसके कई ग्राहक चुन्नी के पास चले गये थे। उन्हें मनाने-पटाने की असफल क़ोशिश की। मजबूरी में हालात से समझौता करना पड़ा। स्टेशन मास्टर जॉन इरविंग बंगले जाने हेतु चुन्नी की दुक़ान के सामने से गुजरते थे। चुन्नी बड़े आदर-श्रद्धा से "हुज़ूर माई बाप सलाम" ठोंकता। लड़के की ख़ुशामद रंग लायी।

'वेल! क्या नाम टुमारा?'

चुन्नी ने दौड़ कर सलाम कर चरण छुए, 'हुज़ूर माई बाप चुन्नी बाथम।' हाथ जोड़ खड़ा हो गया।

दीन नम्रता भा गयी, 'वेल चुन्नी! हमारे रेलवे का कपरा धोना माँगता। धोयेगा?'

'हुज़ूर हुकुम देंगे तो गुलाम ज़रूर धोयेगा।'

'काल स्टेशन आकर मिलो।'

'जो हुकुम हुज़ूर माई बाप।'

बम्बई मुख्यालय में यह काम देखने वाले अपने मित्र फिलिप कैम्पबेल के नाम पत्र दे कर चुन्नी को बम्बई भिजवा दिया। पहले, दूसरे तथा इण्टर क्लास के यात्रियों की चादरें, टॉवेल, कम्बल आदि की धुलाई का काम उसे दे दिया। धुले कपड़े देने, मैले लेने हेतु आने-जाने का इण्टर क्लास का पास भी बना दिया। ज़िन्दगी की लड़ाई ने बहुत कुछ सिखाया था। बनिया बुद्धि भिड़ा खण्डवा की सस्ती चीज़ें बम्बई के व्यापारियों को बेचने लगा। वहाँ से सस्ती वस्तुएँ ला सीताराम किराने वाले को बेच दुहरा मुनाफ़ा कमाने लगा। जान साहब का काम मुफ्त में करता। दोनों हम प्याला दोस्त बन गये। एक नौकर रख लिया। चारों ओर से लक्ष्मी बरसने लगी। धर्मशाला में रहना अपमानजनक लगने लगा। हमारी गली में ज़मीन ले तीन मंज़िला मकान बनवाया। पहले कमरे में लॉण्ड्री खोली। पिछवाड़े आँगन में कपड़े-धोने सुखाने प्रेस की व्यवस्था की। सोने के कमरे की दीवार में लोहे के मजबूत पल्लों वाली एक खाने की अलमारी बनायी। जिसकी चाबी हमेशा गले के गंडे की डोर में बाँध सीने से लगाये रखता।

चुन्नी की दिन दूनी रात चौगुनी आर्थिक तरक्की ने अम्बालाल को गहरे तक प्रभावित किया। गुस्सा थूक बेटी लाली उसे ब्याह दी। दो बेटे-बेटियों के भरे पूरे परिवार का बाप बन गया। बहुएँ-दामाद ले आया। आज़ादी के बाद जान और फिलिप साहबान सपरिवार इग्लेंड चले गये। ऊपरी आमदनी को लेकर बम्बई वाले साहबों ने चुन्नी का काम छीन कर दूसरे को दे दिया। चुन्नी के सरपरस्तों

ने उसकी जड़ें इतनी मज़बूत जमा दी थी कि उसने भी परवाह नहीं की। नये ग्राहक मिल गये। धर्मशाला की दुक़ान थी ही। बचपन में उठायी मुसीबतों की छाया से बच्चों को दूर रखा। हर सुख-सुविधा जुटाने लगा।

चुन्नी को होली बेहद पसन्द थी। तीन दिन पहले से रंगपंचमी तक मस्ती में डूबा रहता। आँगन में शामियाना तान रिश्तेदारों, अखाड़े के मित्रों का पान, नमकीन, मिठाई, ठण्डाई, बोतल और रंग-गुलाल से स्वागत करता। ढोलक पर रात भर फाग-कबीर गाता। "...हर...र...र...घच्च...कबीर...हम...छाने...मस्ती... तुम...सदा...फकीर...र...हर...र...घच्च...कबीर...मस्ती में बोतल सिर पर रख ठुमके लगाता। कमर लचका लाली साथ देती। झूमता-झामता पड़ोसी छोटेलाल को आवाज़ देता...अरे...छोटू...भाई...आ...यार...होली...का मज़ा ले ले। उनके आने पर बोतल अड़ा देता...ले...यार...थोड़ी...चख...ले...होली...माँ...का...पर...साद... चख...ले...प्यारे...।"

अरे...ये...क्या...कर रहा है चुन्नी...तुझे मालूम है...मैं...चाय तक नहीं पीता... हटा इसे। बोतल हटा भाग जाते। हँस-हँस लोट-पोट हो जाता चुन्नी। मस्ती में गाता...अर...र...र...घच्च...कबीर...हम...छाने...मस्ती...छोटू...सदा...फकीर...।

चुन्नी की ज़िन्दगी में आये संघर्ष का सैलाब लाली ने निकट से देखा था। उसे कभी शिक़ायत का मौक़ा नहीं दिया। अपने प्यार, ममता-स्नेह के मज़बूत रेशमी धागों से परिवार को एकजुट रखा। बाप-बेटे के बीच के पीढ़ियों के अन्तराल के बीच पुल थी। तीन दिन के स्वाइन फ्लू में चल बसी। रेशमी डोर, परिवार की धुरी, पुल टूट गये। चुन्नी के जीवन में भावनात्मक अँधेरा पसर गया। सबसे पहले छोटा बेटा धर्मशाला की दुक़ान पर कब्ज़ा कर बीबी-बच्चों के साथ अलग हो गया। घर-लॉण्ड्री पर बड़े बेटे-बहू ने अधिकार जमा लिया। वह देखता ही रह गया। कुछ भी कहने की हिम्मत नहीं हुई। बच्चों के लिए अप्रासंगिक हो गया। बचपन में परायों ने मुसीबत दी। अनाथ बना घर से निकाल दिया। अब संतान दुश्मनी निभा रही है। बच्चे बेघर करने पर तुले हैं। परायों की शिक़ायत की जा सकती है। संतान की नहीं। बच्चों की बुराई करना नंगे होने जैसा है। नालायक संतान को प्यार करना माँ-बाप की मजबूरी है। खून के घूँट पीकर रह गया। भूख बुढ़ापे में ज़्यादा और जल्दी-जल्दी लगती है। अच्छे खाने-पीने को चुन्नी परेशान रहता। लाली पूरा ध्यान रखती थी। समय पर चाय नाश्ते तरह-तरह के खाने का इंतज़ाम बिन कहे समय पर कर देती थी। उसके पास चुन्नी की साँसों का हिसाब भी था। पर बड़ी बहू अपने हिसाब से काम करती। कभी-कभी बासी रोटी-सब्ज़ी का नाश्ता करा देती। चुन्नी तिलमिला जाता। पत्नी और पैसे की ज़रूरत बुढ़ापे

में अधिक होती है। यह अहसास सताने लगा। दोनों से वंचित था। भूख से बिलबिलाया चुन्नी भटकते हुए धर्मशाला में आयोजित स्वागत भोज की जूठन के लिए खड़ी छोटी-सी भीड़ के पास उत्सुकतावश जा पहुँचा। आयोजक जूठन बाँटने लगे। उसे भी पत्तल थमा दी। पकवानों की महक से भूख बेकाबू हो गयी। कोने में बैठी चुपचाप सिर झुकाये खा रही पड़ोसन के बग़ल में बैठ खाने लगा। खाने के बाद पड़ोसन को निहारा। मटमैला गोरा रंग। आधे से ज़्यादा पके बाल। सूखे चेहरे की धँसी आँखों के चारों ओर काले घेरे। मैली-कुचैली साड़ी-ब्लाउज़। सिन्दूर, मंगलसूत्र, बिछिया हीन विधवा काया। उनकी मिली मार्मिक नज़रें नालायक संतानों के व्यवहार की कहानी कह गयीं। गहरी साँस ली।

'क्या नाम है तेरा?'

'लीला।'

'लाली बुला सकता हूँ?'

'हाँ! घर वाली का नाम था? बहुत प्यार करते थे?'

मंजूरी में सिर हिलाया, 'बेटा क्या करता है?'

'बैंक में है। बहू मास्टरनी। पोते-पोती की ममता ने बाँध रखा है। वे अपनी गृहस्थी में मगन हैं।' गहरी साँस लीला ने ली, तेरे यहाँ?'

'लॉण्ड्री है। बेटे ने हड़प ली।'

'धोबी है।'

सिर हिला मंजूरी दी। प्यार के भावनात्मक अभाव का अँधेरा उनकी ज़िन्दगियों में पसरा था। स्नेह-दीप जला दूर करने की क़ोशिश करने लगे। स्नेह भोज की सूचना एक दूसरे को ज़रूर दे वहाँ मिलते। चुन्नी की मिठाई की कमज़ोरी भाँप अपना हिस्सा भी लीला उसे देने लगी। पीढ़ियाँ बदल गयी थीं। चुन्नी के समय की पीढ़ी पृष्ठभूमि में चली गयी थी। नयी पहचानती नहीं थी। पकड़े जाने अपमानित होने का डर नहीं था। गाहे-ब-गाहे दो अनाथ कभी बड़ाम तो कभी पार्वती बाई की धर्मशाला के बगीचे में मिल सुख दुःख बाँटते। एक-दूसरे का हाथ पकड़े लम्बे समय तक मौन बैठे रहते। स्पर्श सब कुछ कह देता। दोनों अकेले थे। अकेलेपन को एक-दूसरे की मदद से दूर करने की क़ोशिश कर रहे थे। कुछ पैसा मिलने पर चुन्नी द्वारा चूड़ियाँ, काली टिकुली भेंट करने पर लीला का मुख लज्जा से लाल हो आया। एकाध बार स्नेह भोज पर चुन्नी के न पहुँचने पर ख़ुद थोड़ा-सा खा ढेर सारा खाना पल्लू में छिपा उसके दरवाज़े पहुँच इशारे से उसे बुला खिलाने हेतु बगीचे ले जाती। उसे खाते देख मुख-मन तृप्ति से भर जाता।

कई दिन चुन्नी के न आने पर परेशान हो गयी। दरवाज़े जा खड़ी हुई।

भाग दौड़ चल रही थी। पता चला बीमार चुन्नी सिविल अस्पताल में भर्ती है। देखने जा धमकी। कम्पाउण्डर ने लीवर की बीमारी बतायी। बेचैन हो उठी। नींद उड़ गयी। कुछ अच्छा नहीं लगता था। स्नेह भोज जाना बन्द कर दिया। मानसिक पीड़ा से बुखार आने लगा। बिस्तर पकड़ लिया। सप्ताह भर बाद चलने फिरने लायक होने पर चुन्नी से मिलने गली में आयी। आँगन में अर्थी सजी थी। भाग-दौड़ चल रही थी। अर्थी पर सुलाने के पहले बड़े बेटे ने गले के गंडे से चाबी निकाल छिपा ली। अर्थी देख दुख पीड़ा का गोला पेटे से निकल लाली के गले में आ अटका। तेज घबराहट से देह काँपने लगी। मरणान्तक पीड़ा ने बेचैन कर दिया। सँभलने की क़ोशिश की। फुसफुसाई, 'धो...खे...बाज...धोख़े...बाज...तूने भी धोख़ा...दे दिया...चूड़ियाँ निकाल अर्थी पर डाल दीं।

'ऐ पगली। ये क्या कर रही है। चल भाग...।' छोटा बेटा धक्के दे भगाने आता उसके पहले रोती कलपती चल दी।

आगे की कहानी छोटी-सी है। तेरहवीं के श्राद्ध के बाद सारे रिश्तेदारों के चले जाने पर बेड़े लड़के ने बेडरूम की अलमारी खोली। सामने जगह खाली थी। अन्दर हाथ डालने पर रुपयों की गड्डी से हाथ टकराया। चौंक पड़ा। गाड्डियाँ बाहर निकालीं। गिनी पूरे तीन लाख थे। साथ में एक पुर्ज़ा, 'बच्चों! पेट काटकर, अपनी इच्छायें मार इन्हें जमा किया है। बरबाद मत करना भविष्य की मुसीबत की लाठी है ये। सँभाल कर उपयोग करना। आशीष-चुन्नी।

पैसे ने कर्तव्य बोध जगाया।

ठहरी हुई ज़िन्दगी

चालीस साल बाद अपने शहर खण्डवा लौटा हूँ। इस बीच आबना में ढेर सारा पानी न केवल बह चुका है, उसकी चौड़ाई में भी परिवर्तन हुआ है। बरसाती दिनों को छोड़ अब वह डबरों में बिखर जाती है। पाट उबड़-खाबड़, छोटे-बड़े पत्थरों का रेतीला रह गया है। शहर की सीमाओं और जनसंख्या में अभूतपूर्व बढ़ोत्तरी हुई है। पैंतीस, पचास हज़ार का कस्बाई शहर दो लाख की आबादी को छू रहा है। नगर पालिका, नगर निगम में बदल गयी है। शहर का फैलाव चारों ओर है। नयी-नयी कॉलोनियाँ बस गयी हैं। उत्सुकता के साथ गर्व का अनुभव भी होता है। मेरे खण्डवा की भी तरक्की हो रही है। वह अपने अस्तित्व को मनवा रहा है।

बाज़ार भी नयी जगहों पर कब्ज़ा ज़माने लगा है। पहले बाज़ार, बाज़ार में था। सिर्फ़ दो बाज़ार थे, बुधवारा और बम्बई बाज़ार। लोग ख़रीददारी और घूमने बाज़ार जाते थे। लेकिन अब! बाज़ार गली-मुहल्लों और नयी कालोनियों में पहुँच गया है। कुआँ ख़ुद प्यासों के पास जा पहुँचा है। चतुर व्यापारी जहाँ भी मौक़े की जगह देखते हैं ज़रूरत के मुताबिक़ दुक़ान खोल देते हैं। पगड़ी और मकान खाली करने की एवज में रक़म माँगने का रिवाज भी चल पड़ा है।

नहीं बदली है तो पुराने शहर की फिज़ा और माहौल। मेरा पैतृक घर जिस गली में है दुक़ानें वहाँ भी खुल गयी हैं। किराने, टी.वी.-रेडियो रिपेयरिंग, बिजली के सामान की दुक़ानें। किन्तु वह और आस-पास के मुहल्ले अभी भी सोये लगते हैं। सन्नाटा पसरा रहता है। लगता है वक़्त ठहर गया हैं सिर्फ़ इतना बदलाव आया है कि गोबर-गारे और केवलू टीन की जगह सीमेण्ट कंक्रीट ने ले ली है। कुछ घरों में फ़ोन भी आ गये हैं और एस.टी.डी., पी.सी.ओ., हर गली-मुहल्ले में खुल गये हैं। नयी पीढ़ी अपनी उपस्थिति दर्ज़ करा रही है। पुरानों में से कई रहे नहीं। मेरे समान, मेरी पीढ़ी के कई-नवयुवक इंदौर, भोपाल जैसे महानगरों में अपनी तक़दीर आज़माने चले गये। उनमें से कुछ, अँगुलियों पर गिने जाने योग्य,

सेवा निवृत्ति के बाद, जड़ों से जुड़ने लौट आये हैं। अपनी समृद्धि से पुरखों के मकानों को नया रूप दे दिया है।

अपनी जन्मभूमि के शहर के अहसास को अपने अन्दर उतारने के लिए पैदल घूमने निकल पड़ा। सबसे पहले मालीकुवाँ गया। दो कुएँ अगल-बगल बने हैं। गोल के बजाय वे चौकोर हैं तथा एक खिड़की से जुड़े हैं। एक साथ दो चौकोर कुएँ मैंने कहीं नहीं देखे। कुओं में अखूट झीर है। पिताजी कहा करते थे छप्पन के काल में सारे शहर को इन्हीं ने पानी पुराया है। चौबीसों घण्टे पम्प चलते थे पर पानी था कि ख़त्म होने का नाम ही नहीं लेता था। लेकिन थे हत्यारे। दो चार साल में एकाध बलि ले लेते थे। दिन भर नहाने, कपड़े धोने, पानी लेने वालों, नगर पालिका के टैंकरों की भीड़ लगी रहती थी। थोड़ी देर ताक़ता रहा। कुएँ के एक ओर हिंगलाज माता का और दूसरी ओर सड़क पार दत्त मन्दिर है। दोनों के दर्शन किये। आस-पास काफ़ी दुक़ानें-होटल खुल गये हैं।

वहाँ से बड़ाबम आया। नागपंचमी पर यहाँ मेला लगता था। पूछने पर पता चला अब भी लगता है। हनुमान मन्दिर के पास अवध भैय्या का अखाड़ा है। जहाँ मैंने भी जोड़ लड़ी है। खासकर नागपंचमी पर जीतने वालों को तो लच्छू भाई नारियल देते ही थे, हारने वालों को भी मिलता था। अवध भैय्या दूध पिलाते थे। अखाड़े को दुक़ानों ने पीछे ढकेल दिया है। इस कारण अखाड़े की शान फीक़ी पड़ गयी है। वैसे भी ऐरोबिक्स और जागिंग के ज़माने में पहलवानी गँवारों-पिछड़ों का खेल माना जाता है। वहाँ से फ़ुर्सतगंज, कुम्हारबेड़ा होते हरिगंज की ओर मुड़ा। मकानों-दुक़ानों को निहारता चेहरों को पहचानने की क़ोशिश करता अपनी धुन में चला जा रहा था, कि अचानक वो सामने आ खड़ी हुई। मैं ठिठका।

''क्यों रे तू मुन्ना है ना?''

बचपन के जिस नाम को वर्षों पहले भूल चुका था उसे पुकारने वाला निश्चय ही कोई निकटतम परिचित है। बहुसंख्य पके बालों ने कालों को ढँक लिया था। माँग पर सिन्दूर, मंगल-सूत्र, बड़ी-बड़ी बादामी आँखों के नीचे स्याह घेरे, काफ़ी ख़ूबसूरत रहे चेहरे पर उभरती झुर्रियाँ, कसी दुबली-पतली काया। दिमाग़ पर बहुत ज़ोर देने के बाद भी पहचान को याद नहीं कर पाया।

''अ...आ...प...?'' हकलाया

''क्यों रे! नहीं पहचाना न? पहचानेगा भी कैसे? कित्ते सालों बाद देख जो रहा है? पर तेरे में कोई खास बदलाव नहीं आया है? इसीलिए पहचान गयी। हाँ गाल, देह भर गयी है। सोचकर बता मैं कौन हूँ?'' उत्सुकता उनकी बड़ी-बड़ी आँखों से झाँक रही थी।

दिमाग़ पर ज़ोर देने के बाद भी असफल रहा। मेरी हैरानी-परेशानी को वो ताड़ गयीं।

"अरे मैं हूँ मैं...तेरी तारा जीजी...प्रेमसिंह मास्टर साहब की बेटी? जिनके घर तू पढ़ने आता था।"

मैं आसमान से गिर पड़ा, "जी...ज्जी...आप? ओह! आप!...माफ़ करना।" पाँव पड़ने के लिए जल्दी से झुका।

"ठीक है...ठीक है..." दोनों कन्धे पकड़ बीच में ही रोक लिया, "अभी तो रहेगा ना?"

"हाँ"

"चाय-नाश्ते के लिए घर आना?"

"ज़रूर! कहाँ रहती हैं?"

"वहीं! अपने पुराने घर में? शिक्षिका हूँ।"

"और जीजाजी?"

प्रसन्नता से चमकता चेहरा मुरझा गया। एक पल चुप रही, "वो सब घर आने पर बताऊँगी। अच्छा चलती हूँ।" कदम बढ़ाने के पहले बोलीं, "आना ज़रूर। कितने बजे आयेगा?"

समझ गया बात टाल रही है, "यही कोई चार बजे?"

"तब तक मैं भी स्कूल से लौट आऊँगी। अच्छा।"

तेज़ कदम जाती तारा जीजी की चौड़ी पीठ देखता रह गया। बढ़ती उम्र और वक़्त, ख़ूबसूरत जिस्म के साथ जो खिलवाड़ और बदसलूकी करता है तारा जीजी उसका उदाहरण थी।

तारा अपने मुहल्ले की ही नहीं शहर की गिनी-चुनी बेहद ख़ूबसूरत लड़कियों में से एक थी। उनके पिताजी प्रेम सिंह ठाकुर प्राइमरी शिक्षक थे। और मैं दूसरी हिन्दी का उनका छात्र। मोटे ताजे, खादी का कुर्ता-पायजामा, टोपी और चप्पल। ठाकुर साहब गाँधी भक्त ही नहीं स्वाधीनता थे, आन्दोलन से भी जुड़े थे। चूँकि शहर के सभी प्राइमरी और मिडिल स्कूल नगर पालिका के थे, सो शिक्षकों को काँग्रेसी आन्दोलन में भाग लेने की छूट थी। तारा और माया दो बेटियाँ थी उनकी। माया की बजाय तारा असाधारण रूप से सुन्दर थी। उनके घर के आस-पास ठिल्वों का मँडराना स्वाभाविक था। ठाकुर साहब अपनी बेटी पर गर्व तो करते थे मगर जानते थे, जिस आँगन में इमली होगी ढेले तो आयेंगे ही। अतः सजग और सतर्क थे। उनके रोबीले व्यक्तित्व से तारा प्रेमी ख़ौफ खाते थे। उन्हें आस-पास देख फूट लेते। बच्चों को भी अनुशासन के शिक़ंजे में कस

रखा था। मजाल की बेटियाँ फ़ालतू दरवाज़े पर खड़ी हो सहेलियों से ही...ही... खीं...खीं कर लें। छात्र भी उनसे काँपते थे।

गणित मेरी सबसे बड़ी कमज़ोरी थी। जब दूसरी में गणित में फ़ेल हो गया तो पिताजी ने प्रेम सिंह मास्साब के यहाँ ट्यूशन पढ़ने जाने की व्यवस्था कर दी। गणित के वो विशेषज्ञ थे। एक तो स्कूल में ही उन्हें झेलना दुश्वार था, फिर घर पढ़ने जाना एक सज़ा बन गयी। बस्ता और हाफ पैण्ट सँभालते डरते-डरते दरवाज़ा खोल अन्दर गया।

चड्डी-बनियान में आँगन में बिछे तख़्त पर बैठे मास्साब पान-पत्ती तैयार कर रहे थे। मुझे देखते ही गुर्राये, "क्यों रे! गणित में नानी मरती है?"

क्या जवाब देता। सिर झुकाये चुपचाप खड़ा रहा।

"कितने मिले थे गणित में?"

जानता था जवाब नहीं देने पर डाँट पड़ेगी, "जी दस में से दो।"

"दस में से दो? शरम-लज्जा कुछ है की नहीं? आठ-नौ साल का भूत। अच्छे भले घर का लड़का और दस में से दो? दूसरी में कितने साल रहने का इरादा है?"

चुप!

"आ बैठ। तारा....." उन्होंने आवाज़ दी।

अन्दर जाने वाले दरवाज़े के पर्दे के पीछे शायद वो खड़ी थी। झट से बाहर आयी।

"ला मेरा कुर्ता-पायजामा-टोपी दे। स्कूल इंस्पेक्टर से मिलकर आया। तब तक तू इसे तीस तक के पहाड़े, अद्धा, पौने के पहाड़े भी सिखा। समय बचे तो पहली वर्णमाला के चार एक सवाल भी करा देना।"

कपड़े माया ले आयी। उन्हें पहन चल दिये। चर्र...र...चूँ...के साथ आँगन और सड़क के बीच का दरवाज़ा बन्द हो गया। फिर भी सिर नीचा किये खड़ा रहा। तभी एक कोमल हथेली ने बाँह पकड़ी ली।

"क्या नाम है रे तेरा?" स्वर घुँघरूओं की मीठी रुनझुन से भी ज़्यादा कर्ण प्रिय था।

"जी। मुन्ना।"

"ये तो घर का नाम है। मैं भी तुझे मुन्ना ही पुकारूँगी।"

"जी"

"अब यहीं खड़ा रहेगा कि पढ़ेगा भी?"

आश्वस्त करने वाले स्पर्श ने डर को भगा दिया, सिर उठा कहा, "जी! पढ़ूँगा।"

बड़े-बड़े बादामी नयन और पतले लाल होंठ ही नहीं, मुस्कराता ख़ूबसूरत चेहरा बेहद आकर्षक लग रहा था। वक्ष पर झूलती दो चोटियाँ। कस कर बाँधी साड़ी में खिलती देह से झरती ख़ुशबू और सुन्दरता ने मुझे बाँध लिया।

"मैं हूँ तेरी तारा जीजी और ये माया जीजी। समझा।" हँसते-हँसते तख़्त पर ले गयी। और पढ़ाई शुरू हो गयी।

समय बीतने के साथ हिम्मत खुलती चली गयी। अक्सर तारा ही पढ़ाती। बीच-बीच में माया भी। मास्साब को तो फुर्सत थी नहीं। आये दिन स्कूल के काम से नगर पालिका, कांग्रेस दफ्तर और स्कूल इंस्पेक्टर का आूफिस तो था ही। बीच-बीच में पूछ ज़रूर लेते, "पढ़ाई कैसी चल रही है? पहाड़े याद कर लियै?"

डरते-सहमते उत्तर देता, "जी अच्छी चल रही है। तीस तक पहाड़े, आधा पौन ही नहीं डेढ़ और अढ़ाइया के भी आते हैं।"

"ट्यूशन फी की पिताजी को याद दिला देना?"

"जी"

पढ़ाई के साथ मस्ती भी होने लगी। तारा जीजी की पीठ पर लदना, गले में झूल जाना, रूठना, मनाना भी चलता। वे भी मुझे गुदगुदाती, डरातीं, "फिर फेल होना है क्या? मस्ती अब बिलकुल नहीं? ये सवाल करके बताओ? नहीं तो बाबूजी से शिक़ायत कर दूँगी कि पढ़ाई में तुम्हारा जी नहीं लगता?"

गुस्से और डर के मारे रूठकर पढ़ने बैठ जाता। जब बड़ी देर न तो बोलता न ही उनकी ओर देखता तो गुदगुदाते हुए छेड़तीं, "क्यों रे, नाराज़ हो गया अपनी जीजी से?"

"मत तंग करिए? सवाल छुड़ाने दीजिए?"

"अच्छा बाबा। मैं शिक़ायत नहीं करूँगी? अब तो ख़ुश?" फिर भीतर से कटोरी में जुआर की नमकीन धानी ला सामने रख कहती, "ले खा ले। बड़ी देर से पढ़ रहा है।" अपनी गोद में बिठा, अपने हाथ से खिलाने लगतीं। गुस्सा न जाने कहाँ हवा हो जाता।

अपनी धुन में बस्ता, हाफ पैण्ट सँभालते ट्यूशन पढ़ने जा रहा था। जगन दादा ने रास्ता रोक लिया। वो मास्टर साहब के घर के आस-पास मँडराया करता था।

"क्यों रे, किससे पढ़ता है?"

"कभी गुरूजी पढ़ाते हैं, कभी माया दीदी? पर ज़्यादातर तारा जीजी ही पढ़ाती हैं।"

"तुझे अच्छी लगती है?"

"हाँ! भौत। मुझे प्यार जो करती हैं। पढ़ाने के साथ खिलाती-पिलाती भी हैं।"

"तू भी उन्हें प्यार करता है"

"हाँ"

"तब तू उनकी पप्पी ले सकता है?"

"ले सकता हूँ।"

"तू नहीं ले सकता?"

"ले सकता हूँ?" मैं दृढ़ था।

"तो फिर इनाम में कचोरी खा। पप्पी लेकर आने के बाद एक कचोरी और दूँगा।"

कचोरी खा हाफ पैण्ट से हाथ पोंछ मास्टर साहब के घर जा पहुँचा। तख़्त पर बैठी तारा स्वेटर बुन रहीं थी। पीठ दरवाज़े की ओर थी।

"आ गया तू?"

"हाँ जीजी।" तख़्त पर चढ़ बस्ता रख गले में हाथ डाल झूल गया।

"आते ही मस्ती? चल पढ़ने बैठ?" मेरी गर्दन में हाथ डाल आगे की ओर ज्यों ही खींचा, मैंने चट से चूम लिया। तेज़ी से खींचकर सामने खड़ा कर लिया।

पहले तो शर्म से सुर्ख हो गयी, "बदमाश कहीं का? ये क्या करता है?" हैरानी और गुस्से में बड़ी-बड़ी आँखें और बड़ी हो गयी, "किसने सिखाया तुझे?"

सच ही मैं डर गया। लगा कोई तो भी बहुत बड़ा अपराध कर डाला है। रुआँसा चुपचाप खड़ा रहा।

"अब चुप क्यों है? जवाब क्यों नहीं देता? किसने ये सब सिखाया?"

"जगन दादा ने? ईनाम में एक और कचोरी जो देंगे।"

स्तब्ध देखती रही, "बित्ते भर का लड़का। बदमाश गुंडों की सोहबत करता है? ठहर! आज ज़रूर बाबूजी से शिक़ायत करूँगी। तेरे पिताजी को कहकर पिटवाऊँगी?"

बुरी तरह से घबरा गया। रोते-रोते उनके पैरों में गिर पड़ा, "अब नहीं करूँगा ऐसा जीजी? मुझे माफ़ कर दो।"

खींच कर गोद में ले लिया। मेरे आँसुओं को चूम पीठ सहलाते सांत्वना दी, "उससे बात भी मत करना? वरना इतना पीटूंगी...वरना इतना पीटूँगीं कि ठीक हो जायेगा? वो पूरा गुंडा है गुंडा।"

अन्दर से पानी ला आँखें पोंछ पानी पिलाया। उसके बाद पढ़ाई क्या होनी थी?

बात आयी गयी हो गयी। पढ़ाई अच्छी तरह चल रही थी। एक दिन और मूर्खता कर बैठा। जगन दादा फिर मिल गये।

"खायेगा?" चॉकलेट-गोलिया दिखायी।

"हाँ।" आँखों में लालच उतर आया।

"तू अपनी तारा जीजी को ख़ूब प्यार करता है ना?" गोली-चॉकलेट देते पूछा।

"हाँ।" जल्दी से चॉकलेट मुँह और गोलियाँ जेब के हवाले कीं।

"तो फिर सीने पर हाथ रख अपना प्यार इस तरह जताना, तारा...तारा... प्यारी तारा...तेरी नज़र ने मुझको मारा...।"

इसमें मुझे कुछ भी गलत नहीं लगा, "हाँ। जाकर सुना दूँगा।" ख़ुशी-ख़ुशी उछलता-कूदता चल दिया। साँकल खटखटाई। दरवाज़ा तारा जीजी ने ही खोला। रोज तीन बजे पढ़ने जाता था। सो वो तैयार मिलती थीं। उनकी माँ उस वक़्त अन्दर आराम करती थीं और गुरुजी कभी-कभार ही मिलते? वे अक्सर नगर पालिका में होते।

अन्दर आ, बस्ता एक ओर पटक सीने पर हाथ रख, हीरो की तरह गाने लगा, "तारा...तारा...प्यारी...तारा...तेरी...नज़र...ने...मुझको मारा।" जैसे बहुत बड़ी बहादुरी का काम कर रहा था।

हैरान-परेशान कुछ पल अपलक ताक़ती रहीं। तत्काल समझ गयीं कि इसके पीछे कौन है? फिर क्रोध से भर उठीं। तड़ाक से चाँटा रसीद किया, "क्यों रे शैतान? तू फिर गया था उस गुण्डे जग्गू के पास? कचोरी की लालच में?"

पहले सहमा। फिर डर गया। लगा ज़रूर कोई भयंकर गलती कर बैठा हूँ। तत्काल उनके पाँव पकड़ रोने लगा। उनका गुस्सा हवा हो गया। फ़ौरन गोद में उठा लिया। मीठी मुस्कान के साथ आँसू पोंछ पूछा, "इस बार भी कचोरी मिली क्या?"

इनकार में सिर हिलाया, "कचोरी नहीं गोली, चॉकलेट।" जेब से गोलियाँ निकाल हथेली सामने कर दी।

सारी गोलियाँ उन्होंने नाली में फेंक दी, "ख़बरदार! अब जो कचोरी चॉकलेट उससे ली? कित्ती गन्दी-गन्दी बातें सिखाता है तुझको? बोल। अब तो नहीं कुछ लेगा ना? तू तो बहुत अच्छा लड़का है? राजा बेटा?"

हाँ में मैं मैंने मुंडी हिलायी। गोद में उठा तख़्त पर ले जाकर बैठाया। फिर अन्दर से रेवड़ियाँ लायी, "ले खा ले।" मैं खाने लगा। उन्होंने बस्ते से किताब पट्टी निकाली।

शहर के गली-मुहल्लों में भटक, रिश्तेदार-मित्रों से मिल घर लौटा। शकुन मामी बाट जो रही थीं। झुक कर मैंने प्रणाम किया।

"कितने दिनों के लिए आया है तू? तुझे भोजन के लिए आना है?"

"ज़रूर आऊँगा मामी। तुम्हारे हाथ का भोजन खाये बिना जाऊँगा नहीं? अभी तो हूँ महीना पन्द्रह दिन? मामीजी। आज तारा जीजी मिल गयी थीं। बड़ी ख़ुश हुईं मुझे देखकर। घर बुलाया है। जीजाजी को पूछा तो टाल गयीं?"

"ता...रा! टालेगी नहीं तो क्या करेगी बेचारी? इत्ती ख़ूबसूरत लड़की? ज़िन्दगी बरबाद कर दी ससुराल वालों ने? प्रेम सिंह मास्साब के पीछे पड़-पड़ कर मुँह से माँग कर लड़की ली। फिर ऐसा सलूक किया कि क्या बताऊँ?"

"क्या मारते-पीटते थे?"

"नहीं! प्यार तो ख़ूब करता था उसका पति। मगर जब बच्चे नहीं हुए तो अपमानित करने लगा। बात बात पर ताने देता, "ख़ूबसूरती के चक्कर में एक बाँझ को सिर पे बिठा लिया।" अपने को दोषी मान बेचारी अन्दर ही अन्दर घुटती-घुलती रही। फिर एक दिन यह कहकर घर से निकाल दिया, "तेरी ख़ूबसूरती को क्या चाटूँ? इस घर-बार, जायदाद को सँभालने वाला बेटा यदि तू नहीं दे सकती तो इस घर में तेरा क्या काम?" दस साल की शादी के बाद निकाल दिया। तब से मायके में है। जान-पहचान के बल पर मास्टर साहब ने प्राइमरी की मास्टरनी बना दिया। बेचारी तारा?"

मैं स्तब्ध रह गया। जी अनमना और उदास हो आया।

"तो मैं चलती हूँ। खाये बिना जाना मत?"

"जी अच्छा?" मामीजी तो चली गयीं। लेकिन तारा जीजी मेरे ज़ेहन पर छायी रहीं। किसी काम में मन नहीं लग रहा था।

चार बजे जब जीजी के यहाँ पहुँचा तख़्त पर बैठी सब्ज़ी सुधार रही थी। मुझे देख प्रसन्नता से खिल उठीं।

"चल तू आया तो सही? सुना तू बहुत बड़ा आदमी बन गया है? क्या पता गरीब जीजी के यहाँ आये या नहीं?"

"ऐसा कैसे हो सकता है जीजी? आपके आदेश को टालने की हिम्मत मुझमें कहाँ?"

"अब तो गणित से डर नहीं लगता?" मुस्करायीं।

"बिल्कुल नहीं? आपने जो नींव रखी उसी के बल पर तो विदेश में उसे ही पढ़ाने जा सका? अभी आपको आधा, पौन के पहाड़े सुना सकता हूँ।" पूरे उत्साह में था।

"अरे वाह! सो तू कुछ भी भूला नहीं? शाबाश। अच्छा तू बैठ एक मिनट में आती हूँ।" तेज़ी से अन्दर चली गयीं।

कुछ भी नहीं बदला था। वही गोबर-पीली मिट्टी से लिपा आँगन। उसी

जगह रखा तख़्त और दरी। आँगन से लगा बरामदा। चालीस साल पुरानी यादें लौट आयीं।

"ले चाय पी" ट्रे में पानी, चाय, चिवड़ा, मिठाई आदि थी।

"इसकी क्या ज़रूरत थी?"

"है क्यों नहीं? कित्ते साल बाद तो तू आया है? फिर अब का गया जाने कब आये? ले खा।"

चिवड़ा खाते-खाते पूछने की हिम्मत कर डाली, "आपने दूसरी शादी.....?"

बड़ी-बड़ी आँखों की गहरी दृष्टि से कुछ पल ताक़ती रहीं, फिर लम्बी साँस ली "तो तुझे भी पता चल गया? अम्मा-बाबूजी के जीते जी ये कर सकती थी क्या? उन दिनों क्या यह सम्भव था? फिर माया का भी तो सवाल था? तू ही बता भला बदनाम छोड़ी हुई की बहन को कौन ब्याहता? सोच? मेरा जो होना था सो हो गया? उसकी ज़िन्दगी क्यों बरबाद हो? अब तो आदत पड़ गयी है अकेले रहने की।" फिर कुछ पल रुक तख़्त को देखती हुई बोलीं, "जानती नहीं? क्या हैसियत है मेरी? कुँवारी, ब्याहता या विधवा की? दिन, महीने, साल बदल गये। दुनिया बदल गयी। बस ठहर गयी है तो मेरी ज़िन्दगी। जिस प्रकार से ग्रामोफोन पर बज रही रिकॉर्ड की सुई अटक, ठहर जाती है, मेरी ज़िन्दगी की सुई भी ठहर गयी है।"

"मगर जीजी। ये सब बातें तो अब महत्त्वहीन हैं?"

"अब हैं। वे भी कुछ के लिए ही? आज से चालीस साल पहले ऐसा था क्या? पारिवारिक रिश्ते और जिम्मेदारियों में बँधी-बँटी नारी क्या अकेले अपने बारे में सोचकर स्वतन्त्र निर्णय ले सकती थी? अपनी सोच के अनुरूप जीने की आज़ादी तो आज भी नहीं है? ...चल छोड़। कहाँ का पचड़ा ले बैठी? ले गरम कचोरी खा। तुझे अच्छी लगती हैं ना?" शरारती मुस्कान आँखों होठों से झाँकने लगी।

तो जीजी भूली नहीं? कचोरी सच में गरम और स्वादिष्ट थी। बड़ी ममता से मुझे खाते देखती रही।

"शैतानी मस्ती करने की आदत अभी भी है कि भूल गया?" एक असमंजस उनके चेहरे पर उभरा, फिर बोलीं, "क्यों रे। वो क्या तूने गाया था...तारा... ता...रा।"

मैं घबरा गया। जल्दी से कचोरी खत्म कर व्यस्त-सा उठ खड़ा हुआ, "अच्छा तो अब चलूँ जीजी। और भी दो-चार जगह जाना है।" झुक कर प्रणाम कर भाग खड़ा हुआ।

दूसरा देवदास

तारा जीजी की ठहरी हुई ज़िन्दगी की व्यथा-कथा से प्रभावित अनेक मित्रों-पाठकों ही नहीं, मन्दसौर के सुधी समीक्षक मित्र विषपायी की उत्साहवर्धक समीक्षात्मक टिप्पणी के साथ शिक़ायत मिली। कहानी अधूरी है। जग्गू दादा के बारे में जानने को सभी बेचैन हैं। बात मुझे भी सही लगी। किन्तु जग्गू दादा का ख़ौफ मेरे बाल मन में कुण्डली मारे बैठा था। फिर भी उत्सुकता ने उकसाया। उनसे मिलूँ। सोचा तारा को भूल घर-गृहस्थी के चक्कर में 'भूल गये राग-रंग। भूल गये छकड़ी। तीन बात याद रही। नोन, तेल, लकड़ी' को चरितार्थ करते हुए कोल्हू के बैल की तरह जुते होंगे। मन उनकी इस छवि को देखने को लालायित था। वरना उन दिनों जग्गू दादा मारकीन की बढ़िया धोती, मलमली कुर्ता, इत्र-फुलेल में रचे-बसे सुगन्ध-कुप्पी बने तारा सुन्दरी के घर-मुहल्ले के चक्कर लगाया करते थे।

महानगर बनते इंदौर, भोपाल की तुलना में मेरा खण्डवा अभी भी कस्बे जैसा ही है। शहर में घटने वाली हर छोटी-बड़ी घटना चर्चा शहर की सम्पत्ति बन जाती है। अतः आश्वस्त था मेरे व्यक्तित्व और विदेश चले जाने की बात से वे भी परिचित-प्रभावित होंगे ही। सो निश्चय ही हाथ-पाँव तो चलायेंगे नहीं? हाँ! अरवड्ड जुबान ज़रूर चल सकती है। जोखिम उठाने में हर्ज़ नहीं? साहस बटोर मिलने चल दिया।

इस बार रास्ता बदल लिया। शहर की गलियों-मुहल्लों में बचपन की शरारतों की यादें बिख़री-खोई हुई थीं। जग्गू दादा से मिलने के बहाने उनमें घूम कर उन्हें ताज़ा करना सकून देगा। सो भटकने चल दिया। जग्गू दादा से परिचित कराने के लिए यात्रा विवरण रोक रहा हूँ।

जग्गू दादा का पूरा नाम जगदीप था। पैदा होते ही वे गया प्रसादजी के कुल दीपक तो बन ही गये। बुरा हो लोगों का कि उन्होंने उन्हें जग्गू और जगवा बना दिया। वे ख़ुद और परिवार वाले भी उनका असली नाम भूल गये। गया प्रसादजी भी शहर भर के गया काका थे। वक़ील के मुंशी थे। मुंशीगिरी में अच्छा पैसा

कमा मकान ही नहीं बनवाया खेती भी ख़रीद ली। फ़ौजदारी मामलों के तो इतने माहिर थे कि नये वक़ील उन्हें अपना गुरु मान सलाह-मशविरा लेते। उनकी बड़ी इच्छा जग्गू को फ़ौजदारी का नामांकित वक़ील बनाने की थी। दीवानी की तुलना में फ़ौजदारी मामले जल्दी निपटते हैं। उसमें पैसा भी अच्छा मिलता। अपराधी और पुलिस दोनों में रसूख और दबदबा रहता। दूसरों की मुंशीगिरी करने की बजाय बेटे का मुंशी बन उसे जमा देना चाहते थे। किन्तु 'मेरे मन कछु और है कर्ता के कछु और' उनके सपनों पर तुषारा-सी गिरी।

मैट्रिक की परीक्षा जगदीप के लिए लक्ष्मण रेखा साबित हुई। उसी ने जग्गू दादा कि पदवी पक्की कर दी। गणित में पास होते तो अंग्रेज़ी में रह जाते। अंग्रेज़ी में निकल जाते तो गणित रास्ता रोक लेता। दोनों में जैसे-तैसे पास मार्क ले आते तो परीक्षा की रात पढ़ी हिस्ट्री-ज्योग्राफी परीक्षा हॉल में बेवफाई कर जाती। उनके बाद की कई पीढ़ियाँ मैट्रिक पास कर गयीं, यहाँ तक की मैं भी मैट्रिक पास कर आगे की पढ़ाई करने इंदौर चला गया लेकिन जग्गू दादा के रिकॉर्ड की सुई मैट्रिक पर अटक कर रह गयी। गया काका ने भी हार नहीं मानी। हर साल बिठाते रहे। आखिरकार बेटे से हार माननी पड़ी।

जग्गू दादा का मन पढ़ाई से उचट गया। शरीर बनाने के वे बेहद शौक़ीन थे। पहलवानी उनका पहला प्यार बन गया। मैट्रिक में अटके रहे तो क्या हुआ? बड़ाबम के अवध भैय्या के अखाड़े के वे रत्न बन गये। घंटों अखाड़ा गोदना, दस मन की नाल उठाना हज़ार दंड-बैठक और नये लौंडों को ज़ोर कराना उनके बायें हाथ का खेल था। खण्डवा की हर जोड़ उन्होंने मार ली। बाला दादा और बन्ने मियाँ ख़लीफा का आशीर्वाद भी उन्हें मिल गया। कुश्ती के दाँव-पेंचों में इन उस्तादों ने उन्हें माहिर बना दिया। तब वे जोड़ जीतने महाराष्ट्र के अमरावती, बुलढाना कोल्हापुर तक जाने लगे। जीत कर आते तो बाला दादा, बन्ने मियाँ, अवध भैय्या जैसे ख़लिफ़ाओं से घिरे, गुलाल में नहाये, हार-फूलों से लदे, गुलाल उड़ाते शानदार जुलूस में बैण्ड-बाजे, ढोल-ताशे के साथ उन्हें शहर में घुमाया जाता। टिल्लू काका जुलूस के आगे नाच खुशी जाहिर करते। उनकी कहानी फिर कभी। मेरे समान प्रशंसा से लबालब कई जोड़ा भय-चकित निग़ाहें ताक़ती रह जातीं।

गया काका ने अनुभव कर लिया मैट्रिक करना जग्गू के बस की बात नहीं, सो पहलवानी से समझौता कर लिया। जान-पहचान और रसूख के बल पर जग्गू को नगर पालिका में मुहर्रिर बनवा दिया। कुश्ती में शान-ए-खण्डवा बन जाने से जग्गू दादा को मुहर्रिरी आसानी से मिल गयी। मुहर्रिरी तो नाम मात्र की थी। सिर्फ़ दस्तख़्त करने ऑफिस जाते। नगर पालिका के सभापति सुब्बाराव साहब ने

कुश्ती के लिए उन्हें खुली छूट दे रखी थी। सो दादा का अधिकांश वक़्त अखाड़े में गुज़रता। उनकी हर जीत पर क्या हिन्दू क्या मुसलमान सारा शहर जश्न मनाता।

आज से पचास साल पुरानी दुनिया आपस में प्यार मुहब्बत, ख़ुशी-गम, सुख-दुख बाँटने की दुनिया थी। सारा शहर एक परिवार था। शरीर के दो हाथों की तरह लोग मिल-जुलकर रहते थे। और आज! एक हाथ दूसरे को काटने को तैयार रहता है। जो शहर का नाम रोशन करता सभी उस पर गर्व करते। माखनलाल चतुर्वेदी सारे शहर के दादा थे। भगवन्तराव मंडलोई काका साहब। रायचन्द नागड़ा और रामनारायण उपाध्याय भाईजी थे। बाद में रायचन्द भाई दाजी बन गये। ख़ान बहादुर हिफ़ाजत अली ख़ान, चाचा मियाँ। शहर के ये रहनुमा उसकी तरक्की बहबूदी के लिए चिन्तित-परेशान रहते। ईर्ष्या, द्वेष, कटुता-कड़वाहट की कोई जगह नहीं थी। इसी के चलते जग्गू दादा सभी के अपने थे।

मेरा घर शहर के इस छोर पर माली कुएँ के पास की गली में था। जग्गू दादा दूसरे छोर पड़ावे पर थे। पड़ावे वालों को जग्गू पहलवान पर बड़ा गर्व था। मेरे साथ पढ़ने वाले रामकान्त, महावीर, ग्वालदास, रमेश बड़े घमण्ड से दादा के दाँव-पेंच की बातें करते। किस प्रकार उन्होंने कोल्हापुर के मीठा पहलवान को घोड़ा-पछाड़ दाँव और अमरावती के बाल्या पहलवान द्वारा उन्हें दबा देने पर फुर्ती से उलटा दाँव मार आसमान दिखा दिया था। आश्चर्य से मेरी आँखें फटी की फटी रह जाती थीं। जग्गू दादा के साथ ही किशोरवय के इन मित्रों से भी मिलने को मैं उत्सुक था। विदेश जा कर मैंने जो उपलब्धि और रुवाब हासिल किया था उन पर गाँठने को मन उतावला था।

खण्डवा की फिज़ा दो एक बार और अपनी आत्मा में उतारने के लिए मैंने लम्बा चक्कर काटा। माली कुएँ से बुधवारा बाज़ार आया। वह वैसा ही था जैसा मैं छोड़कर गया था। हाँ! माली कुएँ से बुधवारा चौक तक का व्यावसायीकरण हो गया था।

बायीं ओर ठेलों वाला फल बाज़ार और उनके पीछे सब्ज़ी-मण्डी ज़मीन और ओटलों पर सजी थी। पहले की तरह गाय-बकरियाँ मुँह मारने को घूम रहे थे। बुधवारा चौक के चारों तरफ की सड़कें हलवाई, पनवाड़ी, किराने की दुक़ानों से अटी पड़ी थीं। इनमें से एक गोदू हलवाई की प्रसिद्ध दुक़ान पर मैं और प्रसिद्ध पार्श्व गायक-अभिनेता किशोर कुमार बचपन में दूध-जलेबी खाने जाते थे। बायीं ओर सड़क के सिरे पर सत्यनारायण मन्दिर और गोदू हलवाई के पीछे तिल भांडेश्वर मन्दिर। सदा की तरह नत्थू पंसारी की दुक़ान पर आज भी भीड़ थी। पुराने परिचितों से बतियाता नमों को ताक़ता रामगंज आया। चतुर बनियों ने

प्रसिद्ध राम मन्दिर को पीछे धकेल मुख्य सड़क के किनारे व्यावसायिक कॉम्पलेक्स बना लिया। शीतला माता और जैन मन्दिर की सड़क पर सब्ज़ी-फल वालों ने कब्ज़ा जमा लिया।

बचपन में अनेक बार माँ के साथ शीतला सप्तमी पर पूजा करने मन्दिर आता था। छोटी बहन पद्मा को चेचक निकलने पर माँ ने इन्हीं देवी से बेटी के चंगा होने पर पूजा-परसादी की मन्नत मानी थी। जनेऊ, शादी और मांगलिक अवसरों पर आज भी भक्तगण शीतला माँ का आशीष लेने आते हैं। पुराने की जगह अब दिव्य-भव्य मन्दिर बन गया है। हाटकेश्वर वार्ड के पुराने मकानों की जगह दुक़ानों वाले सीमेण्ट-कंक्रीट के घरों ने ले ली हैं केवल काका साहब की लकड़ी, चूने, ईंट की हवेली अभी भी जीर्ण, शीर्ण अवस्था में खड़ी है। काका साहब जब मुख्यमन्त्री थे, यहाँ की रौनक़ ही अलग थी। समय के साथ सभी कुछ बदल गया।

सिविल अस्पताल के सारे इलाके का व्यापारीकरण हो गया है। मुझे उम्मीद थी आज भी जग्गू दादा-पड़ावे की शान होने से आसानी से घर ढूँढ लूँगा। मुख्य सड़क छोड़ पड़ावे की दायीं गली में मुड़ा तो चकरा गया। एक भी पुराना मकान और पुराने लोग दिखाी नहीं दिये। सड़क के बीचों-बीच एक पाँव ज़मीन पर टिकाये स्कूटर पर बैठा जींस-गॉगल्स वाला हीरो अपने मित्र से बतिया रहा था।

"जग्गू दादा का घर बता सकते हैं?"

सवालिया नज़रों से घूर उसने प्रति प्रश्न उछाला, "कौन जग्गू दादा?"

"वही जो पहलवानी करते थे। नगरपालिका में मुहर्रिर थे।"

"हम किसी जग्गू-वग्गू को नहीं जानते?" बड़ी लापरवाही से दो-टूक जवाब दिया।

"आप इसी मुहल्ले में रहते हैं?"

"हाँ!"

"कमाल है। इस मुहल्ले की शान से आप लोग अपरिचित हैं?" मैंने ताना मारा।

"अजी साहब! वो यहाँ रहते तो जानते? फिर क्या सारे मुहल्ले को जानना ज़रूरी है?" उत्तर उसके साथी ने दिया, "देखिये साहब? आज की निजी ज़िन्दगी में लोग अपने घर-परिवार, पड़ोसी को ही नहीं जानते तो फिर जग्गू को कैसे जानेंगे?"

बात सही थी। गलत मैं ही था। इन पचास, साठ सालों में लोग ही नहीं बदले ज़िन्दगी के प्रति नजरिया ही बदल गया है। अधिकांश लोग अपने-अपने

स्वार्थ द्वीपों में कैद हो रहे हैं। बापू को बाप और पड़ोसी को काका कहने का चलन ख़त्म हो गया है।

"यहाँ...रामकान्त...ग्वाल...दास...र...मे...श...", हिचकिचाते मैंने जानना चाहा।

"अरे साब! वे तो खण्डवा छोड़ कब के चले गये? गुप्ताजी, रमेश गाँव शिंदेजी भोपाल और ग्वालदास जबलपुर जा बसे। बड़े समझदार थे वे। वरना इस पिछड़े, सड़े शहर में रखा ही क्या है?"

मुझे गहरा धक्का लगा। अपमानित महसूस किया और कुछ सुनने की बजाय आगे बढ़ लिया। असमंजस में रुकते-ठिठकते, अगल-बगल के मकानों को ताक़ते बेभान चला जा रहा था।

"किसी का मकान ढूँढ़ रहे हैं शायद?" साठ वर्षीय सज्जन ने रोका। खादी के कुर्ते-पायजामे-चप्पल में थे।

उनकी शराफ़त ने पूछने को उत्साहित किया, "जी! मैं जग्गू दादा....मेरा मतलब है जगदीप....?"

"वही ना! जो नगरपालिका में मुहर्रिर था। कुश्ती का नामी पहलवान?"

"जी हाँ...जी हाँ...उन्हीं का घर ढूँढ़ रहा हूँ।"

"माँ-बाप के शान्त होने पर उन्होंने अपना घर बेच दिया।"

"कहाँ रहने चले गये? बता सकते हैं?"

"मेन हिन्दी स्कूल से थोड़ा आगे खड़कपुरा में प्रेमसिंह मास्टर के दो एक मकान पहले सामने की पट्टी में किराये के मकान में रहते हैं। नगरपालिका से रिटायर हो गये।"

सूखे गले से धन्यवाद ही दे पाया। माथा उनकने लगा। शक तेज़ी से, आत्मा में बैठी तारा जीजी की पवित्र छवि को कोलतार पोतने लगा। तो क्या वो सब ढोंग था? माँ-बाप, छोटी बहन माया की ख़ातिर किया गया त्याग झूठ था? मुझसे झूठ बोलकर उन्हें क्या मिला? मैंने तो ख़ुद ही आगे होकर सुझाया था कि वे इतने दिनों परित्यक्ता का मरुस्थली जीवन जीने की बजाय दूसरा विवाह कर लेतीं तो अनुचित नहीं होता? जग्गू दादा की रखैल बन जाने में क्या तुक? ऐसी बातें अधिक दिन छिपती नहीं? जीजी कैसे भूल गयीं कि मुझसे भी ये छिपा नहीं रहेगा? तो ये सब नाटक था? लोग! खासकर औरतें कितने मुखौटे पहन लेती हैं? इसीलिए कहा गया है—"स्त्री चरित्रम्....देवो न जानति कुतो मनुष्यम्" स्त्री के चरित्र को देवता नहीं जान पाये तो मनुष्य कहाँ जान सकता है?

आखिरकार जग्गू अपने मकसद में सफल हो ही गया? मेरे बालपन में मेरे

ज़रिये तारा जीजी को भिजवाये प्रेम सन्देश रंग लाये? बड़े तक़दीर वाले हैं जग्गू दादा? बीवी के साथ एक अदद प्रेमिका भी मिल गयी? ईर्ष्या से जलने लगा। मन कड़वाहट से भर गया। गहरी साँस ले घिसटते-घिसटते मिलने चल दिया।

रास्ते में मेन हिन्दी स्कूल पड़ा। दिल-पाँव बँध गये। बिल्डिंग वैसी की वैसी ही थी। वही कमरे, बरामदे, जीना, मैदान, नीम का पेड़। अक्षर ज्ञान और कलम पकड़ना यहीं सीखा। प्रेमसिंहजी यहाँ हेड मास्टर थे। दूसरी में गणित में फेल होने पर उनके घर ट्यूशन पढ़ने गया। उनकी अनिद्य सुन्दरी बेटी तारा से परिचय हुआ। समय न होने से मास्साब के बजाय वे ही पढ़ातीं। पढ़ाई के अलावा जीजी के साथ धींगा-मुश्ती, रूठना, मचलना भी चलता। यादों की फ़िल्मी रील ने बचपन ज़िन्दा कर दिया। तारा प्रेमी जग्गू दादा के कचोरी, चॉकलेट से ललचाने, उकसाने पर दो एक गुस्ताखियाँ भी तारा जीजी के साथ कर बैठा।

गहरी साँस ले चल पड़ा। तिराहे पर दायीं ओर चाट वाले लालजी की दुकान थी। छदाम का खस्ता, छदाम की कचोरी बच्चों को बड़े प्यार से खिलाते। उनकी ग़ैर-हाज़िरी में उनकी बेटी दुर्गी दुक़ान पर बैठती तो हाईस्कूल के लड़के भी आ धमकते। उस दिन बिक्री दुगुनी होती। दुर्गी चाट कचोरी के साथ मीठी मुस्कान मुफ़्त में देती। अब वहाँ किराने की दुक़ान थी।

खड़कपुरा की सड़क का उतार सामने था। तारा जीजी के दरवाज़े पर ताला लटक रहा था। पढ़ाने स्कूल गयी थीं। उनके घर के सामने की पट्टी में गिन कर जग्गू दादा के मकान के सामने जा खड़ा हुआ।

बालम आय बसो मोरे मन में
सुरतिया जाकी मतवारी
पतली कमरिया उमरिया बाली
मन में मोरे हूक उठत है
कोयल कूकत वन में
बालम आय बसो मोरे मन में।

कुन्दनलाल सहगल की मधुर स्वर लहरी ने स्वागत किया। इक्कीसवीं सदी में दादा सहगल की दुनिया बसाये बैठे हैं? वाह रे देवदास! एकदम अन्दर जाने की हिम्मत नहीं हुई। तभी कोई गुनगुनाया...तारु आन बसी मोरे मन में/ प्रेम की अगन लगी मोरे मन में....दुखिया जिया पुकारे/ प्रीतम आन मिलो....प्यार की आग गहरी पैठी है।

"दा...दा...ज...ग्गू...दादा...।" बड़ी हिम्मत की।

"कौन है बे?" बूढ़ा शेर दहाड़ा।

"म...म...दादा?" बोलती लड़खड़ाने लगी।

"अबे! कौन है बे?" एक बूढ़ा बाहर आया। पहलवानी शरीर गलने लगा था। भरे गाल, बाँहों की मछलियाँ ढीली पड़ गयी थीं। मूँछें, भौंहें और सिर के बाल तो सफेद हो ही गये थे। टाल भी झाँकने लगी थी। सिलवटें पड़ी मैली धोती-कुर्ता।

मेरी शख़्सियत में भी परिवर्तन आ गया था। विदेश की शानदार नौकरी, बेफ़िक्र ज़िन्दगी, सुख-सन्तोष और नाम के कारण दुबली-पतली काया मर गयी थी। ललाई मिले गोरे रंग ने निखार ला दिया था। ठिठक-सहम दादा घूरने लगे। समझ गया पहचान नहीं पाये।

"मैं हूँ दादा! मुन्ना! बचपन में प्रेम सिंह मास्साब के यहाँ जब ट्यूशन पढ़ने जाता था। तारा जीजी ही अक्सर पढ़ाती थीं। आप मुझे टॉफी-चॉकलेट-कचोरी खिलाते थे।"

याददाश्त का बल्ब अचानक जल उठा। मीठी, लजीली मधुर मुस्कान आँखों-होठों पर खिल उठी। मुस्कराते बोले, "तो तू है! हमारा मुन्ना बाबू! भई! कई सालों से दिखायी नहीं दिया न इसीलिए भाई पहचानने में दिक्कत हुई। बड़ा ऊँचा-पूरा हो गया है रे? चल अन्दर चल।"

जिस प्यार आत्मीयता से बतिया रहे थे, मुझे बड़ा अच्छा लगा। पिताजी के बाद इतने प्यार से बतियाने वाला कोई तो है? कमरा अस्त-व्यस्त था। टेबल पर भोंगे वाला कुत्ता छाप चूड़ी बाजा था। दो एक कुर्सियाँ और पलंग, जिस पर सिलवट पड़ी चादर और तेल भीगा तकिये का गिलाफ। पिछवाड़े के आँगन, रसोई को जोड़ने वाला दरवाज़ा। कुश्ती में मिली ट्रॉफियाँ, मेडल अलमारी में बेतरतीब रखे थे।

"आ बैठ!" पलंग पर बैठते पूछा, "कहाँ था इत्ते बरस?"

"विदेश में पढ़ाने की नौकरी कर रहा हूँ।" कुर्सी पर बैठते उत्तर दिया।

"अरे व्वा भई? तैने तो ख़ूब नाम कमाया? बित्ते भर का छोकरा इतना बड़ा बनेगा सोचा भी नहीं था?" प्रसन्नता चेहरे और आवाज़ से झरने लगी, "बोल क्या खायेगा? चाय तो पियेगा? अभी बनाता हूँ।" उठने लगे।

"ना! रहने दीजिये?" समझ गया अकेले ही हैं। घरवाली फिंलहाल नहीं है, "आप क्यों तक़लीफ करते हैं? घर में कोई...?"

कुछ पल चुपचाप फ़र्श को घूरते रहे, "अब तुझसे क्या छिपाना? शादी-ब्याह, घर-गृहस्थी के चक्कर में नहीं पड़ा। तारा को भूल नहीं पाया रे? जानता था मुझ जैसे गँवार, कम पढ़े-लिखे मुहर्रिर को मास्साब हीरे जैसी अपनी बेटी नहीं सौंपेंगे। फिर उनकी जाति का था भी नहीं। माँ न बनने पर उसके घरवाले ने मार-पीट कर जब उसे मायके भगाकर दूसरी शादी कर ली तो मेरा दिल तड़प उठा।

लोक-लाज के कारण कुछ बोला नहीं। वरना उस कीड़े को तो यों मसल देता?" पाँव से फ़र्श को रगड़ दिया, "इससे बेचारी तारा को रुसवा होना पड़ता।" एक पल रुके, "मास्साब ने अच्छा किया जो उसे मास्टरनी बना दिया। आज अपने पाँव पर तो खड़ी है। किसी की मुहताज तो नहीं? माया की उन्होंने शादी कर दी। वे और उनकी घरवाली जब तक रहे कोई दिक्कत नहीं हुई। मगर उनके जाते ही सभी गड़बड़ाने लगा।"

कई बरसों से जो व्यथा-कथा अकेले चुपचाप भोग रहे थे लावे की तरह फूट निकली।

"तू जाने! अकेली औरत कटी पतंग होती है। जिसे हर मरद लूटना चाहता है। उसमें भी तारा जैसी जवान, बेहद हसीन और छोड़ी हुई? लौंडे लुंगाड़े चक्कर काटने लगे। तब पड़ावे का मकान बेचकर इधर आ गया। ओटले पर कुर्सी डाल निग़ाह रखता हूँ। रात-बिरात भी दो-एक बार देख लेता हूँ।"

"लेकिन एक दिन तो हद हो गयी। दूसरे तो दूसरे लेकिन जब अपने ही दगा करें? बागड़ ही खेत खाये तो क्या किया जाये? एक रात पेशाब करने उठा तो भाग-दौड़ की आवाज़ आयी। तेज़ी से दौड़कर दरवाज़े के बाहर खड़ा हो गया।"

"य...य...ये...क्या कर रहे हो जीजा जी? आपको ये शोभा नहीं देता? माया को पता चला तो शरम के मारे डूब मरने की भी जगह नहीं मिलेगी?" तारा याचना कर रही थी।

"अपनी जवानी और ज़िन्दगी क्यों बरबाद कर रही हो तारा रानी? तेरा घरवाला तो साला बेवकूफ़ था, जिसने हीरे की कदर नहीं की? कदर तो हम करेंगे? माया की चिन्ता मत कर। सब ठीक कर लूँगा।" सुरेश ने आश्वासन दिया।

जग्गू का खून खौलने लगा। बदन काँपने लगा। मगर कुछ देर और रुकना मुनासिब समझा।

सरकारी काम, बाज़ार से ख़रीदी और बीच-बीच में तारा की देखभाल के बहाने माया का पति सुरेश आया करता। अपने ससुर की जायदाद का लालच, तारा की ख़ूबसूरती और उसके पैसे ने बेईमान बना दिया था। उस रात जबर्दस्ती पर उतर आया।

"अब नखरे मत दिखा? चुपचाप आजा?" सुरेश ने समझाया।

"ख़बरदार जो मुझे हाथ भी लगाया। एक कदम भी आगे बढ़ाया तो चिल्ला-चिल्ला कर सारे मुहल्ले को इकट्ठा कर लूँगी। घर, पिताजी की इज्ज़त और माया की भावनाओं को ध्यान में रख इतने दिन आपके अत्याचारों को चुपचाप सहन किया। लेकिन अब चुप नहीं बैठूँगी।" तारा शेरनी-सी बिफर गयी।

"अरे! तेरे जैसी कई निबटाई हैं? तुझ जैसियों को ठीक करना जानता हूँ। चिल्ला! ख़ूब चिल्ला! मुहल्ले वालों के आने पर साफ़ कह दूँगा तू ही ज़बर्दस्ती कर रही थी। मना करने पर बदनाम करने के लिए नाटक करने लगी।" सुरेश ने धमकाया।

अब जग्गू के लिए रुकना सम्भव नहीं था। ज़ोर से लात मारते ही दरवाज़ा धड़ाम से खुल गया। चीते की तेज़ी से झपट अन्दर पहुँचा। तारा आँगन के एक कोने में हिरणी-सी थरथर काँप रही थी। तख़्त पर खड़ा सुरेश शिकार पर लपकने ही वाला था। धड़ाक से दरवाज़ा खुलने की आवाज़ से दोनों चौंके। ध्यान बँट गया। कुछ समझते, बूझते, सँभलते तब तक दादा ने सुरेश की टाँग पकड़ खींचा। उसके गिरते ही दूसरे हाथ से गर्दन पकड़ घुमा कर फेंकने के लिए ऊपर उठा लिया।

तारा तत्काल समझ गयी। यदि जग्गू ने सुरेश को पटक दिया तो रीढ़ की हड्डी टुकड़े-टुकड़े हो जायेगी। माया को सारी ज़िन्दगी एक अपाहिज के लिए खटना पड़ेगा। उसकी घृणादृष्टि को कैसे सह पायेगी? मुँह दिखाने काबिल नहीं रहेगी? दौड़ कर जग्गू के चरणों में गिर पड़ी। कातर दृष्टि से रोते-रोते याचना की, "...मेरी ख़ातिर...मेहरबानी...माफ़ी...दीजिए।" अधिक बोला न गया।

तारा के कोमल रेशमी स्पर्श ने जग्गू की देह में बिजली दौड़ा दी। कुछ पल निहारते रहे। चुपचाप दरवाज़े की ओर बढ़े। तारा पीछे आयी। सुरेश को सड़क पर खड़ा कर गुर्राये, "ये मत समझना ताराजी अकेली हैं? आइंदा इधर का रुख़ किया तो मसल कर नाली में फेंक दूँगा। इनकी कृपा से जान बख़्श रहा हूँ।"

सुरेश की घिग्घी बँध गयी। जग्गू दादा की पूरी जानकारी उसे भी थी। आवाज़ खो बैठा। जग्गू के फौलादी शिकंजे से छूटते ही बगटूट भागा। तारा की ओर देखे बिना ऐसे चल दिया जैसे कुछ हुआ ही नहीं। श्रद्धा विभोर तारा मूक प्रेमी की चौड़ी पीठ, शेर-सी कमर को निहारती रही।

इक्कीसवीं सदी में सहगल को जीते जग्गू दादा ने शरत बाबू के देवदास के समान अपने प्यार के गम को शराब की प्यालियों में डुबाया नहीं। न ही किसी चन्द्रमुखी के कोठे पर गये। न ही अपनी पारो के प्यार को रुसवा किया। तारा की गरिमा को पूरी ईमानदारी से सुरक्षित रखने में स्वयं को होम कर दिया।

दादा के चरण स्पर्श करने मैं झुका।

"अरे....रे...बच्चे? ये क्या कर रहे हो भाई? कहाँ मैं अनपढ़-गँवार मुहर्रिर? कहाँ तुम?" भाव विह्वल दादा का गला भर आया।

"दादा! पैसे, पद, ज्ञान, ताक़त से ही मनुष्य बड़ा नहीं बनता। बड़ा बनाती है इंसानियत, दिल का बड़प्पन, चुपचाप त्याग बलिदान का जज़्बा। यह मैंने आप से सीखा।" मेरा गला भर आया, "तो चलूँ दादा?"

"चलेगा! अच्छा! तू आया मुझे बड़ा अच्छा लगा। जब भी आये। ज़रूर आना। जहाँ भी रहे ख़ुश रह। खण्डवा का नाम रोशन कर।"

दादा का आशीर्वाद ही मेरी पूँजी है।

ननिहाल में गर्मी की छुट्टियाँ

पढ़ाई-परीक्षा के बदलते पैटर्न ने ननिहाल में गर्मी की छुट्टियों का मज़ा किरकरा कर दिया है। छुट्टियाँ बाज़ार और व्यवसायवाद की बलि चढ़ गयी है। समर कोर्सेस ने ननिहाल में गर्मी की छुट्टियाँ बिताने की बात भुला दी है। हमारा प्यारा बचपन और किशोरावस्था बेसब्री से गर्मी की छुट्टियों का इन्तज़ार करता थी। समय पर रिजल्ट आते ही माँ और हम बच्चे नानाजी के यहाँ जाने की तैयारी में जुट जाते। अपनी प्यारी बेटी और नाती-नातिन को स्नेह, ममता से नहलाने को उतावले नाना, नानी, मौसी की चिट्ठियाँ तगादा बन आती। लाचार पिताजी ट्रेन में बैठा आते। खिड़की के पास बैठने के लिए छोटी बहन से झगड़ा होता। माँ का फ़ैसला छोटी के पक्ष में जाता। दौड़ती पैसेंजर के साथ पीछे छूटते खेत-खलिहान, उनमें काम करते किसान, औरतें, बच्चे, पेड़, मकान, झोंपड़े, नदी-नाले चकित करते। छोटी चिल्लाती "वो पेड़ गया। देखो-देखो वो गधा लोट रहा है।" और मैं खण्डवा-हरदा के बीच पटरी किनारे के खम्भों को गिनता चलता। कोयले-पानी की भाप से चलने वाला इंजिन कभी-कभी चिन्गारियाँ छोड़ता चलता। कोयले के कण आँख में चले जाते। मलने पर किरकिरी-जलन पैदा करते। तत्काल पीछे खींच तब माँ काँच की खिड़की लगा देती। खिड़की के बाहर देखने का मोह छूटता नहीं।

हरदा स्टेशन पहुँचते ही सबसे पहले उतरने की होड़ लगती। माँ हाथ पकड़ पीछे खींच डाँटती, "क्यूँ जल्दी कर रहे हो? गिर पड़ोगे?" प्लेटफॉर्म पर नानाजी के भेजे अब्दुल मामा ताँगे वाले हँसते-मुस्कराते स्वागत करते, "आइये। जीजीबाई आइये। भैय्याजी। बिटिया रानी। अहिस्ता उतरिये। ठहरिये।" आगे बढ़ मेरा हाथ पकड़ धीरे से उतारते। फिर छोटी को गोद में ले उतारते।

'अब्दुला मामा को प्रणाम करो?' माँ का आदेश मिलता।

चरण स्पर्श के लिए हमारे झुकते ही गद्‌गद् मामा दुआ देते 'जीते रहिये। खुदा कयामत तक आपकू सलामत रखे।' फिर माँ की ओर मुख़ातिब होते, 'जीजी बाई'। जरा हटिये तो। मैं समान निकाल लूँ। माँ मदद करतीं। ताँगे में आगे मुझे

और पीछे माँ तथा छोटी को बिठा, सामान जमाते ही तांगा चल देता। रास्ते में भाई-बहन एक दूसरे की कुशल-क्षेम पूछते।

''रास्ते में कोई तकलीफ़ तो नहीं हुई जीजी बाई? दामाद साहब भी आ जाते तो बेहतर होता? कि...च...किच...किच...।''

''उन्हें कोर्ट-कचहरी के काम से कहाँ फ़ुर्सत मिलती है भाई जान। मैंने तो कहा था। मगर मना कर गये। सकीना भाभी, बच्चे कैसे हैं?''

''आपकी दुआ से सब मज़े में है। सकीना याद करती रहती है। जाने के पेले ज़रूर मिलती जाइयेगा?''

''ज़रूर...ज़रूर...बच्चों के लिए मिठाई-कपड़े लाई हूँ। लेते जाइयेगा?''

''इसकी क्या ज़रूरत थी?''

''आपके बच्चे मेरे भी तो कुछ लगते हैं कि नहीं भैय्या?''

''वो तो है। मिठाई तो ले जाऊँगा। कपड़े के लिए आपको ही तकलीफ़ करना पड़ेगी?''

''तकलीफ़ काहे को। अपने घर अपनी भाभी-बच्चों से मिलना भी हो जायेगा।''

आधे रास्ते सड़क किनारे खड़ा मौसेरा भाई कल्लू हमें देख ख़ुशी से झूम ताँगे के साथ दौड़ने लगा। माँ ने देख लिया।

'रुको...रुको...अब्दुल भाई...।' ताँगा रुक गया। हाँफता कल्लू ताँगें मे आ बैठा। स्नेह-ममता से माँ ने उसे लिपटा लिया।

तांगे के पहुँचने के पहले ही सारा परिवार पड़ोसियों समेत आँगन में आ जुटा था। उत्सुक प्रसन्नता से राह देखते।

''दादाजी! जीजी बाई, बच्चे आ गये।'' दूर से ही चिल्ला कर अब्दुल मामा ने सूचित कर दिया। ताँगा रुकते ही मैं और छोटी नाना-नानी, मौसी और उपस्थितों को प्रणाम करने कूद पड़े। छोटी को गोद में उठा नानाजी प्यार करने लगे। नानी-मौसी ने माँ को प्यार-ममता से गले लगाया। आपस में मिठाइयाँ बाँटी गयी। अब्दुल मामा को भी पैकेट मिला। दोपहर भर हम मस्ती करते। लूडो, साँप-सीढ़ी, सार, लंगड़ी, खेलते। गर्मी बढ़ने पर नानाजी खस के पर्दे लगे कमरे में जबरन सुला देते। कमरे को ठंडा रखने के लिए ख़ुद दोपहर भर पर्दों को पानी से तर करते रहते ताकि हम आराम से सो सकें। रात को रोचक ढंग से कहानी सुनाने वाली नानीजी के साथ सोने को लेकर लड़ाई होती। एक बगल में मुझे और दूसरी में छोटी को सुला मीठे मधुर स्वर में कहानी शुरू करतीं।

''एक था राजा। उसका नाम चन्द्रभान था। उसकी अत्यन्त सुन्दर राजकुमारी बेटी रत्ना को मारीच नाम का राक्षस चुरा कर आकाश मार्ग से हिमालय स्थित

अपने महल ले गया। इसीलिए किसी को पता नहीं चला। दूसरे दिन पता चलने पर राजमहल और नगर में कोहराम मच गया।''

''राजकुमारी का क्या हुआ नानी?'' छोटी डरी थी।

''अपने घर जाने के लिये रात-दिन रोती रहती थी। राजा चन्द्रभान ने घोषणा की, 'जो वीर राक्षस मारीच को मार राजकुमारी रत्ना को सुरक्षित लायेगा उससे राजकुमारी का विवाह कर आधा राज्य पुरस्कार में दिया जायेगा।'

''राक्षस को मार कौन लाया उसे?''

अनेक राजकुमारों ने क़ोशिश की लेकिन मारीच के हाथों मारे गये। तब नगर के लकड़हारे के बेटे जयन्त ने प्रयत्न किया। नींद की खुमारी में मैं जयन्त बन गया। रास्ते में उसे अनेक सन्त-महात्मा मिले। जिनकी सेवा उसने बड़े भक्ति-भाव से की। प्रसन्न हो महात्माजी ने पूछा, ''वत्स क्या चाहिए?'' जयन्त ने समस्या बतायी।

'नर्मदा किनारे विन्ध्याचल की एक गुफा में सोने के पिंजरे में बन्द एक तोते में राक्षस मारीच के प्राण बसते हैं। तोते को मारते ही वो मर जायेगा। राजकुमारी रत्ना तुम्हें मिल जायेगी।' अनेक मुसीबतों को झेलने के बाद जयन्त ने तोते को ढूँढ निकाला। उसकी गर्दन मरोड़ते ही मारीच मारा गया। नींद की आगोश में जाने के पहले मैं राजकुमारी रत्ना ब्याह लाया।

नानाजी ब्रह्म मुहूर्त में उठ मुझे भी जगा देते। अजनाल नदी में स्नान तथा तैरना सिखाने ले जाते। रास्ते भर रामायण की चौपाइयों का पारायण करते चलते। मुझे से भी कराते। संस्कृत के श्लोक भी रटाते। वे आज भी मुझे याद है। गोरी-गुलाबी रंगत, श्वेत-धवल दाढ़ी-मूँछें, सिर पर श्वेत बालों का जूड़ा, गले में धवल जनेऊ, ऊँची-पूरी देह वाले नानाजी, पं. सीतारामजी शुक्ल कमर इतने पानी में खड़े हो, दीर्घ नयन मूँद गायत्री मन्त्र का जाप करते भगवान सूर्य देव को जल-अर्ध्य देते तो लगता वैदिक राजर्षि विश्वामित्र सूर्योपासना कर रहे हैं। लौटते में रामचरण हलवाई नानाजी की गरम-गरम जलेबियाँ मिलती। कुछ जलेबियाँ दोनों में बाँध देते हुए कहते, ''लो! कौसल बिटिया को हमारी ओर से देना।'' नानाजी के पैसे देने पर इनकार करते, सुकुल दादा। 'आज म्हारा तरफ-सी। ये बच्चे मेरे भी तो नाती लगते हैं। साल-दो-साल में तो आते हैं। इनसे मिल दिल खुश हो जावे।' नानाजी मुस्करा देते। नानाजी के मित्र, नानी, मौसी, माँ की सहेलियाँ, उनके हम उम्र हमारे नाना, नानी, मौसियाँ, मामा होते। यहाँ तक की नाई, धोबी, तेली, फल-सब्ज़ी वाले ही नहीं सफ़ाई करने वाली जैना भी मौसी थी। सभी को प्रणाम करना पड़ता।

हमउम्र होने से कभी-कभी मैं कल्लू से लड़ बैठता। उसे चिढ़ाने लगता, ''कल्लू

मटल्लू कहाँ गये थे। कुत्ते की झोंपड़ी में सो रहे थे। कुत्ते ने लात मारी रो रहे थे। बनिये ने गुड़ दिया हँस रहे थे।'' कल्लू माँ से तत्काल शिक़ायत करता। मुझे डाँट पड़ती, क्यों रे! क्यों तंग कर रहा है मेरे बेटे को? जादा गड़बड़ करेगा तो आइंदा नहीं लाऊँगी।' मेरे उतरे चेहरे को देख मौसी मेरा पक्ष लेतीं, 'ओहो! ऐसा क्या पहाड़ टूट पड़ा है जो मेरे बेटे को डाँट रही है? और तू कल्लू। सड़ी-सड़ी बातों की शिक़ायत क्यों करता है?' सिटपिटाए दोनों थोड़ी देर बाद पुनः खेलने में मगन हो जाते। कुछ सालों बाद मौसी पर वज्रपात हुआ। लीवर की बीमारी के कारण कल्लू नहीं रहा। मुझे ले माँ शोक सम्वेदना प्रकट करने मौसी के घर गयीं। उनकी गोद में मुझे बिठा रोते-रोते आश्वासन दिया, ''आज से ये तेरा बेटा भी है। तेरी भी सेवा करेगा।'' माँ के दिये वचन को जीवन भर मैंने पूरी ईमानदारी से निभाने का प्रयत्न किया।

पन्द्रह दिनों बाद माँ के बारंगी वाले पटवारी मामा देवकरण लेने आ धमकते। सौ पचास कदम दूर से आवाज़ लगाते, 'अरे ओ सुकुल! ऐ मन सुणी कौसल बिटिया आयी है? म ली जाऊँगी। मना मती करजे?'

'अरे भले मानस। दस घर क्यों सुना रहा है? बेटी-बच्चे तेरे हैं। ले जाने से किसने मना किया है?'

दूसरे दिन बैलगाड़ी में बैठ माँ की ननिहाल हेतु निकलते। शहर के बाहर होते ही मैं गाड़ी हाँकने की ज़िद करता। मामा-नाना गोद में बिठा रास हाथ में दे देते। सधे बैल अपने आप चले चलते। गाड़ी हाँकने-दौड़ाने का मज़ा ही और होता है। आज के बचपन ने उसे कहाँ देखा है। गाँव की कांकड़ पर बच्चों के साथ खड़ी माँ की नानी, हथेली से मिचमिचाती आँखों को सूरज की रोशनी में बचाने की क़ोशिश करते बार-बार नत्थू कोटवार से पूछतीं, 'अरे नाथू। अब तक म्हारी बिटिया-बच्चा क्यूँ नी आया? देवकरण कहाँ रही गयो?'

'वो गाड़ी आ रही है बड़ी बाई। बस पहुँचने में है।' गाड़ी के रुकते ही कूट दौड़ कर बड़ी नानी और हम उम्र मामा-मौसी कोटवार नाथू मामा को प्रणाम करते। देवकरण पटवारी दस गाँव के राजा थे। अंग्रेज़ सरकार की आँखें-कान और दिमाग़। कोटवार नाथू उनके घर हाज़िरी ही नहीं लगाता पटवारी महाराज के खेत-खलिहान, गाय-भैंस-बेलों की देखभाल भी करता।

बड़ी नानी भुनसारे उठ प्रभाती गाते कण्डों की धीमी आँच पर मिट्टी की दौणी (मटकी) में गुड़िया शक्कर मिला दूध उबलने रख देतीं। धीमी आँच पर उबला वही दूध पीने को देती। धीमी आँच पर पका, मिट्टी की दौणी (मटकी) की मीठी सुगन्ध-स्वाद आज भी जुबान पर है। वैसा दूध फिर कभी पीने की

नहीं मिला। दूध, दानेदार घी, मक्खन, दही, छाछ से बड़ी नानी नहलाती रहतीं। दोपहर में घी में सत्तू घोल खाने को देतीं। नाक-भौंह सिकोड़ने पर कहतीं, 'अरे मरया खायेगो नी तो दुनिया जीतेगो कसो?' बयासी साल की उम्र में भी बड़ी नानी सारा काम ख़ुद करतीं।

माँ अपने ननिहाल के गाँव बारंगी की बेटी होने से हर दिन गाँव के किसी न किसी घर से भोजन या आम खाने के लिये बुलायी जातीं। बिदाई में माँ को साड़ी-ब्लाऊज़ पीस और हमें डबल पैसा मिलता। नानाजी शुक्ल यजुर्वेदी पुरोहित थे। गर्मी की छुट्टियों में यज़मानों के यहाँ पूजा, यज्ञ-हवन, विवाह-उपनयन संस्कार आदि सम्पन्न कराने जाते। पंगत भोजन हेतु हमें भी ले जाते। समाज की धर्मशाला न मिलने पर घर के सामने की सड़क पर पानी छींट उसके दोनों ओर खाटें खड़ी कर रास्ता रोक पंगत जिमायी जाती। सब से बड़ी मिठाई मोतीचूर के लड्डू होते। पंगत में उघाड़े बदन, बिना जूते-चप्पल, रेशमी सोला (धोती) पहन, लोटा-गिलास ले जाना पड़ता। हम बच्चे अकसर लोटे में दो चार लड्डू ले आते। चोरी पर माँ की डाँट से नाना-नानी बचाते। चोरी के लड्डू की मिठास के सामने डाँट बेअसर रहती।

दो महीने की गर्मी की छुट्टियाँ कब, कैसे बीततीं पता ही नहीं चलता। लौटती ट्रेन भुनसारे पाँच बजे थी। अब्दुल मामा ठीक चार बजे ताँगे समेत आ जाते। भरे दिल-आँखों से विदाई होती। सुनसान अन्धेरी रात में लगता गर्मी की छुट्टियाँ बड़ी जल्दी ख़त्म हो गयी। स्टेशन जाते वक़्त हादसा हो गया। माँ के पैरों के पास रखी पेटी चोर उठा ले भागा। माँ चिल्लाई, 'अब्दुल भाई। पेटी गयी।' बहन का इशारा पाते ही ताँगा रुकता उसके पहले मामा कूद कर चोर की ओर लपके। 'अबे...ठहर...हरामी...रुक...रुक... ।' बिदाई के सामान से भरी लोहे की भारी पेटी को दौड़ में बाधक पा कर चोर ने पेटी मामा की ओर उछाल दी। वो सीधी पाँव से टकराई। पायजामा और चमड़ी कट गयी। खून बहने लगा। 'ओह!...मार...डाला...मार...डाला...साले...ने।' डर के मारे हम चुप। पेटी ले मामा लंगड़ाते लौटे। खून रोकने के लिए माँ ने तत्काल साड़ी का पल्लू फाड़ बाँधते आदेश दिया, 'अब्दुल भाई अस्पताल चलो।'

'ट्रेन छूट जायेगी जीजी बाई।' कराहते हुए, अब्दुल मामा ने कहा। 'कोई बात नहीं। कल चले जायेंगे। पहले अस्पताल चलिये।' नानाजी को बुलाने मुझे दौड़ाया। नानाजी भी भागे-भागे आये। डाक्टर ने मरहम-पट्टी कर एक्सरे लिया। फ्रेक्चर था। प्लास्टर चढ़ा दिया। अच्छा होने तक अब्दुल बेटे के इलाज और उनके घर का सार ख़र्च नानाजी ने उठाया। ननिहाल में बिताई गर्मी की छुट्टियाँ संस्कार, प्यार, भाईचारा सिखाती थीं। यादों के इतिहास की अमूल्य निधि है वे। आज की पीढ़ी इनसे वंचित है।

दर्द का साया

बुझा-बुझा सा वह रहने लगा था। कई दिनों से किसी भी काम में मन नहीं लग रहा था। ज़िन्दगी एक दर्द बनकर रह गयी थी। खाना, ऑफिस का काम, सोना और कभी कुछ पढ़ लेना। ज़िन्दगी इसी दायरे में बँध कर रह गयी थी। पूरा बंगला खाने दौड़ता था। चारों ओर सूनापन, दर्द की दीवारें थीं। जिसने उसे अपनी गिरफ़्त में ले लिया था। बंगला खण्डवा शहर से अलग सिविल लाइन्स में था। आसपास के बंगले भी दूर-दूर थे। पास वाले बंगले में एक वृद्ध दम्पति रहते थे। शान्त एकान्तप्रिय लोग, न कही आना न जाना, न किसी को बुलाना। भूले भटके से एक-आध बार रेडियो की संगीत लहरी सुनायी दे जाती थी। तीसरा बंगला खाली था। ऑफिस से आने के बाद वह बिस्तर पर पड़ा रहता। नौकर सुबह-शाम का खाना बनाकर चला जाता। साँझ के समय इक्का-दुक्का लोग उधर घूमने निकल आते। चहल-पहल भी रात सात-आठ के पहले ख़त्म हो जाती। वह स्वयं भी एकान्तप्रिय था। सिविल लाइन्स के अफ़सरों, उनके बेटी-बेटियों के जीवन की यह ख़ासियत थी। उन्हें साधारण और सामान्य वर्ग समाज के लोगों के मेल-जोल से अलग रखा जाता था। इसमें उसका क्या दोष? इतना बड़ा बंगला होते हुए भी सिर्फ़ पिछले दो कमरों के अतिरिक्त बाथरूम, रसोई का ही वह इस्तेमाल करता था। सामने के सभी कमरे ड्राइंगरूम, स्टडी आदि बन्द थे। इन कमरों में जाने से वह घबराता था। उनके पास से निकलने में भी कतराता। उन कमरों से उसे डर लगता था। एक झिझक थी जो वह सहमा-सहमा रहता था। पिताजी और माँ की मौत के बाद से तो उसने इधर ताकना भी बन्द कर दिया।

पहले वे कमरे भी गुलज़ार थे। हँसी और कहकहों से गूँजा करते। पिताजी ज़िले के सबसे बड़े अफ़सर थे इसलिए रात 10 बजे तक लोग आते-जाते रहते थे। अचानक पिताजी का ब्लडप्रेशर बढ़ जाने के कारण उनका देहान्त हो गया। फिर तो सब कुछ बदलने लगा। लोगों को आना-जाना कम होते-होते बिल्कुल बन्द हो गया। पिताजी की मृत्यु का उसे भी कम गम नहीं था। परन्तु माँ को

तो बड़ा भारी आघात लगा। उनका तो सभी कुछ छूट गया। ड्राइंग रूम आदि बन्द कर दिये गये। माँ की ज़िन्दगी को घुन लग गया। अपना अधिकांश समय वे पूजापाठ, रामायण, गीता पर ख़र्च करने लगी। माँ-बेटे दिन में एकाध बार एकाध बात कर लिया करते। शहर के गणमान्य लोग जो पहले बंगले के कई-कई चक्कर लगाया करते थे। अब भूले से भी इधर आँख न उठाते थे। शान से समय गुजारने के बाद उसे एकदम सभी कुछ छोड़ना पड़ा। पढ़ाई-लिखाई, कॉलेज सब छूट गया। करनी पड़ी छोटी-सी नौकरी। वह भी पिताजी की मेल-मुलाकात के कारण जल्दी मिल गयी। वरना न जाने कितनी ठोकरें खानी पड़ती। बेकारी का स्वाद चखना न पड़ा। पिताजी ने जो भी कमाया खाया उड़ाया ही। ने भूतकाल से शिक्षा ली और न भविष्य की चिन्ता की। विरासत के नाम पर थोड़ा-सा फर्नीचर, यह बंगला और माँ छोड़ गये।

एक दुःख, पीड़ा और घुटन थी जो माँ को खाये जा रही थी। दर्द के ऑक्टोपस ने उन्हें घेर लिया था। यह उनके चेहरे से साफ झलकता था। गीता, रामायण में भी शायद उन्हें आत्मिक शान्ति नहीं मिल पायी थी। इसका उसने कई बार अनुभव किया। दोनों की बातचीत का दायरा बहुत कम रह गया। दिन पर दिन सिमटता चला जा रहा था। माँ अपने आप में केन्द्रित हो रही थी। वह भी उनसे कतराता था। उनकी कसक उससे देखी न जाती थी। अनेक बार वह ऊब महसूस करता। रामायण की चौपाइयाँ अर्थहीन लगतीं। माँ के कमरे की ओर बढ़ते उसके कदम रुक जाते। दर्द ने उन्हें गलाना शुरू कर दिया। एक दिन जब वह उनके कमरे में ज़रूरी बात करने पहुँचा तो रामायण उनकी गोद में खुली पड़ी थी और सिर एक ओर लुढ़का था। वह बहुत घबरा गया। पहली बार तो घबराहट में घर से बाहर भाग आया। उसके बाद कैसे क्या हुआ? ख़ुद नहीं जानता? मशीन की भाँति सब कुछ करता चला गया।

दूसरे सदमे ने उसे तोड़ दिया। उस दिन से दूसरे कमरे भी बन्द रहने लगे। और तब से आज तक बंगले का एक बड़ा भाग बन्द है न जाने कितने दिनों तक ऐसा ही रहेगा। रात के अकेलेपन में जब उसकी नींद उचट जाती तो मन न जाने कैसा-कैसा करने लगता। लगता जैसे पास के कमरों में कहकहे गूँज रहे हैं, जो एकाएक बन्द हो जाते। फिर धीरे से सुरीले स्वरों में रामायण की चौपाइयाँ तैरने लगतीं और थोड़ी देर बाद सब कुछ खत्म हो जाता। एक अजीब-सी निस्तब्धता छा जाती। वह हाथ-पाँव झटककर खड़ा हो जाता। यह सब झूठ है। कहीं कुछ नहीं। एक मनोवैज्ञानिक प्रभाव। हँसकर सोने की क़ोशिश करता। रात गये तक करवटें बदलने के बाद अनजाने में ही सो जाता। नींद को कहाँ तक रोका जा

सकता था? ज़िन्दगी के दिन कट रहे थे। कटते जा रहे थे। अगले कमरों के प्रति डर और झिझक कम नहीं हुई थी। बढ़ी ही थी।

उस दिन जब ऑफिस से लौट रहा था तो तीन नम्बर के बंगले को आबाद होते पाया। ढेर सारा फर्नीचर लॉन में बिखरा पड़ा था। नौकर उठा जमा रहे थे। दुर्लक्षित कर चला आया। उधर से ही उसका आना-जाना था, क्योंकि अपने बंगले के पिछले भाग का ही वह उपयोग करता था। तीन नम्बर के बंगले के लॉन पर अक्सर उसने दो-तीन बच्चों को खेलते देखा। कुर्सी पर एक अधेड़ महिला को स्वेटर की सलाईयाँ घुमाते पाया। कभी-कभी उन्हें एक आकर्षक लड़की के साथ लॉन पर घूमते, बतियाते, व्यस्त देखा। यह तो उसके हर दिन के परिचित दृश्य नहीं थे। सिर झुकाये चला जाता। हाँ अब रात में उसे बंगले में शोर ज़्यादा बढ़ गया था। भाग-दौड़ हँसी, कहकहे, रेडियो की भन्नाहट और बंगले के लॉन में दिखायी देने वाली ढेर सारी रोशनी। यह सब उसे अपनी ज़िन्दगी के बीते हुए कल के सपने की भाँति लगती थी।

साँझ जब देर से ऑफिस से लौटने लगा तो रात झुक आयी थी। सड़कों पर अभी बिजली की जगमगाहट नहीं थी। नीले आसमान में इक्का-दुक्का तारे चमकने लगे थे। दूर अति दूर क्षितिज के उस पार की नीली पहाड़ियों के बीच से चाँद का गोला झाँकता-सा नज़र आ रहा था। उसे अपने आगे बातचीत के संगीतमय स्वर सुनायी दिये।

"माँ! यह सिरे वाला बंगला तो बड़ा सुन्दर है," स्वर जवान था, उसमें अधिक तरावट और ताज़गी थी।

"हाँ...आ...! अपने बंगले से ज़्यादा अच्छी सिच्युएशन है उसको बनवाने वाला बड़ा अनुभवी और सौन्दर्य प्रेमी लगता है," उत्तर में गम्भीरता, स्थिरता और अनुभव झलका।

उसने अन्दाज़ लगाया दोनों में से एक नवयुवती और दूसरी अधिक उम्र की है। और बात भी उसके अपने बंगले के बारे में ही चल रही है।

"शायद यह बंगला खाली दिखायी देता है माँ?"

"नहीं रे तूने देखा नहीं! रोज तो एक छोकरा, उसमें से दस बजे साइकिल पर निकलता है और शाम पाँच बजे लौटता है।"

वह चौकन्ना हो गया। बात उसी के इर्द-गिर्द घूम रही है शायद ये लोग उसमें दिलचस्पी भी रखते हैं।

"सच माँ! मुझे तो यह बंगला बेहद पसन्द आया। आपने देखा नहीं पोर्च के सामने वह जो सुन्दर-सी बेल फैल गयी है उसने उसे कितना आकर्षक बना

दिया है। मालिक की लापरवाही से बगीचा और लॉन उजड़ ज़रूर गये हैं। मगर कुशल हाथ थोड़े ही समय में इनकी काया पलट कर सकते हैं।''

बंगले की प्रशंसा और मालिक की रूखाई की शिक़ायत स्पष्ट थी।

''हूँ...ऊँ।''

''और माँ तुमने देखा साँझ का सूरज जब उधर बंगले के ठीक सामने डूबने लगता है तो उसकी सुनहरी किरणों से बंगला जगमगाने लगता है। उड़कर जाती हुई चिड़ियों के झुण्ड की चहचहात सच माँ बहुत सुन्दर लगता है। बंगले के ड्राइंग रूम से शाम के सूर्यास्त का वह दृश्य और भी अच्छा लगता होगा। आड़ में आ जाने से हमें अपने बंगले से यह सब दिखाई नहीं देता।'' कुछ क्षण मौन, केवल पदचाप की आवाज़, ''शायद बंगले में रहने वाले नीरस है। मुझे तो लगता है बंगला महीनों से बन्द पड़ा है खासकर अगला पोर्शन।''

फिर कुछ क्षण की शान्ति, ''माँ बंगले के अन्दर के कमरे भी सुन्दर होने चाहिए। खिड़कियों पर हल्के नीले रंग के पर्दे लगा दिये जायें। बायीं वाली खिड़की के पास रेडियो रखा हो। कमरे में अच्छा-सा कालीन बिछा हो...।'' जैसे सपने में कोई बोलता चला जा रहा था। एक नयी स्वप्नीली सृष्टि करते हुए, ''और हाँ माँ! मैं तो बंगले को ऐसा सज़ा लूँ कि देखने वाले दंग रह जायें।''

उसकी खुद की कल्पना में घूम गया। चुपचाप निःशब्द पीछे-पीछे चलता रहा। अगले बंगले की रोशनी में, उन्हें निकट से देखना चाहता था। आगे की दोनों आकृतियाँ सहसा तीसरे बंगले में मुड़ गयी। वह ठिठक गया और देखता रहा, तब तक जब तक कि वे पोर्च के उजाले में नहीं पहुँची। वे वही दोनों थी जिन्हें ऑफिस आते-जाते अक्सर लॉन पर घूमते पाता था। आज नज़र भरकर देखा। वे पोर्च में खड़े होकर किसी अन्य व्यक्ति से बतिया रही थीं। अस्वीकृति में सिर हिल जाया करता था। लड़की के नैन-नक्श तीख़े थे। आँखें सामान्य, गहरा कालापन लिए न ज़्यादा दुबली न ज़्यादा मोटी, कुल मिलाकर सुन्दर कहा जा सकता है एक बात साफ़ थी कि उसे सलीके से रहने की कला का पूरा ज्ञान था। थोड़ी देर पूर्व की बातचीत भी उसकी सौन्दर्यप्रियता की परिचायक थी। सोचता खड़ा रहा। जब उसकी तन्द्रा टूटी तो पोर्च में कोई नहीं था। अपने बंगले में चला आया। उसके दिमाग़ में घूम रहा था। यह बंगला कितना सुन्दर है। इस बंगले के लोग नीरस दिखायी देते हैं। क्या वास्तव में उसके बंगले के सामने का पोर्शन इतना सुन्दर है! वह रात में ही बंगले को सामने से देखने जा पहुँचा। लेकिन अँधेरे में कुछ दिखाई नहीं दिया।

दूसरे दिन रविवार होने से ऑफिस की छुट्टी थी। चाय के बाद सबसे

पहले बंगले का निरीक्षण किया। न जाने कौन-सी बेल पोर्च के सामने वाले भाग पर ऊपर तक फैल गयी थी। छत के कुछ टाईल्स टूटे हुए थे और टूटे भाग से आसमान झाँकता दिखायी दे रहा था। उसे भी सुन्दरता का आभास हुआ। लॉन उजड़ गया था। पेड़-पौधे सूख गये थे। क्यारियों के चारों ओर लगी कुछ ईंटें उखड़ गयी थीं। एक ओर बाँझ-सा खड़ा था तुलसी का पौधा। पत्ते और मंजरी झड़ गये थे। रह गयी थी सूखी टहनियाँ। बीच के फव्वारे में पानी का कनेक्शन नहीं था। टोटी भी शायद टूट गयी थी। कोने में दो-तीन बकरियाँ किसी क्यारी को चर रही थी। पत्थर फेंक उन्हें भगा। कुल मिलाकर बगीचे का दृश्य उजाड़ था। कल की सुरीली बातों ने उसमें न जाने कौन-सा अव्यक्त उत्साह भर दिया कि नौकर से एक माली और दो-तीन मजदूर बुलवाकर बंगले की साफ़-सफ़ाई शुरू करवा दी। सबसे पहले माँ का रामायण का कमरा खोला। चारों और धूल, गर्द जमी थी। टेबल पर पड़ी रामायण भी धूल से भरी थी। बन्द खिड़कियों के कारण कमरे की हवा में घुटन व मौत की शीतल तरलता लग रही थी। डरते-डरते आगे बढ़ा खिड़कियाँ खोलने के लिए, अँधेरे में कोई चीज़ पाँव में अटकी, डर कर झटक दिया। झनझनाकर वह दूर जा गिरी। इसी समय पँखों की फड़फड़ाहट के साथ एक कबूतर उड़ता हुआ उजालदान से बाहर भाग गया। उसकी साँस चढ़ आयी पर हिम्मत से आगे बढ़कर चिटकनी खोलने का प्रयत्न किया। जंग खाई चिटकनी बड़ी मुश्किल से खुली। खुलते ही धूल के एक बड़े भाग ने बालों, आँखों, चेहरे और कपड़ों को ढक लिया। काफ़ी समय तक अपने को रूमाल से साफ़ करता रहा। बाहर की ठण्डी हवा के झोकों और उजाले ने कमरे को जगमगा दिया। महीनों की बदबू और सीलन साफ़ होने लगी।

बगीचे और बंगले की सफाई, मरम्मत शुरू हो गयी। टूटे टाईल्स बदल दिये। खिड़कियों के फूटे काँच की जगह नये लगाये। फव्वारे की मरम्मत कर दी गयी और नल का पाइप बदल दिया। क्यारियों, पौधों, फैंसिंग, ईंटों सभी को नये प्राण मिले। सिर्फ़ एक चीज़ नहीं बदली वैसी ही कायम रही वह थी पोर्च पर छाई बेल। करीने से काट-छाँट कर उसकी सुन्दरता को बढ़ाया गया।

ड्राइंग रूम के पुराने रद्दी फर्नीचर को बेच डाला। मामूली से टूटे की मरम्मत करवा ली। शहर की हर दुक़ान से ढूँढ़कर नयी डिजाइन व फैशन का फर्नीचर ले आया। वह एक नया उत्साह और उमंग महसूस कर रहा था। इतने दिनों की जड़ता, सूना और अकेलापन न जाने कहाँ ग़ायब होता जा रहा था। इस भाग-दौड़ के बीच वह उस बंगले को भी देख लिया करता था। यद्यपि उधर से आना-जाना कम हो गया था क्योंकि उसका सभी काम मेन गेट से होने लगा था।

शाम को जब मजदूर दिन भर का काम ख़त्म कर चले जाते तो वह लॉन पर कुर्सी डाल बैठ जाता। सूर्यास्त के सौन्दर्य से उसके तन, मन, प्राण जी उठते। एक मोहक वातावरण छा जाता। सपनों से घिर जाता। लगता बंगले से निकलकर पास की कुर्सी पर कोई आहिस्ता से आ बैठा है। वातावरण में भीनी-सी मीठी खुशबू तैरने लगती। अधमुँदी आँखों से लेटा रहता। माली की खुरपी गुलाब की क्यारियों में चला करती।

बंगले की मरम्मत ख़त्म हो जाने पर, ड्राइंग रूम को नये सिरे से सजाया। खिड़कियों पर हल्के नीले पर्दे टाँगे गये। बायीं ओर की खिड़की के पास रेडियो सेट रखा। रेडियो की मीठी स्वर लहरी अब सारे बंगले में तैरने लगी। उसे एक स्वप्निल तन्द्रा से वातावरण छाता-सा लगा। बंगले की हवा और गन्ध में जीवनदायी फिज़ा समा रही थी। सभी कुछ नया मनभावन था। कभी उसे स्वयं पर आश्चर्य होता कि इतने दिनों वह ऐसा जड़ जीवन क्यों बिताता रहा? इस व्यस्तता के बीच एक सुरीली आवाज़ गूँज जाया करती "बंगला कितना सुन्दर है।" उसकी कमी टीस बनकर मन पर कब्ज़ा जमाती चली जा रही थी। पूरी सजावट हो जाने के बाद उसने कई बार पड़ोसियों से मेल-जोल बढ़ाने का विचार किया। पर एक हिचक थी, न जाने कौन-सी झिझक या इतने सालों का एकाकी स्वभाव इस सबके लिए जवाबदार था। ख़ूब सोचने के बाद भी वह मेल-जोल तो क्या, सामान्य परिचय भी नहीं प्राप्त कर सका। अपने आप पर झुँझलाहट और चिढ़ होती। वह लाचार था। सोचता, बाज-बाज लोग कितने मिलनसार और फारवर्ड होते हैं कि बिना पूर्व परिचय के दोस्ती कर लेते हैं। हँसते-बोलते हैं। हफ्ते में कम से कम एक बार ज़रूर मित्रों, परिचितों के यहाँ जाते हैं। दोस्तों के दोस्तों से भी दोस्ती कर लेते हैं और एक वह है सबसे अलग-थलग समाज वर्ग से कटा पड़ा है। उसका मन उस बंगले के आसपास चक्कर काटता रहता, कभी-कभी उनके बंगले में भी घूम आता। चार-छह दफ़े उनके बंगले के सामने रुका भी। संकोच के मारे आगे बढ़ जाता या वापस लौट आता। एक बात ज़रूर ध्यान में आयी। इन दिनों उसमें चहल-पहल अधिक बढ़ गयी थी। कई-कई लोग आने-जाने लगे थे। रात गये तक बंगले में हलचल, शोर तथा प्रकाश रहता। वह सोचता शायद कोई उत्सव होने वाला होगा। ऐसे में बिन बुलाये उसका जाना क्या ठीक रहेगा? आखिर परिचय का आरम्भ किस प्रकार से करूँगा? वे क्या सोचेंगे मेरे बारे में? बहुत सारे सवाल उसे परेशान किये रहते।

अन्त में उस दिन वह झिझक, शर्म आदि झटक कर उस बंगले के सामने पहुँच ही गया। बंगले में अपेक्षाकृत ज़्यादा लोग थे। उनमें से कुछ गोला बनाये

लॉन में बैठे थे। जबकि अन्य खड़े व घूम रहे थे। बच्चे खेल में मस्त थे। गेट पर खड़े एक अधेड़ावस्था के सज्जन खड़े-खड़े उसी लड़की से बतिया रहे थे। उसने शर्माते-शर्माते धीरे से कहा, "न...नमस्ते...नमस्ते जी।"

"ओह...नमस्ते जी...नमस्ते जी...। आइये...आइये मिस्टर...।"

"जी...जी...मेरा नाम लगन शर्मा है।" सहमा-सहमा सा बोल रहा था। जबान सूख रही थी, "जी...जी में पास के सिरे वाले बंगले में रहता हूँ और...।" वह लड़खड़ा गया।

"अरे भाई आप तो हमारे पड़ोसी हैं, इतने पास रहते हुए भी मिले नहीं आप आज तक? ऐसा भी क्या? कल मैं खुद आपके यहाँ आने वाला था, निमन्त्रण देने। लो मैं आप दोनों का परिचय कराना तो भूल ही गया। यह मेरी बेटी है लावण्य। इसी का कल विवाह है। आपको ज़रूर आना पड़ेगा, कोई हिल-वाला या बहाना नहीं चलेगा शर्माजी?" इतनी सारी बात वे बिना हिचक एक ही बार में कह गये।

कल शादी है लावण्य की? उसके मन को जिस अंजान, अदृश्य धागे ने इतने दिनों से इस लावण्य से बाँध रखा था। वह अचानक ही आज निःशब्द टूट, गल कर गिर पड़ा। मिस्टर भल्ला, लावण्य के पिता उसे खींचकर बंगले में ले गये। न जाने किन-किन लोगों से परिचय कराया। इस भीड़-भाड़ में भी वह अकेलापन महसूस कर रहा था। एक ऊब उस पर छाती जा रही थी। वह जल्द ही भागकर अपने बंगले में आ गया। देर रात तक रेडियो सुनता रहा। पुराने साथी-सूनापन, उदासी, उसे फिर घेरे जा रहे थे। इनसे कोई मुक्ति या त्राण सम्भव न था। दर्द का साया अपने घेरे में उसे लेने लगा था। अगले दिन से बंगले के अगले कमरों के दरवाज़े फिर बन्द कर दिये गये। इतने सारे कमरों की उस अकेले को क्या ज़रूरत? सोफा-सेट आदि पर धूल ने फिर से अधिकार ज़माना शुरू कर दिया। और उसकी ज़िन्दगी फिर पिछले कमरों में सीमित रह गयी। उसके अपने ही सुनहरे सपनों को दुख के ऑक्टोपस ने बिखेर दिया था।

भाग्य का देवता कभी-कभी किसी कस्बाई शहर की तकदीर में अखिल भारतीय ख़्याति की ईबारत देता है। कस्बाई शहर खण्डवा उनमें शीर्ष पर है। साहित्य देवता दादा माखनलाल चतुर्वेदी, निमाड़ी लोक साहित्य के प्रखर अध्येता भाई रामनारायण उपध्याय, कला मनीषी दादा मुनि अशोक कुमार और गायक शिरोमणि किशोर कुमार के कारण खण्डवा की अखिल भारतीय पहचान बनी।

इन अतिविशिष्टों के अलावा भी खण्डवा के कुछ आम चरित्रों की कुछ ख़ासियतों ने शरद पगारे को उन्हें कथा नायक-नायिका बनाने हेतु प्रभावित-प्रेरित किया। हर रोज उनसे मिलने, बतियाने, बहस करने और रूठने-मनाने पर पहले तो उनमें कोई विशेषता नज़र नहीं आयी। लेकिन उनमें ख़ासियत थी ज़रूर। जिसका पता लम्बे अन्तराल के बाद चला। छै दशक बाद नये सिरे से जब उनके व्यक्तित्व और ज़िन्दगी की सच्चाइयों को देखने, परखने, विश्लेषित कर लेखा-जोखा किया तो उनकी विशेषताएँ उजागर हुईं। शरद पगारे की लेखकीय मेधा, सम्वेदना और रचनात्मककौशल ने उनकी ज़िन्दगी से प्रभावित-प्रेरित हो साहित्य के काल्पनिक यथार्थ से उनका समन्वय कर संस्मरणात्मक कहानियाँ लिखीं। उन्हें पठनीय बना दिया। इन कहानियों के ज़रिए उन्होंने सिद्ध कर दिया कि श्री आर.के. लक्ष्मण के मालगुड़ी डेज़ ही नहीं अन्य शहरों, गाँव-कस्बों के कुछ चरित्रों में कथा नायक-नायिका बनने की योग्यता है। चाहिए इसके लिए लेखकीय दृष्टि।

एक तथ्य ध्यान देने योग्य है। कहानी की अपनी शर्तें होती हैं। उसमें सृजित कथानक को जीवन और साहित्य के काल्पनिक यथार्थ के सन्तुलित समन्वय से ही बुना जाना चाहिए। यही उसकी पहली और आख़री शर्त है। सन्तुलन गड़बड़ाने पर कहानी कमज़ोर और उबाऊ होगी। सिद्धहस्त लेखक की समझ और क्षमता इस सन्तुलन को कायम रखने में ही कारगर सिद्ध होती है। शरद पगारे की यह कहानियाँ इसकी गवाही है या नहीं इसका मूल्यांकन आपको करना है। वे मानते हैं कि समीक्षक की बजाय पाठक ही रचना का सच्चा पारखी होता है। उसे सिफ़ारिश की बैशाखी की ज़रूरत नहीं पड़ती।

❐❐